"上海老作家文丛"（第九辑）

许成章　著

自乐斋文选

ZILEZHAI WENXUAN

文匯出版社

图书在版编目(CIP)数据

自乐斋文选 / 许成章著. — 上海：文汇出版社，2020.1

(上海老作家文丛. 第九辑)

ISBN 978 - 7 - 5496 - 3053 - 0

Ⅰ. ①自… Ⅱ. ①许… Ⅲ. ① 小说集 - 中国 - 当代 ② 剧本 - 作品综合集 - 中国 - 当代 Ⅳ. ①I217.2

中国版本图书馆 CIP 数据核字(2019)第 252282 号

"上海老作家文丛"(第九辑)

自乐斋文选

作　　者 / 许成章
责任编辑 / 张　涛
封面装帧 / 张　文

出 版 人 / 周伯军

出版发行 / 文匯出版社
上海市威海路755号　（邮政编码200041）
经　　销 / 全国新华书店
排　　版 / 南京展望文化发展有限公司
印刷装订 / 上海新文印刷厂

版　　次 / 2020年1月第1版
印　　次 / 2020年1月第1次印刷
开　　本 / 787 × 1092　1/16
字　　数 / 310千字
印　　张 / 20.25

ISBN 978 - 7 - 5496 - 3053 - 0
定　　价 / 48.00元

作者简介

许成章（1937— ），一级编剧，中国戏剧家协会会员，上海市作家协会会员。初中毕业于曹杨中学，1958年“大跃进”时期考入蚌埠市文工团，任演奏员。业余爱好写些短稿，之后借调至泗县文化局，先为创作员，后任副局长，其间参与黄梅戏艺术片《龙女》的创作。1984年调至宿县地区（今宿州市）文化局剧目创研室当主任，直至退休。

我有书斋名自乐

（代自序）

我有书斋名自乐，顾名思义，自得其乐也。

不喜种花、植草，不爱养鱼、斗鸟，更无兴趣玩扑克、搓麻将，“自乐斋”是我打发时光的场所。临窗设木桌，贴墙架案板，木桌供我写作、读书，案板供我练字、刻印。“爬格子”爬了三十多年，小起小落，终未改行，可叹手中秃笔实在写不出什么好玩意，长长短短见诸铅字数百篇，毛估估已超二百万字，然，没有一篇耐咀经嚼，别人嗤之以鼻，理所当然。

柜里藏书不多，一无孤本，二无善本，成年累月积两千余册而已，但，种类繁多，散文、小说、戏剧、诗歌、音乐……古今中外均有几本，堪称“杂货铺”。我无心亦无力成为藏书家，得一册，看一册，读罢加盖印章，统是公开发行的“大路货”，却不对外“开放”，因为每页都留有我的指纹，颇珍惜。

写疲，看累，调剂一下，起身立于案板前，拈来毛笔，信手涂鸦，腕力单，气度薄，小家子不敢登大雅之堂，悬之面壁观，道地孤芳自赏，不追“二王”，未承“颜柳”，有悖“苏黄”，懒仿“米蔡”，究其点划撇捺应属哪家？哪体？不知云，权且谓“自立一家”，乃“魂不附体”耳。

墨字少不了红印，求不得，于是，自我弄刀，拿顽石解气。尽管方寸之内“书、章、刀”三法全无，然而，癞痢头儿子搂在娘怀里——自己疼。于雕凿处求不雕凿，用心良苦，燃着烟卷，觑起睫毛，摇头加晃脑，“朱白情趣残缺美”，尽收眼底。殊不知，时有不识货者登门求印，既讨之，则应之，欣然操刀；费了时，贴了料，在所不惜。屈指数来，盈盈近千方，始觉“刀痕留人间”，甚为得意。一得意，就忘形，摘下壁上胡琴，来段自拉自唱:“我本是卧龙岗散淡的人……”邻里嘲我“驴喊马叫”，我笑邻里“不解耳福”。

斋里欠整洁，无条有紊，木桌上书本狼藉，案板上“四宝”混乱，常招来妻的责备。可我自幼懒散，而今虽已跨入“知天命”之年，仍无痛改前非之意，自觉唯有如此，方能取之即来，得心应手。因而每每拒妻于斋外，不容她以整理之名，收拾我的“阵势”。

我不遗憾与大家、名人无缘，补壁之书画，皆出于未入流的友人之手，疏密之间不乏韵味，丹青之色融汇真情，毫不夸张，平添书卷之气，宛如清风徐来。有朋至，不亦悦乎，茶余饭后，入室对弈，我总是连连败北，落荒而逃，好在输后棋子犹在。

不用“考核”，无须“下文”，自命为“自乐斋主”，八个平方，我的天地耶!

（原载1990年1月27日《新民晚报》）

目　录

第三卷 乱 弹

第一卷　小　说

香椿圩里俩能人

1

四乡八里都知道，香椿圩有两个能人：“冬瓜钟”和“丝瓜瓤”。他两家是正屋山搭山，小院墙挨墙，低头不见抬头见的近邻。进进出出，一朝几次，总得有个叫应，农村习惯按年龄分长次，称兄道弟，倒也热乎。

“老哥，自个喝酒没意思，晚黑过来作个陪，热闹热闹。啊！”态度亲切，言语诚恳。说话人胖墩墩个，一脸福相，上圆下方，肿眼泡，塌鼻梁，络腮胡子刮得干干净净，白皮里透青，活脱是座悬在半空的“冬瓜钟”。

“不哪！兄弟，你家来的高客，当哥的见不得世面，免了吧！”言出由衷，毫无托词。答话人瘦高个子，长长的瓦刀脸，眉毛、眼睛、鼻子堆在一起，嘴角咧开，勾住一丝附和的笑意，挤得纵横交错的皱纹越发深刻而清晰，颇似揉去外皮的“丝瓜瓤”。

“那就下回……”

“唔！下回……”

弟热情相邀，兄婉言谢绝，这样的对话，不知说过多少遍，耳眼起茧，但，彼此听不厌。这对年交半百的能人，真是能到家啦！一个“礼到人不怪”，一个“往来怕费财”，各自都用逼真的感情，封住藏话的心窝。

2

“冬瓜钟”家酒杯叮当响，“丝瓜瓤”家照样摆开席（所谓有酒便成席嘛）。口子酒顺溜，小鸡腿对胃，可是，喝了、吃了要还的。“丝瓜瓤”心安理得地咪了一口白干酒，夹过一筷咸蒜薹，同样觉得津津有味。他严格遵守自己立的“酒规”：不多不少，一天三盅，一滴也不多喝。生活，在他心里有板有眼有算计：三个满盅一两酒，一瓶喝完整十天；灶洞里火柴过数用，一日三起火，月大九十根，月小八十七。看看酒瓶，能知火柴的根数；查查火柴，能报出今儿是几。这样，省买日历本，全年二十四个节气，掌握得准确无误，春争日，夏争时，秋争石滚，冬争肥。老天爷赋予“丝瓜瓤”一种非凡的本领，那双粗糙皴裂的老手，居然能把时光当作金丝线来牵引，硬是在土坷垃上绣出花来。园地不息墒，副业不息手，劲往哪儿使？汗往哪儿流？他全有巧妙安排，见天照混十分工。

香椿圩是出名的“国营”生产队，吃粮靠回销，花钱靠救济。“丝瓜瓤”就能在从未吃过“回销”，要过“救济”，一日还有三盅酒。

3

“冬瓜钟”的能，显而易见表现在形体上。三年自然灾害期间，没掉过膘；十年动乱时期，没减少斤两。一根圈在肚脐下的皮裤带，始终扣在第一个眼上。他常开导“丝瓜瓤”：“心宽体胖，少挖脑子就会多长肉！”其实，他自己“挖脑子”不见得少，只是“胖”足可遮掩罢了。

“丝瓜瓤”家院内长着一棵枣树，蓬蓬勃勃，横枝伸过墙来，七月挂满铃枣。

“嗨！老哥家的小灯笼，挑到俺院内哪！”

“生瓜梨枣，摘下就咬。兄弟，摘几个尝尝鲜。”“丝瓜瓤”隔墙说道，“不过，小心枝上的刺儿！”

“俺怕扎手，留给你赶集吧！”

“冬瓜钟”说到做到，并不稀罕“尝鲜”，因为他也培育一棵枣树——那就是如花似玉的女儿。自从选中一位公社书记作佳婿，那“甜枣”就像雨点般纷纷落入兜中。门前草露不了头，贵客接踵而来，大队、小队干部鞍前马后地转悠，上面来了什么工作队、检查组，他家理所当然地成了招待所。打办室、供销社、粮油站等社直单位的头头，常来常往。大宴三六九，小聚天天有。名正言顺，花的不出汗的钱，吃的不出力的粮，啦起呱来，还说赔上许多柴草。当然，他不会计较这些微不足道的损失，无非让别人明白他的好客、大方，并且特别提起相邀“丝瓜瓤”的事：“哎哟！多少次俺没请动，老哥，是不是？”“丝瓜瓤”点点头，正好证明他对上对下一视同仁。

尽管“冬瓜钟”斗大字识不了一挑，但是，知己知彼的战术，用得恰到好处。大队一级的“纱帽”，任挑任拣，他偏偏捞个等外品——记工员。自称鞋帮布作帽子料，到顶哪！树大招风，官大压邻，有啥电闪雷鸣，落不到自己头上，他只求实惠，图个快活，吃它一辈子“甜枣”。当上记工员，怪恣！上工时，各个作业点溜达一圈，谁也摸不到他辫梢子，回家勤打呼噜；收工前，数人头，发工分，集体马，大家骑，伸手一份（当然少不了自己），人人赞他菩萨心肠。瞧！官不踩，民不恼，自由自在，益寿延年，给个县太爷也不换。

4

瞌睡不由人。大概唯恐“丝瓜瓤”操劳过度，“打办室”传来一句话，把他请进“学习班”。

“你为啥私自编席？”

“娶儿媳、抱孙孙呗。”说这些，与政治无关。

“发了多大财？”

“一架缝纫机。”那玩意藏不了、掖不住，如实奉告。

“这是资本主义！写检查吧……”

“丝瓜瓤”识时务，破财星临头，孬也孬不掉。老伴送饭时，没忘捎来一只瓷盅一瓶酒，好让他计算“蹲班房”的天数。

“喝完这瓶酒，该回家了吧？”

这话没法回答。他脱下贴身小褂，随手揉成团，扔了过去，缝在夹层的十张大票子，乘机脱离险境：“给俺洗洗再送来！”说得轻松，好像准备常住下去。

一盅三口，九口三盅，香的，辣的，皆入皮囊，“丝瓜瓤”开始自我检查：“骏马失蹄，俺咋在大白天把那玩意扛回家呢？”

过了十天，酒瓶空了，“冬瓜钟”大驾亲临，先对“丝瓜瓤”慰问几句，尔后找头头求情。

“念俺老哥初犯……”

“好吧！看在你的面子上，从轻处理：罚款一百元，一个子不能少！”

“没现钱，俺那缝纫机一百五十块买的，抵上，找五十。”罚款早有所料，胳膊拧不过大腿，“丝瓜瓤”干脆把那惹祸的根苗推出手，免得再招来外眼。

“谁跟你做买卖……带个信给家属，卖了把钱送来，放你回家。”

“好哪好哪，救急不救穷，缝纫机俺买了，一百元罚款找俺要。”“冬瓜钟”顺着大腿搓绳，包揽下来，转过脸说，“老哥，走吧！”

“兄弟，俺记下哪！”“丝瓜瓤”感激发自内心，那玩意转手没蚀本，够交情。人家是公社书记的泰山，哪样买不着？

“看你说的！扯着耳朵连着腮，谁让俺两家是挨门邻居哩！”

当天，“冬瓜钟”确确实实拿来五十元，扛走缝纫机，至于那一百元罚款付没付，无从得知。出门时，他悄声对“丝瓜瓤”说：“是邻三分向，是灰热过土。来！给……不值几文，小补补。”从袖筒里塞过十天的工分牌。

开饭时，“丝瓜瓤”递过空瓶，让老伴打酒。

“钱都罚光了，还喝个啥！”

“丝瓜瓤”闷声不响地灌了一瓶井水，就着咸蒜薹，不紧不慢地喝了三盅。老伴一旁见了，七分心疼三分火，不由地数落起来：“圩里两个大能人，人家能得喝不了；你呢？能得没得喝！”

“破财免灾，只当生病花哪！”厚看薄，薄看穿，既劝解老伴，又安慰自己。“丝瓜瓤”耷拉眼皮，敲敲酒瓶说，“捅下的漏子自己补，等省满一百块再打酒，还不行吗？”

又过十日，“冬瓜钟”家贵客盈门，祝贺他家大小子订下一门亲事。不用说，那缝纫机是件关键性彩礼。“丝瓜瓤”心里不是味，避在屋里不露头，未等开席，提前喝了三盅井水……

5

艳花中看，不及素花引蜂。

生产责任制一兴，大田与园地之间的篱笆拆得精光。“丝瓜瓢”浑身毛孔来劲，撅着屁股，炸起头发，放肆地干了起来。耕、耙、种、管、收，事事调道；鞭、锄、镰、杈、锨，样样精通；喂猪、养鸡、压苇、编席……只恨不会“分身术”，一人劈成两爿使。用他自己的话来说：“弓腰淋雨——背湿（时）的日子过哪！十年河东转河西，今朝才是逞能时。”囤里粮食只顾涨，存折上款子不断加，香椿圩的冒尖户中，数他“尖”得令人口服心服。众望所归，从那全县“生产能手代表会”上，“丝瓜瓢”捧回明晃晃的奖杯，外带一张凤凰牌自行车票。怀里酒瓶随身携带，一日三盅，雷打不动，只是没到“省满一百块”，井水早换成口子酒了。

6

贵客稀，门庭冷。记工员无工可记，“冬瓜钟”闲得发慌。看到别人承包的土地长“票子”，他眼馋、手痒。“庄稼活，不用学，跟着样子做”，遗憾的是他那与身高相等的腰围，怎么也弯不下来，而那恼人的庄稼活，对他来说，又几乎件件都要弯腰。这可苦了“冬瓜钟”，十天没到晚，皮裤带收紧了两个眼。看花容易绣花难，自认不是绣花人，他有点泄气了……

“噫哟！老雕干吗跟着麻雀飞呢！？枣不落，寻竿打……”想到这，“冬瓜钟”笑逐颜开……山不转路转，石不转磨转，菩萨掉进尿缸，灵气还在哩！

7

“九”尽花开，道旁千万条柳枝，一夜间，冒出无数片尖嫩的黄芽儿。

路中央，一辆平车载重向前。轮胎气足，车轴油多，“丝瓜瓢”右手执鞭，左手扶把，悠然自得，心中的铁算盘打得“噼噼啪啪”响：卖了车上八百斤花生，可得四百元，买它一千斤化肥，余下的钱，足够牵回一辆

“凤凰”，让小子骑着它走亲戚，美气美气。这笔账算得精细而准确，眼看就可如愿以偿，他情不自禁地喊出牛号子：“啊哈依哟……”没喊完，收住腔，面前是驴不是牛，他笑了……他想唱，唱个“天空无云晴朗朗，大道上来了俺丝瓜瓤”，可找不到调门，无可奈何，甩起手中短鞭，爆出一声脆响：“驾——”毛驴知人意，四蹄生风，“得得得得”，沿着公路欢快地奔跑了起来。

到了粮站前，“丝瓜瓤”抬头一望傻了眼，平车接平车，一字长蛇阵，足有里把远。过磅处，围着很多人，吵吵嚷嚷，不可开交。他暗自琢磨：排队等到何时？阳春时光贵如金，耽误一袋烟工夫，赛如白扔一沓票子，划不来。不如略施小计……于是，他放下车把，趁着乱哄哄的好时机，走近第三辆平车，假装系鞋带，顺手拔掉那气门芯……他的想法很狡猾，借此帮助车主卸货、打气，混熟了好让他插队，一同过磅。哪知，过磅处的吵嚷声愈来愈强烈，压根儿没人理会他，这时，粮站里出来一个貌似头头的人，走到车队前，指着第三辆平车，说：“谁的？拉进来！”过磅处的人群中挤出一名年轻后生，不是别人，正是“冬瓜钟”家二小子，他乐滋滋地拉动平车，进了粮站，轮胎瘪了也未觉着。第一、二辆平车主人提抗议，那貌似头头的人，不理不睬，“咣当”一声，将大铁门关上。门外人凉了半截。

“哎！咋关门哪？”

“仓库满了，不收啦！”

“啥时再收？”

“没个准。”

那貌似头头的人扬长而去，人群中咒的咒，骂的骂。“丝瓜瓤”是个明白人，咒呀、骂呀，顶啥用？花生过磅脱手才算真本事哩！他蹲下身子，抽出别在腰间的烟袋，捏起烟叶，一点一点朝烟锅里填，等候吸烟人过来对个火。

“冬瓜钟”大摇大摆地从粮站侧门走出，抬眼发现“丝瓜瓤”，掏出带锡纸的“百寿烟”。

“老哥，给！”

口渴来人送糖水，“丝瓜瓤”伸手接过。

“你是来……”“冬瓜钟”擦着火柴。

“卖花生的。”“丝瓜瓤”如实相告，伸头凑过去点火。

“哟！不巧，粮站停收哪！……八成缺钱花了，来，只要你说个数，兄弟这儿……”他明知“丝瓜瓤”银行里有存款，十分慷慨地说。

“不不……俺来买化肥，空车顺捎的。”

“哎呀！哪壶不开提哪壶，化肥早卖光了。”他用手指指不远处的供销社，“不信，你去看看。”

“丝瓜瓤”来到那专开化肥扉子的窗口，冷冷清清没有一个人，他轻轻敲了几下，窗开了，看到一副泼水可结冰的面孔。

“干啥？”

“俺想买点化肥。”

“没长眼？”他的嘴朝窗上挂的纸牌噘了一下，“化肥已售完！”

“啪”一声，窗口又闭得严严实实。“丝瓜瓤”失望地转过身子，心中暗暗发急：一急隔年的花生搁过春天卖不出价；二急化肥没着落，秋后甭想再“冒尖”。

“兄弟，你的头绪多，门路广，能不能帮老哥一把？”“丝瓜瓤”认“局”求援。

“啧……难啊！”“冬瓜钟”倏地抛出一线希望，“门路倒有一个，不知你可舍得这车花生？”

“舍得。”花生换化肥，求之不得，可是说话听音，“丝瓜瓤”心想，明明是让俺伸出手指挨剁呀，“咋舍？”

“一斤换一斤。”

刹那间，头脑充分发挥运算功能，乖！一换手，就蚀二百来块，“丝瓜瓤”犹豫了。

“头等尿素，外国进口的。”

“……”

“物以稀为贵，别人想换还换不着哩！”

“……”

“消停的买卖，紧手的庄稼。你不愿意，兄弟也不多事哪！”说罢，“冬瓜钟”拔腿就走，没走几步，身后响起意料之中的脚步声。

“慢——”“丝瓜瓤”一把拉住“冬瓜钟”，欲言又止，狠命地吸了一口烟，吐出一团浓雾……浓雾中，模模糊糊现出一片好庄稼：麦苗拔节，玉米吐缨，棉花结铃，花生发棵，它们好似摇篮里婴儿，张嘴等喂哩！不舍金弹子，咋打凤凰鸟，“哎！兄弟，通融通融，八百换一千咋样?”

“俺去说说瞧。”对谁说，未讲明，临走时，老哥俩又点着一支烟，还没抽完，“冬瓜钟”回来了，“俺跟着赔笑，脸都笑疼了，唾沫星子耗掉半碗，总算应哪！不过……”

“不过”下面有文章，“丝瓜瓤”心里一“咯噔”。

“得加一张自行车票。生意不成人意在，老哥，你自拿主张。”语气那么坚定，不可更改。

伸出手指，人家要手掌，反正挨一剁，买车钱都豁上了，还在乎那张“票”吗！“丝瓜瓤”一横心：“管！”

交易成哪！照着“冬瓜钟”指点，花生卸在粮站门口，“丝瓜瓤”一手交出自行车票，另一手接过化肥扉子。

归来路上，“丝瓜瓤”把着平车，赶着毛驴，来时的“如意算盘”未兑现，平白无故少了二百元和一辆自行车……好在他会自我安慰：“唉！只当‘责任制’晚来一年，下下劲，不就有了……”他对未来的日子充满自信，仿佛平车上拉的不是化肥，而是十倍、百倍的粮棉。

“冬瓜钟”家二小子，骑着崭新的“凤凰”，“哧溜”一下，窜过平车，留下一串清脆的铃声。“丝瓜瓤”从铃声中隐约听到老伴的数落：“人家摇扇怪清闲。你呢?汗珠摔八瓣，到底谁个能?”“头发长，见识短……”他自言自语，嘴角勾住一丝苦笑。

晚上，老哥俩见面，一个热情相邀，一个婉言谢绝，又客套一番。然后，各回各家。那家高朋满座，这家酒到成席。“丝瓜瓤”坐在案桌前，照旧喝了三盅酒，看看酒瓶，查查火柴，他在盘算着活路：“九”尽再加九，耕牛遍地走，明儿早起，该犁南沟沿那块地了。

（原载1982年第9期《安徽文学》）

袅袅炊烟

枣红，果绿，花黄，芦白……嘻唏！多彩的秋天，五颜六色全在柔和的晨曦下闪烁。喜人的庄稼拥着村道，玉米没人，稻子过腰，花生罩地，棉花搭梢，好一片丰收景象啊！

这些，石大婶一概没在意，蹙眉，低头，只顾拔腿朝前走去。她心里窝气，不愿对人诉。偏偏越想越气，越气越想……

昨傍晚，未满周岁的孙儿吵着闹着要吃甜瓜，大婶从园里摘来一个，搓去泥土，随手递过："给！"孩子笑了，抱着甜瓜欲啃，可巧，小夫妻俩收工跨进家门。

"也不洗洗再吃！"儿媳一把夺过，走进锅屋，舀水洗瓜。

甜瓜是奶奶给的，到嘴的食被抢走，孩子哭了。大婶也不乐意，生瓜梨枣，逮到就咬，哪来那么多道道！儿子"打圆场"，抱起孩子进锅屋。儿媳洗瓜时，又轻声冒出一句："他奶带孩子不精心……"

"啧！别说了，俺娘听到……"

大婶耳朵不背，脸上立马刮起"北风"，一屁股坐在院里大青石上……还要怎么精心呢？含在嘴里怕化了，举在头上怕吓了，自从有了这个宝贝疙瘩，梦里笑醒几回。孩子落地三天，染红蛋，炸油馓，亲自为孩儿取名狗儿。妈嫌难听，爸嫌不雅，但拗不过执意的奶奶。年轻人哪知老人的用心，名字叫得贱，孩子寿命长，贱名污笔嘛，掌管"生死簿"的判官不会轻易勾掉的。满月入户，小夫妻响应号召，领了"独生子女证"，孙儿在奶奶心中的位置越发升到顶了，单子独传，石氏门中的顶梁柱啊！背着浇园，搂着纳底，大婶宁可自身掉几斤肉，也不让孙儿倒一根汗毛。这倒好，受累费心反落个不是！冷饭好吃，冷语难咽，她真想进锅屋问个明白："俺咋不精心哪？"可是，滚到舌尖的话，又噎了回去。大婶是个顾脸面的人，当了三十年的儿媳没跟婆婆顶过嘴，做了三年的婆婆也没跟儿媳红过脸，婆媳之间好像隔着一层透明的纸，她生怕一旦捅破，来回灌风……吵嘴磨牙，四邻笑话，捏住鼻子吃下这棵葱，一整夜翻来覆去没合眼，清早，瓢没动，锅没响，大婶抬手整整发髻，垂手拽拽衣角，挎着篾篮离开家。

"俺娘，哪去？"睡眼惺忪的儿子追出门外问。

"看闺女。"

"啥时回来？"

"没个准。"

"啧！……"儿子拍腿、摇头、叹气、回屋。

大婶一憋气跑了十多里，放眼一打量，前面已到草沟集，穿过街心，再走几截地，就到闺女家了。

大婶许久未出门，进了集，又是一番热闹场面。农民腰包鼓起来了，引得城里商店纷纷下乡搭棚设摊，吃的，玩的，用的、穿的，应有尽有，看得人眼花缭乱。她无心买东西，收拢好奇的目光，倏地发现臂上篾篮里空空的……哟！出门匆忙，忘记给小外孙带几个鸡蛋，到时见面，还能让孩子空喊"姥姥"吗？这时，传来一串吆唤声：小孩玩具，品种齐全，花钱不多，欢迎挑选……大婶心想，"口渴有人送水"，买他一个给外孙吧！走近一看，呵！挺有趣，泥人，布娃，飞机，汽车，小猴，大象……活脱和真的一模一样，就是个儿小些。

营业员是个小伙子，迎过来问道："看中哪样？"

大婶思忖一下，伸手一指："买个这样的！"

"好！心想机械化，买辆拖拉机。"

大婶笑了，她就是这么琢磨的：耕地不用牛，过几年买辆真的，先给小孩玩这个，长大了不就会开啦！

"八成是给孙儿买的吧？"

一句话提醒大婶，是呀！家里还有那个宝贝疙瘩哩，当奶奶的可不能偏心……孩子可不像他妈。

"唔！买两个。"

小伙子动作麻利，拿货，收款，找钱，接着取过烟盒，抽出一支烟卷，叼在嘴上。

“哎！这烟，咋连着个哨子？”大婶惊奇地发问。

“高级的嘛！”

“别哄俺乡下人哪！吸进去是烟，喷出来还是烟，分什么高级、低级的。”

“哎！那可不一样，低级烟内有尼古丁，那玩意……”小伙子摇摇头。

大婶听后，直犯嘀咕，儿子成天价吸那“大铁桥”，这个什么“钉”，还不扎烂他的肠子啊！说什么也不能让他吸那不带“哨”的低级烟了。娘不疼儿谁来疼？

“哪有卖的？”

“对面。”小伙子一噘嘴。

大婶回脸来到烟酒摊。

“给俺来包带哨子的烟。”

“老人家，那不是‘哨子’，叫‘过滤嘴’。”营业员态度和蔼。

“俺就要这过……过嘴的。”

营业员取过一包，大婶拿在手中瞧个不停，果真不一样，比那“大铁桥”长出小半寸。

“多少钱一包？”

“八毛。”

“这么贵！”

“国营牌价。”

大婶犹豫一会，还是买下了。好在腰里装着十五块钱壮胆哩！

经过供销社，见一堆人翘首围看门旁贴的一张纸，大婶不识字，以为又兴“大字报”了，随口说了一句：“写的谁？”

“写的货。”

“货是谁？”

“货就是货。”一位不相识的白胡老头，乐呵呵地说，“新到一批上海产的的确良。”

大婶早听说上海产的的确良特别结实，一件衣服能穿十来年。她身上的褂子胳膊肘打过补丁，笑脏笑破不笑补，原本打算糊过秋天，明年买块绵绸做新的；现在她改变主意了……忙内忙外，省吃省穿，到头来落个“不精心”，俺这半截入土的人图个啥……想到这，大婶走进供销社，扯布的人不少，好不容易挤到柜台前。货架上成匹的的确良挨排站着，各色各样，瞅了半天，方才看中那深灰色的。她抬手指去：“就选这色，怪耐脏的。”

“大婶，请稍等会。”

正忙着的营业员手中拿着一匹红底素花的确良，对大婶身旁那位有年纪妇女说：“这花色保你儿媳满意！”

“管！扯个褂料。”

营业员量够五尺，“哧溜”一声剪下，一边折叠包扎，一边由衷称赞：“你和你儿媳处得真和睦，婆媳俩像母女俩，少见！”

“居家过日子，‘和睦’最金贵不过了。”

“有些婆媳就不这么想，叮叮当当隔着心。”

“那得当婆婆的要想得开，长辈嘛……”

她俩的对话，字字句句直朝大婶耳眼里钻。

“老年人想得开的不多……”

“想不开那就自找伤神……”她倒是个心宽体胖的人，慈眉善目，说话时面带笑容，“年轻人哪能没性子哩！瓜无滚圆，人无十全，说句把不中听的话是常有的事，牙齿跟舌头有时还斗一斗来！长辈莫记小辈过，婆婆对待儿媳拿出一颗做娘的心，不就大事化小，小事化了哪！”这位“想得开”婆婆说得兴起，转脸对着大婶，“老姐姐，你说是不是？”

大婶的心“咯噔”猛一跳，几分尴尬地点点头：“是……是。”

营业员做完这笔交易，转身从货架上取来一匹深灰色的确良：“大婶，这色气最合老人穿。”

“不……不要这色。”大婶突然改变主意，指着那红底素花的确良，说，“就扯这块吧！”

营业员把刚才剪过的那匹布，移到大婶面前：“看来你也是给儿媳买的？”

“嗯……不……”

“那是为闺女扯的？”

“不……嗯……”

大婶六神无主，活到六十多岁，第一回显出这反常的窘态……

钱付柜，布入篮，大婶发觉身旁“那位”不在了，她赶紧离开柜台，人群里四下寻找，仍未见到“想得开”婆婆。

“嗨！俺是睡觉压着自己的腿哪……”她怅然若失地站立街旁，望着熙来攘往的赶集人，心中自语，“老妹子，俺多想和你啦啦哦！”

蓦然，见一年轻妇女，抱着孩子匆匆走过眼前，多么熟悉的身影……哎唷！那不是闺女嘛！

“黑妮！黑妮！”

“娘！”闺女收住慌张的脚步，“快！陪俺上医院。”

大婶上前几步，大吃一惊，小外孙额头破了，流血不止。二话没说，母女俩直奔医院。

“怎么弄的？”大婶边走边问。

“孩子摔跤，脑袋瓜磕着门槛了。”黑妮嘟噜着嘴说，“都怪他奶不精心……”

“住嘴！”母亲厉声厉色地盖住女儿的话头，“哪家奶奶不疼孙子？”

女儿感到诧异：娘对俺说话从未有过高言语，今天咋哪？……她不吱声了。

不一会，来到医院，幸好伤口不大，缝了三针，涂上药水，敷上纱布，孩子咧开小嘴，喊声“姥姥”。

“哎！”大婶笑脸像朵盛开的金丝菊，从篋篮里拿过一辆“拖拉机”给外孙，慢声细语地说，“妮，孩子跌跤长大个，千万别说那不中听的话，老人听了寒心。”

娘，还是老样子，话语里充满爱意，没咋哪！闺女点头应诺，瞟眼见到篋篮里的花布料，带有几分撒娇的腔调说：“是给俺扯的吧！”

大婶轻轻打了一下伸过来的手背：“不用娘扯，自有婆婆给你买。”

“娘，被你说对了，他奶昨个给俺买的，和这块布料是一色的。”

黑妮说罢，搂过孩子说“悄悄话”，小孩学舌，现贩现卖：“姥姥，到俺家去吧！”

“乖孩子，姥姥家里走不开，改天得闲去。”

三代人集上分了手。

大婶原道返回，精神抖擞，眉展心舒，窝在心里的气，无影无踪。时近晌午，家家户户屋顶升起炊烟，飘飘逸逸，村舍显得那么宁静而和谐。她不由加快步伐，恨不能一脚跨进家，把篾篮里那块布料亲自交在儿媳手里，然后，钻进锅屋，点燃灶火，让自家屋顶上也升起袅袅炊烟……

（原载1982年9月号《淮河》）

懦怯者的自白

阿姐：

请允许我这样称呼你，因为谁也不能否认我与你弟弟——尧年曾经相爱三年。而今，这虽是遥远的往事，可我仍按照他的习惯，叫你一声“阿姐”，总带有几分缅怀的情感，如果不怕你笑话，我真想一口气喊上百声、千声。那天，和你分别的时候，千言万语哽于我的咽喉。人们都以为演员是善谈的，而我，几次欲言口难张，无限内疚地站在车窗前……火车开动了，你淡漠地挥动一下手臂，朝我看了一眼……呵！这目光，多么和尧年相似啊！回家后，我的心情难以平静，思绪如潮水般涌来，一层叠一层，压积胸膛，使我透不过气来。阿姐，我多么希望当面对你倾诉衷肠啊！遗憾的是，火车载着你飞快离去……为弥补这错过的忏悔良机，我迫不及待地给你写下这封信。请你千万不要嫌弃，倘若这封信还有些价值的话，那就是一字一句都是我微弱的心声。阿姐，请你权且当作一份“懦怯者的自白”读完它吧！

十二年前——1966年的初夏，尧年完成六场歌剧《雪浪花》的初稿。剧本描述一个普普通通的女工，在党的教育下，成为一名无产阶级先锋队的战士。她领导工人们向官僚资本家、国民党反动派展开不屈不挠的斗争，由于叛徒出卖，最后英勇牺牲。这出戏孕育了很久，还是三年前我俩一起参观“工运展览会”，看了一位烈士的英雄事迹后，引起他的创作冲动。说真的，对于一个成长在红旗下的青年剧作者，要写四十年代的作品，是比较困难的，因为那年代尧年是刚入学的娃娃。他自己打了个比喻：小牛拉重载，自不量力。然而，烈士殷红的血迹历历在目，给予他无限力量和勇气，阅读了几百万字的《工人运动斗争史》和“敌伪审讯档案”，走访了烈士家属、亲戚和战友，仅仅用了十五个日日夜夜，写成了《雪浪花》。尧年有个特点，任何情况下，他那方脸盘上总是充满青春活力，唯有我发觉他的颧骨比半月前微微凸起，眉宇间“川”字纹又深了些许。剧团党总支书记老李，读了剧本后很高兴，作了充分的肯定，并让尧年带着剧本到烈士生前曾经工作过的地方——淮滨机械厂，去体验生活，广泛征求意见，进一步修改剧本。如鸟投林，如鱼得水，尧年高高兴兴地打起背包，拜工人为师，跟班劳动。

恋人心中总是藏着一条幽静而神秘的小路，尧年却喜欢在激浪拍岸的淮堤上散步。晚风习习，暮色沉沉，深蓝的天空挂着几片淡墨似的云彩，上弦月时隐时现，浩渺的淮水，冲开荆涂二山，闪着粼光向东流去。我俩漫步在淮堤上，尧年向我兴奋地叙述深入生活的体会、感受和工人们对剧本提出的中肯意见。说到激动处，他收住脚步，面对淮河，悄声朗诵剧中的主题歌：

爱与恨汇入一江春水，
险滩处且听撼天惊雷。
奔腾急卷起白雪千堆，
唤醒了两岸翠柳红梅。

抑扬顿挫的语调，含而不露的激情，感染了我这个唯一的听众，不禁向尧年提出：“我演《雪浪花》的主角，行吗？”他眯细双眼打量我，我七分自信三分祈求地说：“准行吧！你写的剧本我来演，多有意思……”

尧年摇摇头，说：“若是剧作者有挑选演员的权力，我还选不中你。”

“为什么？”

“论外形，你那温柔的大眼、俊秀的脸庞、颀长的身材蛮理想，可就是缺少……”

“缺少什么？”

“内在的坚强气质。”

“这是演戏……”

“是呀！气质是演不出来的。”

我听罢，生气地扭转身子，扶住堤旁的一棵垂柳，旁若无人地眺望对岸的万家灯火，不去和他争辩。阿姐，你知道吗？关于“气质”问题，我与他存在很大的分歧，多次未能谈拢。尧年认为：“山有石，树有干，人不可缺少坚强气质。”而我认为：“如今不是战争年代，干吗非要在自己性格中糅进硬邦邦的东西。”请你听听前次我俩的对话吧：

“坚强来自信念。一个懦怯的人，很难说他有什么信念……”

“那不一定。蓝天飘扬五星红旗，党用信念武装了亿万人民，不坚强的人也会沿着革命方向前进……”

“晴空有时也会乌云骤起，大道上难免尘烟腾浮。”

“自有毛泽东思想指引征程。”

“……”

“……”

每次的争论都是不了了之，这次当然也不例外。沉默片刻，尧年说：“换换话题吧！讲个使你高兴的消息……”

我抿住嘴，没搭腔，但心里在想：这是个什么样的消息？他走近一步，拉起我的手，又朝前走去，如水的月光，悄悄洒满肩头；缓慢的脚步，轻轻印在堤上。

“领导已经同意我们结婚了！”

“是吗？”

“怎么不是哩！”尧年从衣袋内掏出一张盖有公章的信笺，“这是李书记亲手交给我的介绍信。”

“什么时候去登记？”

“我想在《雪浪花》公演的那天，你看怎样？”

我点点头，表示赞同他选定的这个有意义的日子。

“我将尽快改完剧本……”尧年说此话时，语调平稳，但我的手被他握得更紧了。幸福的未来，指日可待，我俩谈起即将建立的小家庭，共同语言很多很多，只觉得脚下的长堤很短很短……

俗话说，好事多磨。《雪浪花》从修改到排练都很顺利，就在公演的前一天却发生了意外。那天，全体演、职员正投入紧张的彩排，“卫青文艺造反兵团”冲进剧场，贴出一张通告：“剧本有毒，停止彩排，作者接受批判！”“造反”司令何学江亲自主持批判会。何学江本名叫何金斗，去北京串联后，改了这么个非常倾向“革命”的名字。他能说会道，是“造反派”中有名的“理论家”。原在剧团乐队里吹低音号，后来觉得伴奏这行当默默无闻，没有出息，一心想从乐池跳上舞台，改行当演员。打了几次改行报告，都未获批准，直到扯旗造反的那天，他自己庄严宣布，脱离乐队，还贴出一张醒目的大字报：《走资派压制新生力量》。要论他的长相和打扮，当不上演员，也真是拆了房梁做板凳——屈料。短短眉毛三角眼，小裤脚管花衬衫，扁扁鼻子翘嘴唇，发式前冲像帽檐。不用化装，便可上台演出《霓虹灯下的哨兵》中的阿飞角色。然而，今天的装束朴素而时髦：一身半新半旧的军装，臂上套着足有七寸宽的红袖标。他满脸杀气地整整头上军帽，紧紧腰中皮带，鼓动那惯于吹号的嘴巴，首先念了一段毛主席语录：“革命不是请客吃饭……”接着宣判《雪浪花》的罪状：一，为叛徒歌功颂德；二，即使把叛徒美化成一号英雄人物，也没战胜反面人物；三，“写真实”论；四，……

尧年问：“你说是叛徒，可有证据？”何学江答：“过去的烈士，都要重新审查，未审查清楚前，一律以叛徒看待，这是上面的精神。”尧年又问：“文艺作品要不要历史真实性？”何学江不屑一辩地答道：“这个问题，样板戏已作了全面回答。今后的文艺作品都得按样板戏的创作原则去写！”尧年还想提问题，何司令十分动怒地发出警告：“你是被批判者，不许狡辩！告诉你，‘文化大革命’就是要革你们这些拿笔杆子人的命。从现在起，你必须老老实实写检查交代！”就这样，《雪浪花》的彩排，被一场批判会所代替。演员们各自怀着不同的心情离开了剧场。我走在路上，思想紊乱，脑子里仿佛塞进一团难以理清的麻丝……朦朦胧胧地觉得“暴风雨”即将袭来，下意识地加快了脚步，似乎想找个躲避风雨的地方。与我并肩而行的尧年，紧蹙浓眉，在思索问题……我问道：“你在想些什么？”

“我在想一个有趣的问题。”尧年苦笑着说，“我见过工人们手中的‘样板’，那是一种节省工序时间、保证产品质量的工具。现在文艺创作也有了‘样板’，往后，作者可轻松哪！……不过，工厂生产一模一样的产品，会得到用户的欢迎；舞台上出现清一色照‘样板’创作出来的作品，观众的反应如何呢?”

“‘样板戏’的创作经验已被官方肯定……”

“却被别有用心的人当作‘棍子’哪!”

“哎呀!你想这些干吗?还是考虑考虑自己的检查吧!”

“没啥可考虑的。《雪浪花》是存在许多不足之处,有待提高,但它绝不是‘毒草’,迟早会与观众见面的。”尧年的态度是那么从容而自信。

这时,路心穿过一辆摩托车,何学江坐在车上,威风凛凛,他回头朝我俩看了一眼,嘴角挂着一丝难以捉摸的微笑。我像是陡然淋着冰凉的雨点,汗毛竖起,打了一个寒噤,脚步不由自主地离开了尧年……

这天夜里,我接连做了几个梦,梦见我和尧年精心布置的新房,轰然倒塌,尧年压在瓦砾下向我挥手:“快离开!快离开!”醒来,冒出一身冷汗,我猜度着这个噩梦预兆什么……

果然,梦外更比梦内可怕。翌日早晨,铺天盖地的大字报刷满剧团内外,“彻底批臭大毒草《雪浪花》”的巨幅标语怵目惊心。我走过尧年的创作室,只见屋里空无一人,书本、杂志狼藉地面,门上贴着“勒令”,尧年被关进“牛棚”了。我疾步跑到办公室,想找老李问清这是怎么一回事,哪知,老李也由于支持《雪浪花》,被隔离审查。“卫青兵团”主宰一切,何学江俨然以司令身份掌握剧团的大权。

尧年关于《雪浪花》的“检查交代”,写了一遍又一遍,始终坚持自己的观点。何学江暴跳如雷,指责尧年:顽固坚持反动立场!批斗会越开越频繁,发言人越来越稀少。有一次,竟然开头就冷场。何学江坐在主席台上,东张西望,三角眼射出咄咄逼人的光芒,扫来扫去,最后死死盯住了我……我被这尖锐的目光刺得不敢抬头,心儿“怦怦”直跳。幸好,这时有人为我解了围。

“报告!我讲。”善演滑稽角色的金大乐,起身清清嗓子,一本正经地走上主席台,手指尧年说,“昨天你的检查是胡乱扯!今天的检查还是胡乱扯!!看来明天的检查仍要胡乱扯!!!现在我严重警告你:从此不许你再胡乱扯!!!!我的发言完啦了。”金大乐很严肃地走下主席台,会场上发出一阵忍俊不禁的笑声。何学江的脸色颇为尴尬,哭笑不得,无奈顺着“台阶”而下:“端木尧年,你听到没有?灵魂深处闹革命,写检查,交代问题，不许胡乱扯！”又转脸对大家说：“各自准备发言稿，明天继续批判。散会！”

晚上，回到家里，妈妈从灶间出来，把手中水瓶交给我，说：“客人早等着你哩！”走进堂屋一看，原来是何学江。他见我进来，主动起身打招呼，嘴角上又挂起难以捉摸的微笑，慌得我水瓶拿在手里找水瓶。他端起面前的茶杯，说：“伯母倒过了。”我捧着水瓶，自嘲地笑了笑，不知说啥是好。他接过我手中的水瓶，从包里拿出一份报纸：“给你送学习材料来哪！”我顺手打开一看，见到头版头条登载一篇什么“座谈会纪要”，字里行间画着许多重点记号。

“这是一篇带有指导性、极为重要的文章，你好好看看！”何学江抬手理一理油光水滑的头发，语气温和地说，“近来，同志们对你的异常沉默，很有意见……”

“对我……有意见？”

“是呀！你是作者的未婚妻，知道的情况当然比别人多，可你……眼下，是站队亮相的重要时候，应该大胆揭发反动剧本《雪浪花》的背景和内幕！”他无限感慨地说，“也难怪，从学校到剧团，没见过什么世面。这是阶级斗争，复杂的阶级斗争啊！”

“我确实不……不知道……”

“这点很令人难以置信啊！所谓情人嘛，那是无话不谈的！”

“没……没说什么……”

“凭我们掌握的现有材料，完全可以给端木尧年定成敌我矛盾。我念你年轻幼稚，给你留个划清界限的机会，何必死心塌地当牛鬼蛇神的家属呢？”

“……”

“今天，‘革命’来敲你的门窗，请慎重考虑！”他干笑了几声，用手指弹着桌面，“你回忆回忆，端木尧年平时和你谈些什么？”

我不知所云地摇摇头。

“比如那天你俩在路上……”

“哪……哪天？”

“《雪浪花》彩排的那天。”

“……”

“说吧！说出来，对革命，对你都有好处。”何学江的目光，像两条绞索套住我的颈项，我挣扎，我呼救，我……我把那天尧年说的话，说了出来……

“好嘛！对组织就该忠诚。”他狡黠地把手伸进挎包，拧了一下，包里微型录音机立刻发出声音……我不敢相信自己的耳朵，这声音就是我刚才说的话……何学江宛如听着一首迷人的歌曲，一字一句记录在预先准备的纸上，然后，将这张纸送到我的面前。

“签上名吧！……还犹豫啥？和你的录音一字不差。”

我哆哆嗦嗦提起笔，心慌意乱地写下自己的名字。他小心翼翼地把这张纸放入贴身衣袋里，在他眼里，这张纸比金子还珍贵啊！他随手取出一个“红袖标”，说：“革命不分先后，我代表组织宣布，从现在起，你就是‘卫青文艺造反兵团’的一名战士哪！”说罢，提起挎包，满意而去。

我拿过“红袖标”，像是落水人抓到一只“救生圈”，精疲力尽地向往着岸边……

一夜之间，那张有我签名的纸片，已变成《造反报》上头条新闻，标题显赫：《大义灭亲——记“卫青兵团”一女战士捍卫毛泽东思想的事迹》。

批斗会上，空气比往常紧张，何学江踌躇满志地叼着烟卷：

“端木尧年，你交代吧！”

“该讲的，我都讲了。作为一名党和人民培养、教育多年的剧作者，我感到自愧，未能将《雪浪花》改得更好，以致尚存在许多不足之处，有待提高。但，它绝不是‘大毒草’，十年后自有公论！”

“嘿嘿……不用十年，对你今天就有‘公论’。我们无产阶级不需要你这个攻击‘样板戏’的剧作者！”他把“攻击”二字，说得既慢又重。

尧年睥睨一眼……

“我想你不会如此健忘吧！”何学江抛出一张《造反报》，“不见棺材不掉泪，你自己看吧！”

尧年一边看着，一边喃喃自语：“不可能……她不可能！”

“你不信？！”何学江淡淡一笑，亮出那张“珍贵”的纸片，“材料是她亲口揭发的，名字是她亲笔手签下的，有时间，有地点，你还有什么可说的？”

尧年抬头凝神望着我，此时此刻，他多么想听到我作出否认的回答啊！然而，我默认了这既成事实。他痛苦极了，那双喷射雷电的眼睛，一直注视着我，目光里包含着惊异、愤懑、悔恨、自责……他先是呆立在那里，后来迟钝地移动脚步，朝我一步步走来，像是要来撬开我紧闭的嘴巴，又像是要来责问我这个无情的情人……我心情紧张万分，畏惧地低下头，等待他的到来……会场上很静，静得怕人，只听到彳亍而行的脚步声，“哧——哧——”一下一下似重锤击在我的心上。蓦地，“砰”的一声，尧年晕倒在水泥地上，额头上鲜血顺着苍白的面颊往下流淌。“啊！”我惊叫起来，欲上前搀扶……

“注意界限！”何学江大步走来，义正词严地说，“样板戏是文艺革命旗手呕心沥血培育而成，闪烁着毛泽东思想光辉！端木尧年狗胆包天，攻击样板戏就是攻击旗手，就是攻击毛主席，就是现行反革命！证据确凿，不容抵赖，经公检法‘造反派’批准，依法拘留！”

全场哑然，何学江一招手，进来两个壮汉，将尧年拖走了。

天哪！一张薄薄的纸片，刹那间，竟变成一把锋利的钢刀，恰恰正是我举起这把钢刀……唯懦怯者的残酷最为残酷！

尧年被抓走后，我感到周围的一切产生急遽的变化。同事一反常态，见了我敬而远之，远而避之。我犹如跌入冰窖之中，寒冷和孤寂从四方袭来。星期天，我心里空虚，信步来到淮堤，只见垂柳上的绿色叶片，已被秋风扫尽，光剩下细长的褐色枝条，飘拂不停。湍急的淮水也比往日浑浊，打起一个个漩涡……我在垂柳下站了一会，来往行人，络绎不绝，我发觉他们都在用蔑视的眼光打量我……自惭形秽，我抬起局促的脚步，离开了淮堤。走到半路，迎面碰见曾经为我解过围的金大乐，我正想驻足和他说话，他点点头，先笑着问我：“响当当的‘造反派’，怎么不把红袖标戴起来？”他好像怕沾染上什么，话一落音，不等我回答，便匆匆别我而去……回到家中，已是掌灯时分，妈妈准备好晚饭等着我：“快吃吧！今晚有你喜欢吃的苋菜。”妈妈往我饭碗里夹了一筷，苋菜的色汁把米饭染红了。我喜欢吃苋菜，不仅因为它味鲜质嫩，而且它具有动人的色汁。学生时代，听老师讲过《子规啼血》的故事：从前，有一对杜鹃鸟，雄鸟在寻觅食物时，无辜被毒蛇伤害，雌鸟为召雄鸟“归来”，飞遍群山，日夜啼鸣，声调哀怨，泣地动天，啼一声，一滴鲜血，滴滴鲜血洒在满山遍野的苋菜上……

从此，苋菜有了血红的色汁。我想起这个故事，眼前喜吃的苋菜，一口也咽不下去。妈问我："怎么了？"我说："头疼，不想吃。"随即放下碗筷，钻进卧室，棉被蒙头……

我被一种难以名状的压力，折磨得坐立不安。何学江看透了我的心思，几乎每天都要找我个别谈话。谈话内容突出一个中心，那就是"无限忠于毛主席"。他从"十七年黑线专政"，谈到"旗手披荆斩棘"，雄辩地说明样板戏的划时代伟大意义，进一步证实他的"代入法"（攻击样板戏就是……就是……就是……）的无比正确性。他谴责群众对毛主席缺乏无产阶级感情，来宽慰我那寒冷而孤独的心。言语中，他滔滔不绝地引用毛主席语录。引用时，还向我指出，这段在《毛主席语录》中多少页。滚瓜烂熟的程度，令我十分惊叹，甚至从内心信服他是个"忠于毛主席"的模范，"高举"毛泽东思想伟大红旗的造反派。

尽管寒冷和孤寂日甚一日，但在何学江的"开导"下，使我认识到"举起钢刀"的必要性，从而极力排除缠在心头的不安。用何学江的话来说："不用霹雳手段，菩萨难入天堂。"这位"菩萨"果然由于多施"霹雳"，而直上青云，入了党，升了官，前呼后拥，轿车进出，成了市里显赫人物。

一天深夜，何学江带有几分醉意来到我的卧室，说："告诉你一件事，端木尧年畏罪自杀了。"

"啊……"我惊呆了。

"这种人死有余辜。怎么！你还留恋过去的感情？"他一张嘴，酒气喷人。

"不不……过去的永远过去了……"我忙作解释。

"那么现在呢？"他嘴角上又挂起难以捉摸的微笑。

"现在？……现在我没想过……"

"是到想的时候哪！若不是我当初敲你的'门窗'，有你吃不完的'苦果子'……"

"以后努力工作，报答领导的关怀。"

"报答？用工作报答，那是扯淡……嘿嘿……我是讲究实惠的人……"他贪婪地向我一步步逼近。

"请尊重自己，你在政治上是有地位的人。"

"政治，地位，个人小节并不妨碍这些……"

他终于露出饿狼的本性，猛扑过来……我一闪身，碰落桌上的茶杯，妈妈闻声赶来，把我从狼爪下救出……

饿狼悻悻而去，妈妈拉住我的手臂说：

“走！告他去。”

“不！不行……他在官场有势力……”

妈妈摇头叹息，一把把我搂入怀中，老泪纵横……

唉！唯懦怯者的无能最为无能！

何学江大言不惭地自诩：“演员也不难当！从剧场舞台到政治舞台，不过如此而已。”

是呀，一张人皮遮住一个丑恶的灵魂，生活中，他时时刻刻都在披着“忠于”“高举”的外衣，进行“精彩表演”……我怎么成了睁眼瞎子没看出呢？……想到这些，我懊悔莫及，羞愧难当，无脸见人，甚至不愿对着镜子正视自己日渐消瘦的面容。

一个人在痛苦的时候，好回想往事，而往事越发增加痛苦，有时会产生痛不欲生的念头。可是，我没有勇气自杀——因为懦怯者可以舍弃一切，但，最最爱惜自己。对于我来说，最大的勇气也无非是在等待痛苦来埋葬自己。

没完没了的痛苦接踵而来。曾与尧年关在一起的老李，给我捎来一信。信中说，尧年在狱中坚贞不屈，拒不认“罪”，是被他们活活打死的。我得知这消息，天旋地转，栽倒在地。当我睁开双眼，发现身旁躺着一具血肉模糊的尸体，霎时，尸体立起，夺门而出，苍白的面颊上流着鲜血……我追上前去，大声疾呼：“尧年！血……尧年！血……”尧年头也不回……这时，有人将我一把抱住，我见此人，青面獠牙，赤眉绿眼，张着血盆大口，一副吃人的架势……我使出全身力气，从魔鬼手臂中挣脱出来，直奔大街：“尧年！快跑，魔鬼来了……”只听身后的魔鬼在喊：孩子！是我……孩子！是我……

……

以后的事情，我再也记不清了……住进精神病医院整整五年，直至1977年的秋天，老李和妈妈才将我接出医院。出院后，我就像相声《昨天》里的那位“大爷”一样，所见所闻都是那么新奇……

“扫尽乌云开新宇，天翻地覆慨而慷”，山绿，水清，空气格外新鲜。抓纲治国，拨乱反正，何学江得到应有的制裁，被“四人帮”颠倒了的是非黑白又颠倒过来。市委为尧年公开平反昭雪，并决定重新公演《雪浪花》。平反昭雪会上，老李把尧年唯一的遗物——结婚介绍信——交给我，介绍信下端多了一行歪歪扭扭但仍保持笔锋遒劲的小字：

我们的时代更加需要坚强

这是尧年的手迹。只有我明白，是他留给我这个懦怯者的遗言！我双手捧着这张重如泰山的纸片，浑身战栗，泪水盈眶，耳边犹闻尧年当年的声音："坚强来自于信念……”是的，是的，懦怯者何止没有信念，简直是没有灵魂！尧年以顽强的生命作出了闪光的结论。

“杀人者可怕，递刀者可诛”，领导和群众谅解我这个“递刀者”，让我参加《雪浪花》的排练。我接受这任务时，悲喜哀乐一起涌来，止不住热泪滚滚……别人的谅解，能说明懦怯者无罪吗？不，不能！经济负债容易偿还，心灵负债难以还清啊！

阿姐，真没想到，《雪浪花》公演的那天，我在数千名观众中发现了你。当剧场响起雷鸣般掌声，我见你眼眶噙满晶莹的泪水。散场后，我来不及卸妆，急忙奔到观众席，哪知你已离开了。我知道，你是不愿见我……

夜深人静，我翻来覆去不能入睡……今天，今天正是尧年和我约定的有意义的日子啊！我默对那张“结婚介绍信”，认真思考着未来——这个摊在我面前急等回答的问题。人生的旅程，我走了三十多年，一路上“避风”“躲雨”、畏葸失足……未来的路，该怎么走呢？不能回避，我要以实际行动来回答这个严肃的问题，因为只有以“未来”弥补“过去”，才能求得你——阿姐的宽恕！才能告慰你弟弟——尧年的英灵啊！

第二天，我从老李那里得知，你是被邀千里迢迢赶来看《雪浪花》公演的，并知你由于工作关系，不能久留，已动身返回。我急忙赶到车站，和你见了 面……汽笛声中，我们匆匆分手了。下次见面，更待何时？我盼望着这一天……阿姐，你可愿见我呢？

祝你

一路平安

古茵

一九七八年八月五日

（原载1979年第1期《文艺作品》，后收入1980年5月安徽人民出版社出版的短篇小说集《春天》）

三角集人家

这地方，地图上找不到的三条小河，相互交汇，形成一个“△”形。三角集位于三河之间，名副其实。它远离县城三十公里，地处三县交界，公路网一时网不到，农客车眼下拐不到，物造自然，倒使它成为偏僻的闹市。集上横贯一条大街，东西相向而行，各走一百五十步，便能相遇，不偏不倚的街心发了岔，伸出三条石板小路，直通架在三条小河上的木板桥。二、五、八、十,十天四个集。逢集时，四乡八里的人群，就像源源不断的小河流水，朝一处汇来……“橐橐”的行路声，“吁吁”的吆喝声，“嘎嘎”的扁担声，“叮叮”的车铃声，一大早就吵醒了三角集，街中心更是热闹非凡，熙来攘往，车水马龙，实在不亚于“新街口”，推而广之，三角集号称“小南京”也不为过。

大街两旁的房屋，鳞次栉比，参差不齐，有的盖瓦，有的苫草，远远望去，活脱是一条黄黑相间、弯腰曲背的游龙，卧伏于此，养精蓄锐。集上住着三百户人家，临街傍水，颇具江南特色，这在淮北平原，不能不算得天独厚。人口普查得出精确数字，平均算来，恰巧每户三人，之后，纵有生死嫁娶的变化，但差异不大。麻雀虽小，五脏俱全，工农商学，应有尽有。同胞九百，形形色色，“三教九流”虽未凑足，“三姑六婆”却界限分明。

最近，大兴编纂“地方志”，三角集的头面人物，自有舞笔弄墨的文人作传，挂一漏万，芸芸众生自然不堪入志。其实，这些志外人物，就像无名的小河一样，照能映出时代的色泽。不信，举潘诸葛、杨十二和金嗓门三人为例吧：

潘、杨、金三家，在街心三岔路口各据一点，开门就见面，近邻胜远亲，出这门，进那门，三线成面，是个稳稳当当的“小三角”。三户当家人，都身怀一艺，所不同的，潘、杨是“手艺”，金是“口艺”，但毕竟一笔写不出两个“艺”，因此休戚相关，理所当然也。

1

踏上三角集，多远就可见高挑的“修鞋铺”三字招牌，独此一家，并无同行，毋庸标明多余的店号。走近一看，三间瓦屋，坐落街心，门右侧，设有一洞五尺见方的大窗，撑开窗扉营业，闭上窗扉息手，营业时间机动灵活，倒也方便来往顾客。

潘诸葛是修鞋铺的世袭主人，年近花甲，瘦瘦的脸膛，两颊微陷，尖尖的下颏，翘着一撮山羊胡须，前额直连秃顶，面孔显得狭长狭长。潘诸葛幼年进过几天塾馆，识字不多，断字不白，平生爱看一本书——《三国演义》，为人明智，勤于思考。常言说：三个臭皮匠，抵个诸葛亮。他的插号一顶仨，可见胸中韬略比起一般“臭皮匠”，胜过两筹。论手艺，锥密锤准，绱鞋合脚。遗憾的是，恁多年，大呼隆，社员出工不误干私活，自纳鞋底自作帮，麻线一连穿上脚，直穿到自己无法动手，才提来找皮匠。这样一来，潘诸葛的能耐，只能施展在修补上，哪怕破得“前漏蒜瓣，后露鸭蛋”的鞋，经他一调治，保准可凑乎穿下去。在那凑乎的年月里，少不了穿凑乎鞋的人，因而修鞋铺的生意也还凑乎。好在人口不多，老伴早年病故，留下独女小巧，父女吃饱，全家不饿，不求富，不贪贵，凑凑乎乎的日子乐呵呵地过。

自打农村实行“责任制”，大伙忙得不亦乐乎，修鞋铺反而日渐清闲。清闲意味着什么呢？潘诸葛手摇芭蕉扇，打坐铺子前，弯腰，勾头，眯着眼。这种姿态，职业形成，别人并未介意。他注视街上行人的双脚……哎唷！难怪呀……依据连日来的观察、默记，你得出一个可靠的数据：穿塑料鞋、皮革鞋的与穿土布鞋、解放鞋的比例是七比三。未掐指，没卜卦，他思考着这一重大发现……心无二用，闺女来到身旁也未觉着。

小巧身材苗条，鹅蛋脸，细皮嫩肉，体态丰盈，胸脯隆起，浑身上下透出青春的气息，像是一朵弹出水的荷花。她捧着一杯茶，亭亭玉立，站在一边，看到父亲想得出神，猛喊一声：

“俺爷！”

“这丫头……”潘诸葛不禁一怔。

小巧递过茶杯，问：“你在想啥？”

父亲呷了一口茶，没答话。

“你不说，俺也知道。”小巧蹲下身子，一手扶着父亲肩头，一手斜托着腮帮。没娘的闺女，尽管历经二十个寒暑，在爹面前仍是个娃儿。

“你知道个啥？”父亲伸指戳了一下闺女的额头。

“知道，就是知道！”小巧索性摆动双肩，转而，夺过芭蕉扇，扇了几下，娇嗔地说，“俺是诸葛的闺女，能掐会算嘛！”

潘诸葛瞥了一眼，小巧以扇掩面，笑出声来。

“你倒说说看。”

“锥子、锤子使不上劲哪！”水灵灵的黑眼珠转个圈，“俺爷，你想换家什，可对？”

就像“赤壁之战”前夕，周瑜和孔明同时在掌心写个“火”字那样，父女俩不谋而合。

小巧猜中父亲的心思，“噔”地绷直腰，说：“想三夜不如干一早，俺也来个机械化、电气化！”

“轻巧话易说，灯草担难挑。”潘诸葛嘴角勾起一丝苦笑，换家什需要钱的，穷不求亲，雨不投林，手头不宽裕，家底又单薄，即使砸锅卖铁也换不回来机械化、电气化。再说，年岁不饶人，使用新家什，尤其“电气化”，隔行如隔山……他犹豫不定。

聪明伶俐的小巧，好似父亲脑壳里一根敏感的神经，抬手摘下母亲临终前为她戴上的金耳环，双手捧过，父亲未接。

“这东西，不能吃，不能喝，啥稀罕！”闺女说，“有了新家什，机械化归你，电气化归俺，挣来钱，你给俺买个金戒指……”

小巧一心想当女皮匠，学门手艺，往后不靠人，正合父意。不过，潘诸葛对“电”仍不踏实：“你懂那玩意？”

“课本里学过，俺学得不精，还有大牛帮着哩！”

大牛——杨十二的大小子，憨憨厚厚，心灵手巧，钢钢火火，缺少主见，是个内外不统一的后生。小巧与他同窗九载，前年一起下学。女孩家闲不着，来家一把手，洗缝烧煮，忙上忙下正得力；可大牛下学后，成天摇膀子，等候“佳音”……他妈说：“能儿强过父，妈给你在县里找工作。”等呀等，阴天晒太阳，至今没有影，闲得他骨头酸，有事没事就蹿来找小巧，叽叽咕咕，谈不完话题……潘诸葛耳不背，听到权当没听到；眼不瞎，看见只当没看见。光屁股的孩子，在眼皮底下长大，老人有底，他存心让这两棵小草自由自在地盘根。盘得咋样？趁此试探：

“人家要远走高飞，哪顾上帮你？”

“走不过三条河，飞不出三角集。”小巧脱口而出，“俺想叫他帮，他就得帮！”

“呵哈哈哈……”

父亲笑了，笑得女儿满面飞霞，忙不迭地将金耳环塞过：“俺爷，你……”

2

潘诸葛卖掉老伴的遗物，重振旧业。小巧说的“机械化、电气化”，一日间便可实现，仅仅是一架缝鞋机，和一杆电烙铁而已。

没吃过虎肉，见过虎形。那厢，小巧握着通上电的烙铁，大牛挨肩坐着，指导，壮胆。不知从哪弄来一双塑料凉鞋，拆了焊，焊了拆，忙个不息手。这厢，六十岁学吹打，难为了潘诸葛，鼻梁上架着一副老花眼镜，一手掌鞋，另一手摇动缝鞋机，嘴里还在提醒年轻人：“小心！别叫电打着……”话音刚落，听到“哎呀”一声，潘诸葛赶紧跑过来，只见女儿手中的凉鞋，鞋襻左右错位，别别扭扭不像样。虚惊后的父亲，不无责备地说道：“毛手毛脚，哪够格当皮匠！”

小巧伸伸舌头，大牛打圆场：“不碍的，拆了重焊。”

“哧溜哧溜”“咔嚓咔嚓”，修鞋铺里响声不绝。

“哟！土枪换洋炮，早知俺拎挂炮仗来，炸个响！”

未见其人，先闻其声，小巧嘟囔一句：“你妈来了！”大牛连忙移到对面坐下。

进门的是圆婶，体圆脸圆嘴巴圆，走路像球在滚动。未等主人开口，她满面春风地上前打招呼。

“他潘大，你点子真多，不愧是个活诸葛。”她目光落在小巧身上，“哎唷！闺女大了十八变，越变越俊俏，饿汉看了饱三天！”接着对大牛说，“爷能女更能，你莫在巧姑娘跟前碍手绊脚的！”

两家近在咫尺，她虽有一双闲不住的脚，但，平时很少来潘家串门。潘诸葛问道：“她圆婶，有事？”

“无事不登三宝殿，有事不大。”说着，她用眼梢扫扫两个年轻人。

“内屋坐。”

潘诸葛会意，起身离开缝鞋机，小巧跟过来，喊了一声“圆婶”，敬上一杯清茶，又回到原位。

“啥事？请讲。”

圆婶未言先笑，双目笑成一条缝：“好事！美事！喜事！俺给大侄女保媒来啦。”

“噢！谁家？”

“说出来保你满意！”圆婶扳着手指，夸耀地说，“是个有转儿、有响儿、有影儿的亮堂人家！”

没提名，潘诸葛心里明白七八成，紧追问一句：“住哪儿？”

“本集的。”

唔！满了十成，错不了。这家门楼不低，名望不小，女的在本集公社当主任，男的在县里任供电局局长，夫妇实权在握，想啥有啥，说到办到……这不，一句话，竟能使神奇的电流，提前超越时空的阻隔，通到这僻远的三角集。确实是户“亮堂人家”。潘诸葛点头默认。

“那后生可时髦呐！大裤腿，长头毛，别提多洋气，还是个吃‘硬本粮’的哩！”不知是激动还是故意，末句话，圆婶讲得特别响。

外屋的小巧，鼻子一齉，小声嘀咕：“‘硬本粮’啥宝贝？有它吃得饱，没它饿不着。”

“就是。”大牛附和，“俺妈就迷它！”

潘诸葛干笑几声，摸出烟袋，装烟对火。圆婶察言观色，觉得对方听了不感兴趣，趁热加温，再来几句灌耳眼的圆话："冲着几十年的老邻居，冲着你和牛儿爷的老交情，俺怎能不为你和大侄女着想哩！"

为别人着想，不如说是为自己着想更恰当。不知从啥时起，她不愿别人喊她"杨婶"："谁姓这个倒霉的'杨'，俺娘家本姓'袁'，朝后喊俺'袁婶'！""袁""圆"同音，喊的合体，听的乐意，她自觉有那么一点点解脱感。嗐！嫁给剃头的，虽有吃有穿，但没有脸面，大半辈子低人三分。如今儿子长大成人，要想脸上有光，万万不可再干这营生。大牛下学后，她四处投路，寻找吃"硬本粮"的机缘，脚板起茧，嘴皮磨薄，她终于求到女主任门下。女主任一口应承，不要钱，不要物，只提一个小小的交换条件："俺儿子看中了小巧，只要潘家允下亲事，大牛进城做工，没问题。"打着灯笼哪儿找？糠箩跳进米箩，这条件简直是个恩赐，三指捏田螺，她有十二分把握当好这"红娘"。单等潘诸葛那吞云吐雾的嘴巴冒出一个"管"字。偏偏他金口难开，慢条斯理地架起二郎腿，只顾朝鞋底上磕烟灰……

"他潘大，你看……"

"'亮堂人家'是几品官？"潘诸葛明知故问。

"几品官俺说不上，反正是个掌管全县电门的局长！"

"就怕配不上呀！"

有门！圆婶的双目又眯成缝："这你别担心哪！有俺保媒，准成！"

"俺家小巧是丞相之女。县长是七品官，那掌管电门的局长还没够上品呐！"

懵了！圆婶脸上笑意顿失："到底谁配不上谁？"

"诸葛乃汉丞相，一品当朝……"潘诸葛未作正面回答，而在论述官衔与品级之间的关系，"她圆婶，丞相选婿，总得讲个门当户对吧！"

不锐，不钝，一个软钉子，碰得圆婶眼冒金星，手扶桌沿立起……

"劳你费心哪！"潘诸葛深表歉意。

圆婶怏怏离去，一脚门内，一脚门外，转过拉长圆脸，喊道："牛儿，给俺担水去！"

迈步三尺，几步到家，大牛进锅屋，担起水桶，母亲过来，一把夺下扁担："奶憨子，水缸早叫你那矮腿老子担满了！"儿子愣站着，不知所措。

"人家连局长的儿子都看不上！一人拜把子——你算老几？"圆婶摆出

一副“三娘教子”的架势，“往后，别再朝那鞋旮旯里钻哪！”

3

老鞋铺增添新工艺，顾客刮目相看，果然，生意兴隆起来。

“呵！财源滚滚，恭喜恭喜！”人称活着不倒腔的金嗓门，讲话改不了说大鼓的声调，沙哑，低沉，共鸣极强，随着话音，递过一只断了襻的塑料拖鞋。

“金叔光顾，十分荣幸，创创招牌，分文不收。”小巧打趣着接过拖鞋，操起电烙铁，“哧溜”几下，焊上了。起死回生，立等可取。

“好个女皮匠！心巧，嘴巧，手巧，巧成堆啦！”

站在一旁的杨十二，暗自佩服，摇头晃脑，足尖不由踮了几踮，脚上的皮鞋绽线，发出“叭喇叭喇”的声音。潘诸葛探头一看：“脱下来！”摇动缝鞋机，走了几个来回，刷上鞋油，乌光锃亮，整旧如新。

金嗓门竖起大拇指：“高！实在高！”

杨十二连连点头，表示赞同。

“过奖了！吃饭当紧。”

“是啊！”金嗓门一磨弯子，发出感叹，“有人稳坐城楼，有人马陷淤泥哪！”

“老弟，别卖关子，有话进屋说。”

进屋后，扯起正题，金嗓门开门见山：“诸葛兄，十二兄弟混不下去了，你给出个点子吧！”

潘诸葛是“小三角”的智囊人物，金嗓门深受其惠。在那个“八出样板戏”听得耳起茧、看得眼生翳的年代里，大鼓书艺人活得窝囊，新书没人偎，老虎拉碾子——不听那一套；旧书不敢说，层层关卡把得严。多亏潘诸葛面授机宜，来个“挂羊头卖狗肉”，明码《智取威虎山》，暗说《大明英烈传》，这一招可救了急，半碗唾沫星也能换回十来斤芋头干，歪歪好好，填饱家小的肚子。有一回，《大明英烈传》开讲到“火焚庆功楼”：“朱元璋酒后悄悄离开席位，哪知身后跟来一人！”金嗓门猛击一鼓，托起梨板，侧身立起，拉个架势：“列位，可知来者是谁？”这时，就听到蹲在场边吸烟的潘诸葛发出一连串咳嗽声，金嗓门一逮眼，不远处走来一位管人的——女主任，立刻随机应变改了词："此人便是大名鼎鼎的战斗英雄杨——子——荣！"全场愕然："杨子荣咋跟上朱元璋哪！？"说书人不待听众责疑，赶忙草草收场："欲知后事如何，明日请早光临！"

"慢！接着说下去……"来人一声吆喝，听众疑云顿消，场上空气凝固……

"主任，《智取威虎山》说得挺精彩，可就是'关子'卖得太多，每到险要的茬口，都得掏腰包。"潘诸葛一本正经地上前，反映说书人贪财，"别让他说哪！下面的'关子'多着哩……什么杨子荣打进威虎山，舌战野狼嚎，智斗座山雕……你想听，俺可陪不起了。"

弦外音，言外意，众人听得明白，一哄而散。女主任看看潘诸葛一副拧不干、浸不透、杀无血、剐无皮的样子，无从发作，转身教训金嗓门："宣传样板戏，说书为革命嘛！怎么搞起资本主义来啦！唔……小心批斗游街！"训过了事，女主任离去。

瞧！潘诸葛解人之危的点子多着哩！

杨十二的剃头铺，近来冷冷清清，潘诸葛眼看心记，只是忙于自家铺子的振兴，没顾得上找杨十二谈心，经金嗓门这么一提，他当仁不让。

"唔！点子有哇。"他手指门外，说，"十二兄弟，你往大街上瞧！"

杨十二瞧了一阵，没瞧出门道。

潘诸葛略带责备地说道："你呀，太古板哪！"

杨十二，五十开外的年纪，白津津的脸膛，没有一根胡须，看上去不显老，可脑筋有点旧，生来怕和女人打交道（当然，自己老婆除外），连顾客都唯男性至上，铺门旁贴着"女宾恕不接待"纸条。嗐！喝水拿筷，多此一举，农村妇女，年轻时编小辫，有了孩子剪成"耳道毛"，四十岁一过窝个纂，谁来剃头铺？他见到街坊邻居，无论老少，不说话脸也红，整天大门不出，二门不迈（唯有"小三角"百无禁忌），守着剃头铺。为人如此，手艺也未免古板。据说，他是"扬州三把刀"的旁系，跑鬼子反，随着担剃头挑的父亲来到淮北，几经颠沛，落脚在三角集，娶妻房，生儿女，一晃几十年，全凭看家本领——剃葫芦头——养家糊口。要说剃葫芦头，那真是他祖传一绝，端平双臂，圈成箩筐式，挺胸吸腹，腰杆挺直，前三刀，后三刀，左右各三刀，不多不少十二刀，光光溜溜，一毛不剩。雅号“杨十二”，由此而得，且名噪一时，剃头铺颇似普度众生的庙宇，顾客犹如看破红尘的凡夫，进门有毛出门光，自愿落发当和尚。遗憾的是好景不长，大大小小的“走资派”，不再担心“抓头毛”；热衷葫芦头的老人不经活，黄狼拉鸡，越来越稀；成批接茬的俗子，恋着花花世界，不甘心“四大皆空”“六根清净”，他们想留“平顶头”“两边分”“一边倒”，使惯剃刀的杨十二，推动轧刨不顺手，勉强为之。这一勉强不打紧，顾客头上可出现了“奇迹”：高低不平，长短不一，铁锅罩顶，鳖盖压头，脑后还有一道黑白分明的“三八线”。亏得那年月，从脚到头都可凑乎，人们并不讲究，杨十二便能永远混得过去。问题出在形势遽变，非但不能永远，而且就在眼前，老人爱须少爱发，后生们理发，宁可骑车进城，来回蹬它六十公里，也不来找杨十二创“奇迹”。

剃头铺生意每况愈下，甚至洁白的围单全天不落一根头毛，唯有“小三角”的两位忠诚顾客，捧场架势，频繁光临，尤其是金嗓门，几乎见天一次，葫芦头刮得铁青冒光，他朝铺门前一立，浓眉大眼宽肩膀，活像从五台山下来的鲁智深。他抬起双手由腮帮撸到脑勺，然后，一拍脑门，大声说：“干净，利落，舒坦。手艺到家啦！”

唉！现身说法的活广告，也解脱不了杨十二的困境，金嗓门这才领着他来向潘诸葛讨“点子”。潘诸葛未出点子先责备，杨十二摇头叹息，无言对答。

“靠山吃山，依水吃水……你没瞧见街上的行人，有几个是葫芦头？”潘诸葛一针见血地说，“你那手艺跟不上趟哪！”

摸着“病根”，如何“下药”？金嗓门掏出带锡纸的百寿烟，一人一支，递到潘诸葛面前时，说：“别捂着盖子摇哪！有啥‘点子’说出来。”

“兵无强弱，将有巧拙，依我说呀……收个徒弟。”

“哎呀！十二兄弟自个都嫌多，再收徒弟……你别逗哪！”金嗓门以为潘诸葛开玩笑。

“这个徒弟不收也得养活。”揭开“盖子”，挑明“点子”，潘诸葛要杨十二收子为徒，带领大牛到老家扬州去开开眼界，学学新招，回来老铺新开。金嗓门对此“点子”赞不绝口：“好，好好！君恩臣必报，父业子当承。

小巧学皮匠，大牛学剃头，赶明儿，俺再教成龙学说书，罗艺的枪法传给小罗成，一代强过一代，俺们三家都有接班人哪！”

杨十二未置可否，面呈难色，话儿放在喉咙里说：“孩他妈……孩他妈……”

“别人出点子，作主靠自己，你跟她圆婶商量商量。”

杨十二一个劲地“孩他妈……”吞吞吐吐说不出口。

“嗨！她又不是老虎，能吞下你？有诸葛保驾，还有俺敲边鼓，你就放开胆子跟她说！”

4

“你是属狗的，剁不成碟，上不了席，亏你说得出口……自己矬半截，还不让儿子往高长，世上有你这样当老子的吗！”杨十二未说完话，圆婶就数落开了，“瞧你这一家之主，坛里无米，兜里无钱，老婆孩子都养不活，还有脸收徒弟！”

近来，杨家生活拮据，这是实情。开门柴米油盐酱醋茶，入不敷出，闺女在地区农校上学，虽然即将毕业分配，但名字未上“工资单”，时而还得寄去几文，往昔的积蓄，花得一干二净。井水有碱，海水有盐，愁人的日子使圆婶的肝火增旺。

杨十二一声不吭地坐在板凳上，圆婶越看越有气，越说越带劲，越想越伤心，索性放开声，一把鼻涕一把泪地哭了起来：“俺个老天爷……”哭得昏天黑地，一抹鼻涕，随手甩出。芝麻落针眼，正巧金嗓门和潘诸葛闻声一前一后走进剃头铺，“敲边鼓的”没下楗，胸前先挨“一鼻涕”。

“啧啧啧……”金嗓门龇牙咧嘴不是味。

圆婶泪眼一闪，自知失礼，赶忙抽过白围单，上前边揩边说：“他金大，脱下来俺给你洗洗。”

“没啥！没啥！”金嗓门反倒不好意思了，“他圆婶，只要止哭，值得！值得！”

圆婶差点破涕为笑，气消一半，尚留一半，絮絮叨叨往外出。

“人家男人人前站，俺的男人人后蹲。你们是老弟兄，来给俺评评这个理……”她那拍着胸口的手，画个半圆，直指杨十二，“凭他那德性，能收徒弟?”

金嗓门被问得一时语塞，愣了一会，才敲响“边鼓”:“收徒弟的事，莫怪十二兄弟，那是诸葛兄的‘点子’。”

好哇！上回使个“软钉子”，这回又来个“馊点子”。圆婶虎视眈眈地朝着笑模悠悠的潘诸葛瞅了一眼，撇嘴交臂昂起头……金嗓门觉得苗头不对，“边鼓”没敲在点子上，于是，又敲几下:“诸葛的‘点子’错不了，借东风，设空城，料事如神！他圆婶，照他话儿行事，有你吃香喝辣的好日子过。”

“俺可没那福分！蒙眼驴，只配吃麸子。”圆婶从鼻孔里哼出笑声，“笑话！师傅的手艺明摆着，能带出啥样的好徒弟!”

“孩他妈，你没容我把话说全嘛!”“保驾的”“打边鼓的”俱在，杨十二壮起胆子说，“诸葛兄让我带着牛儿去老家扬州，开眼界，学新招，回来跟上趟。”

“眼界开啦了，新招学了，又咋样?”圆婶一步一蹦地向丈夫逼近，“还不是个没出息的剃头匠!”

潘诸葛开始“保驾”，拉过圆婶，反客为主，倒来一杯水，和颜悦色地说:“有理不在言高，你坐下息歇，别气坏身子!”

棉花跟石头碰不出火星，一阵闹、哭、跳，累得不轻，她就坡放驴，一屁股坐下，“咕嘟咕嘟”喝干杯中水。

潘诸葛又倒来一杯，递在她手上，心平气和地开了腔:“家不和，遭人欺，有事好商议。她圆婶，老哥有句不顺耳的四方话，不知你愿听不愿听?”

巴掌不打笑脸人，紧张气氛顿时缓和。

“他潘大，你说吧!”

“荒年饿不死手艺人，哪朝哪代，只要活人头上长毛，脚上穿鞋，总少不了剃头、修鞋的。别人瞧不起，俺怎能自己把自己看低了呢?”潘诸葛慢声细语地开导，“一为自家温饱，二为大伙方便，双手干活不丢人!”

“理是这么个理……”圆婶嘴上这么讲，心里那么想:恁你说得天花乱坠，动摇不了我的一定之规。

“三百六十行，行行出状元。登不上高山走平地，大牛这孩子，眉藏秀气，心生七窍，说不定将来是名剃头状元!”

“瞧你把他夸的……”圆婶眉头一皱，推出“挡箭牌”，“孩子不愿干这行，再说也是白搭。”

话音刚落，大牛像打足气的皮球，从屋内弹了出来：“俺愿，俺愿意！”

娘使眼色，儿不理睬。反常啊！往日俯首帖耳的牛犊子，今儿来了牛脾气：“妈，俺跟爷下扬州，学不成手艺，不回来见你！”

金嗓门又敲响“边鼓”：“有志气！有志气！”

圆婶暗自着急，急中生智，使出“回马枪”：“牛儿，你要拿定主意，学剃头，日后娶不上媳妇别怨妈！”好厉害的“回马枪”，言下之意，谁叫你学，向谁要媳妇。

“树高自有鸟做窝。”潘诸葛毫不含糊地说，“大牛的媳妇，俺包哪！”

有包吃的，有包喝的，哪有包娶媳妇的？金嗓门咂嘴搔头，眼盯潘诸葛，不敢敲“边鼓”。

“他潘大，可是真的？”圆婶怀疑自己的耳朵，“杨家仗着大牛传宗接代哩！”

“板上钉钉！”潘诸葛胸有成竹，神态自若，“孩子面前，不说戏言。”

“挡箭牌”“回马枪”，两件武器敌不过诸葛的羽毛扇，轻轻一拨，落下马来，圆婶不得不抛出“杀手锏”：“二位当大的，这般精心，俺也是通情达理的人。孩他爷，准备盘缠上路吧！”

杨十二空握双拳，蔫头耷脑。

“小三角”的老哥仨，虽未烧香结拜，但有“桃园”之义。潘诸葛掏出兜里一百元，交在杨十二的右手，金嗓门挪过腰间的皮夹子，数个二百块，塞入杨十二的左手。非是金嗓门摆阔，近来他过得恣，广阔天地，无拘无束，到处有听众，用他自己的话来说：“时来运转，手中藤鼓槌就是摇钱树，皇帝有受困的时候，说书的没有挨蹩的日子！”有钱花在刀刃上，为朋友，能挑一千，不担八百，多帮衬几个，不在乎。

杨十二双手捧起票子，不禁潸然泪下。

能说会道的圆婶，此时，说不清，道不明，舌头重过千斤……

5

八月，过了一多半，“秋老虎”的余威不吓人。日头西沉，从彩色田野上刮来的晚风，冷丝丝，凉飕飕，吹在身上真惬意。

金嗓门收了场子回到家，开门，推窗，搬出小案桌，一放，稳稳当当。三角集的小案桌与众不同，旧铁圈，一截三，焊在另一铁圈上，再铺上一块圆形木板，成了。农村几乎家家有架车、自行车，铁圈时有更换，换下来的旧铁圈朝墙拐一扔，不知哪位巧匠的创举，废物利用，三条腿案桌更替了四条腿，也算是个改进吧！金嗓门左手提一瓶古井酒，右手端一碟咸蒜瓣，外加一包卤猪耳，酸辣脆，过酒的美菜。他自斟自饮，咪了一口，让酒在口中缓缓地往下滑，呵……比那白干酒顺溜多哪！他哈出一口极为得意的长气，再点燃一支"百寿烟"，莫名其妙地心事泛起：修鞋铺、剃头铺后继有人，俺年过半百，祖传的藤鼓槌，该传给成龙啦！

成龙无兄无弟无姐妹，金家一棵独苗苗，年交十九，中等个子高鼻梁，眉清目秀随娘长，初中毕业后，与二凤一同报考地区农校，没被录取，安分守己跟妈一起干农活。兴许遗传基因的作用，天生一副好嗓子，唱出一句泗州戏的起腔，三角集旮旮旯旯都能听到。小伙子的艺术才能高过念书本领，除了唱，还能演能编能伴奏，上次参加县汇演，为三角集文化站夺得"创作奖""演员奖""伴奏奖"三块镜框，无须吹捧，他是当地群众文娱活动的大梁。金嗓门对儿子已具备的条件，十分满意，艺多不压身，是块说书的好料子，可是，对他的艺外"本钱"没摸过底……学说书不同于学手艺，它不像修鞋、剃头那么简单，有手就能学会。说书的一张嘴巴，要把死人说活。县文化局长在那艺人考核总结会上，一口一声，赞它是传统艺术，这不，兜里的"演唱证"，盖着红彤彤的公家大印，进考场，闯官府，顺天时，得地利，赢人和……哪是人人学得了的哩？金嗓门甩掉手中烟蒂，喝尽杯中酒，一拍大腿，主意打定：是深？是浅？探个究竟。

俄顷，成龙担着一挑春白芋，进了家院，孩子妈提篮随后，一同归来。

"哎！泡壶茶。"

妻子听惯这样"哎"的招呼，没顾上擦汗、掸灰，放下篾篮，走进客堂，不一会送来茶壶、茶杯，返身去关鸡埘，拌猪食……手脚不适闲，忙个不停。

"来来来！"金嗓门朝着揩洗完毕的成龙招招手，"坐，坐下。"

平时，全家要等家长喝罢酒，敲敲桌面，妻子收去酒具，儿子才能上桌……今儿咋反常啦！成龙眼里射出"?"，来到桌前，拘谨地坐下。父亲提起瓷壶，倒了一杯茶，送到儿子面前："喝！"

才收工，口正渴，仰起脖子喝个干，空杯刚放下，又倒满了，二话没说，捧起茶杯，喝个底朝天，就这样，成龙一连喝了五大杯，抹抹嘴，意欲离去。

"别慌嘛！"父亲顺手拿过桌上的"百寿烟"，抽出两支，一支叼在自己嘴上，另一支递给儿子。儿子受宠若惊，不敢接，看看父亲的脸色，往常像是黑板报，今儿赛似弥勒佛，每条皱纹都在跳跃……

"吸嘛！哪有说书的后代不吸烟？"

儿子忐忐忑忑地接过，对上火，吸了一口，舌尖麻辣辣的不好受，强忍着，闭眼咧嘴又吸一口，呛得咳嗽不止。父亲乐了，笑声朗朗……

"常抽，就服啦！"金嗓门伸出熏得黑黄的手指，说，"烟，该这么夹。"说着，做个示范动作。这是说大鼓书的特有持烟法，烟卷夹在无名指与中指之间，大拇指和食指掂鼓槌，吸烟、敲鼓两不误。

"俺爷咋哪？"成龙暗自思忖。

未涉世态的年轻人，哪能理解闯荡江湖卖艺者的用心啊！几十年来，金嗓门切身体会，他之所以能艺功不衰，鼓震乡里，全赖茶、烟、酒垫底。这三样东西，对说书人来说，就是精、气、神；精在腰，气在胸，神在眼，三者缺一不可。因而，喝茶，抽烟，饮酒，是衡量艺功高低的内在标准，而且，它的作用不仅仅于此，交友，打路，应场面，哪件事能少得了它！一个吃开口饭的人，没有这三样嗜好，休想混得出名。他希望儿子和自己一样，对茶、烟、酒，有癖，有瘾。

三过二，轮到酒，金嗓门笑逐颜开地说："难得高兴，俺爷儿俩喝几盅。"

父命难违，滴酒不沾唇的儿子，硬着头皮陪饮三盅。三盅下肚，四肢感觉尚可，唯头脑微微发胀。金嗓门夹过一筷猪耳朵，父子俩边吃边喝。喝罢六盅，儿子脸蛋发烧，父亲赞道："有像，红脸直汉子。喝！"

"孩他爷，龙儿从没喝过酒……"母亲担心儿子喝醉伤身子。

"去去去，烧锅做饭……"

妻子顺从地走进锅屋。

九盅入口，儿子鼻音发嗡，父亲试探性问道："俺是谁？"

“你是俺爷。”

“管，没事，是俺金嗓门的后代！”

父亲斟下第十盅，儿子一饮而尽。

“好，够种！”

十三盅在手，儿子舌尖发硬，主动举杯：“来……干杯……”

“慢着！”挡住成龙伸过来的酒杯，问，“你和谁干杯？”

“和……和你。”

“俺是谁？”

“你是……”儿子撑开眼皮看看父亲，目光呆滞，醉眼惺忪，“嘿嘿……你……是……俺哥！”

金嗓门夺过酒盅，喜上眉梢。好样的！儿子的“本钱”厚实，大大出乎父亲的意料之外。单以酒量来说，头回就喝了四两多；二回半斤灌不倒，酒醉一次，量大一成嘛！这孩子前程无量，定有出息……金嗓门作出定夺，“哎哎”几声，唤来妻子，郑重宣布：“收子为徒！”

“孩他爷，龙儿不想干你这行当……”

丈夫一瞪眼，妻子掐断话头。云随风转，路随山转，圆房的童养媳，多年来，已过惯这样的生活，从不计较自己在家庭中的位置，“三从四德”的传统美德，在她身上发扬光大。她扶着迷迷糊糊、摇摇晃晃的儿子，朝堂屋走去……

收徒仪式，庄严而隆重。

金嗓门按照当年拜父为师的老规矩，叫成龙对着中堂上的“天地君亲师”拜了三拜，而后，自己坐上正位，让儿子面对面磕上三个响头。

“师父领进门，修行在本人。往后，瞧你的哪……”

徒儿未答话，师父俯首看来，原来成龙伏地已呼呼入睡。

“哈哈哈……这小子！”

6

扬州之行，杨氏父子眼界大开。老的有底功，小的有心机，学到不少新招，还带回来电烫机、电吹风和那城市理发店的标志——不停旋转、三色相间的滚花筒，安装时，潘诸葛拿来一本《安全用电》说：“照这上面的条条干，别马虎！”

“是！”大牛应道。

泥帮泥，垒成墙，老铺子，新开张，大为改观。

小巧打头炮，理个“海燕式”，乌亮、柔软的头毛，翻出几道波浪，白皙的皮肤，袅娜的腰肢，活脱是和风吹过水面后的芙蓉，越发挺拔俊秀，比画上的美人还美人。修鞋的顾客见了，无不赞叹惊羡。

“噫唏！这发型在哪理的？”

“喏！”潘诸葛头一伸，嘴一噘，山羊胡子翘两翘，“‘扬州三把刀’的后代，手艺比城里强！”

理发铺的顾客与日俱增，父子俩穿着白大褂，迎男送女，门旁那张“纸条”，早已撕成碎片。

“小三角”景象红红火火，可圆婶心中阴影重重，潘家有花无果，金家有果无花，唯独杨家儿女双全，祖上积德换来的好福气。圆婶拍拍凸起的圆肚皮说：“嗐！俺是儿不遂意，女不贴心，无福有气，这儿都快撑破哪！”

儿子吃“硬本粮”的事，本想让他进城做工，可他偏偏“顶牛”；实指望闺女二凤毕业后，留在城里工作，体面体面，哪知，夜猫子不往亮处走，自个提出回三角集农科站，当个农技员，为家乡农民服务。事先没透风，她拿着分配介绍信，直接到单位报到，当妈的想要她挪窝也挪不了了。更为气人的是，农技员上任尽设新花样，搞什么“科学种田讲座”，开讲前，还有“拉魂腔”助兴。二凤土生土长，嗓音委婉，唱得味儿十足；成龙的土琵琶伴奏，琴声悠扬，配合得严丝合缝。害得听讲的人巴掌拍疼，腰骨笑弯，丢魂没丢魂？无人检验，反正圆婶魂不附体了……黄花女，少年郎，一弹一唱，厮混久了，岂不……年幼时，他俩同班同学，同温课，同迎考，同进同出，圆婶当初并未介意，可如今细思量，一颗心直往上蹿……

“凤儿，讲课传知识，还唱个啥？”

“工作需要。”

“唱就唱，干啥搭个伴？”

“没伴奏，单调。”

听！又是“需要”，又是“单调”，铁锅炒核桃，油盐不进。闺女高低是个吃“硬本粮”的农技员，怎容她与“小说书的”一步挨近一步哩！吃开口饭，捧千家碗，比“叫花子”强不了多少！圆婶想起上回保媒的事，“老红娘”没当成，死鬼诸葛嫌人家掌电门的局长不够“品”，至今没法向女主任回话……腚瓣抵墙墙开裂，有啦！她用一杆无形的天平，掂量着两个闺女：比相貌，二凤不及小巧俊，可也长得出众，让过第一数第二；比才学，小巧不如二凤好，心眼虽巧，下学回家当皮匠，占不上第一算第二；比品德，二人俱是行得正、坐得稳、规规矩矩的闺中女。半斤五两，不相上下。圆婶眉飞色舞地去见女主任，竟然不避乡里“母不作女媒”之嫌，坦言奉告。女主任听了，冷言相答：

“雪梨调萝卜，俺儿子可不吃。”

又尖，又硬，一个铁钉子！碰得圆婶气往内吞，圆肚皮又凸起半圈，强忍着，回到家，板凳没焐热，理发铺门前来了两个汉子，说是检查“用电线路”，幸亏潘诸葛未卜先知，防着这着，折腾半天，没找到茬，悻悻离去。检查人走后，圆婶作了慌，唯恐刚旺火的日子遭水泼，疾步来到修鞋铺。

“他潘大，人家有权，关了电门咋办？”

“按章办事，用电付钱，他敢吗？”潘诸葛安慰道，“没事！黄雀跟蚱蜢拴在一根线上，关了电门，‘亮堂人家’也不亮堂哪！”

圆婶半信半疑把不准，意欲回家，潘诸葛相邀：“她圆婶，进屋坐一会。”

“有事？”

潘诸葛点点头，神秘兮兮，好像事关重大，须慢慢交谈，才能办成。

这事的起因是这样的：金嗓门酒后收徒，成龙酒醒之后不认账，没争，没顶，来个软对抗，梨花板打不出音，藤鼓槌敲不上点，一段《纲鉴篇》，口传心授数十遍，就是背不下来，唱出两句，怪腔怪调，压根儿不沾大鼓边，得闲就往外遛，让人抓不着小辫梢。咋哪？金嗓门倏地想起妻子的话：“成龙不想干你这行当”噢！船弯在这儿……无奈，虎毒不食子，对待这根独苗苗，打，舍不得；骂，不忍心、只得来找潘诸葛。

“有人先立业，后成家；有人先成家，后立业。成龙恐怕属后一种人，干脆替他订下一门亲，不就归心哪！”潘诸葛慢条斯理地说。

“好是好，哪有合适的？”

“早对上像啦！你还蒙在鼓里哩……”

金嗓门从“鼓”里钻出来，不敢相信：“二凤中专毕业，是吃‘硬本粮’的工作人员，她能相中成龙？”

“自由恋爱，他俩好着哩！”

“她妈可同意？”

“很难说。”

金嗓门双手抱拳：“诸葛兄，此事拜托给你哪！”

老友所托，义不容辞。潘诸葛请圆婶进入内屋。小巧照旧喊声“圆婶”，奉来清茶。

“说吧，啥事？”

“好事！美事！喜事！”

圆婶想起潘诸葛的承诺：“给牛儿说亲。对啵？”

“打过‘包票’的事朝后放，俺先给你挑女婿。”

“嚯！想喝酒，有你的……”圆婶问道，“你给侄女掌眼的是谁呀？”

“金——成——龙！”

圆婶下意识地“啊”了一声，手中清茶，泼湿衣襟，好一阵，情绪才稳定下来。碍着潘诸葛这把年纪和他救活剃头铺的情义，她把反话正说：

“他潘大，不灰媒人的面子，俺把丑话讲在前，二凤不是清风吹大、白水灌大的！”

“那是，还能白养嘛！”

圆婶拽拽衣襟，客客气气走出修鞋铺，心中暗语：

“逮天鹅，喂蛤蟆，嘿嘿……大媒人啊！俺不还你个软钉子，才对不起人哩！”

7

斗转星移，时过境迁。

名盖三河的金嗓门，猛一下，威风扫地，敲烂大鼓，打碎梨板，喊破喉咙，也挡不住听众朝“科学种田讲座”那边拥。惨呀！一场书，冷冷落落，说到最后，只剩三个人：晒太阳的白毛老头、潘诸葛和杨十二。

杨十二原本铺子里走不开，只因奉了老婆之命，前来还债的。圆婶想起潘诸葛为成龙说亲的事，产生联想……“哼！怪不道这么大方，抛小饵，钓大鱼，休想！”说着，将手中票子塞入丈夫兜里，“你去还他！”

门神卷灶神——画（话）内藏画（话），杨十二听不懂，只觉得说这话亏心：“怎能这样说……怎能这样说……”

“你比死人多口气，知道个啥！别啰唆，叫你去，就快去！”

杨十二来了，目睹现场，非常同情金嗓门，得过这样“病”，受过这样“苦”，深解个中“滋味”。可是嘴巴笨得像棉裤腰，只能说出这样的安慰话：“他金大，这钱还你，花完了，讲一声……谁个没有遭难的时候，别闷坏嗓子……”

不还，不讨；还来，收下。金嗓门接过钱，低头收家什，脸绷得发紫，像一挂猪肝。

杨十二对潘诸葛说：“你看，他金大是不是跟我犯的一个‘病’——跟不上趟了！”

潘诸葛捻动胡须没吱声……

金嗓门很不服气，“挂羊头卖狗肉”那招，充分证明，样板戏摽不过俺大鼓书，难道文艺市场开放了，朱元璋反而躬腰淋雨——背湿（时）啦！他没好气地说：“缝鞋机，补鞋；烫发机，理发。俺到哪买架机器说大鼓书?”说罢，掖紧棉袄襟，背起家什，直奔家门。

来家后，越思越发毛，越想越窝火，“祖传传统艺术”竟敌不过“科学种田讲座”……苦于又抠不出战胜对手的点子，唯有盼那“讲座”早日拆伙、垮台……若是二凤成了成龙的媳妇，对手变为一家人，那胳膊肘子自然朝内弯唠……想到这，他急不可耐地想见刚分手的潘诸葛。

进了修鞋铺，只见潘氏父女同看一张纸，小巧指着，划着，笑着……潘诸葛仿佛看出金嗓门的来意，当头一句：“成啦！”

“啥成了！”

“成龙的亲事呗！”

心里盼的，突然盼到，自己却不敢相信，这是一种常见的现象。金嗓门问：“真的?”

"谁骗你!"潘诸葛拿过那张纸，说，"亲家母的彩礼单都下哪!"

金嗓门手捧彩礼单，未看喜滋滋；看后，气呼呼。满纸荒唐……什么"转的要冒烟""看的要彩电""洗的要小辫""……"就差上天的飞机没写上，单订亲的礼金就要三千块。好贵的价格呀！百十斤重的二凤，每斤摊到百把块。那张彩礼单，从金嗓门手中飘然坠地。

潘诸葛捡起彩礼单，笑模悠悠地说："生活提高了嘛！这些东西都用得上。"

喜的喜，恼的恼，金嗓门直喘粗气。

"燥啥，沉住气嘛！成龙的媳妇俺包哪!"潘诸葛大承大揽，善打包票，好像媳妇是无锡泥人，一捏一个。

"呸！金家绝八代，也不娶她的闺女!"

金嗓门气鼓鼓地离开修鞋铺，进了自己家，提壶斟酒，连饮三盅，也没觉着白干酒不顺溜，走至桌前，见一册新编的长篇鼓书《双枪老太婆》。新书他学过，不仅因为人老眼花记忆差，主要由于胎里带来的成见和反感，没学成。他朝这本书乜斜一眼，料定是儿子为他买的，愤愤地自语："去！'三刀老太爷'，俺也不学!"伸手一扫，新书落地，尤觉不解恨："这玩意，只配烧锅!"金嗓门拾起这本书，大步走向锅屋，妻子、儿子全在，他只当没看见，直冲灶门……

"公家的，不能烧!"

"公家"二字，喊得及时，金嗓门伸出的手，又缩了回来，对成龙说："那你给俺拿走!"

"文化站送给你的。"

"俺不要。"

父亲将书甩到儿子脚前，成龙捡起，小声抢白："不要也不能扔呀!"

"扔了咋样?"一锅豆子等着炒，金嗓门吐痰都是火，"你这个不学好的叛子逆徒!"

父亲对儿子从来未有如此厉害，母亲夹在父子之间，战战兢兢。

"往后不许你和二凤在一堆!"

"她是炸弹?"成龙憋不住了，冒出一句。

迎风吃炒面，呛得金嗓门张嘴结舌找不到词："……嘴硬，老子揍你!"

母亲紧紧护着儿子，金嗓门挥来一巴掌，击中她的脑门……

“俺妈！俺妈……”

“快……走……”她昏倒在地，双手死死抱住丈夫的脚脖子，成龙快步离去。

“滚！让炸弹把你炸个稀巴烂……”

金嗓门无心追赶儿子，弯腰扶起洗衣、烧饭、喂猪、种田的妻子：“哎！哎哎！醒醒……”

8

纷纷扬扬，雪花连飘三日。雪停，五九已尽。俗话说：冬雪灭虫，馍馍争笼。政策归了心，天也遂人愿，买衣服，置鞋帽，办年货，行人挤狭大街，理发铺前，川流不息，新年新岁新剃头，人人图个新的开端。

向阳树木，近水楼台，二凤赶在铺子开门前，一绺刘海烫得卷卷的，两根辫子梳得光光的，辫梢上拴上两颗小圆球，少女的纯真在圆球上跳动。

大牛为小巧做头，格外细心，而外表佯装平常，不言不语。小巧娴静安详，不声不响。二人不时偷看对面的镜子，似远非远，似近非近，会心的目光，碰得出火花，一颦一笑，皆能传言。

杨十二似乎要为“雅号”正名，拿着劲，为成龙理个“青年式”，抹油，吹风，三七分开，前高后圆，匀称耐看，容光焕发，相貌堂堂，小伙子又添几分英俊。二凤见了，打心眼里想赞美几句，墨水喝得多，讲话有技巧：“俺爷真了不起，称得上是美容师！”赞谁？既赞“美容”又赞“师”，一语双关，滴水不漏，高过阿庆嫂。

圆婶闻声走来，说左瞟右：“姑娘家，一早咋呼个啥！”

成龙识相，躬身告辞。

二凤说：“俺妈，你烦咋呼，俺搬到农科站里住。”

“不不不……”脱缰之马更不管了嘞，圆婶赶忙改口，“妈不烦咋呼，你想咋呼就咋呼呗。”

卤水点豆腐，一物降一物。镜中男女，咬牙闭唇，不让笑声冲出口……二人用目光在交流。

圆婶眼尖，看到大牛和小巧脉脉含情的样子，喜忧参半，结伴而来……自从大牛当上理发匠，人前未矮一分一厘，相反，却得到一片赞扬。好儿子是抓金的耙子，好儿媳才是锁金的柜子。小巧模样俊，干活勤，持家是把好手，若是她与大牛配对，梦里也能笑醒。唉！潘诸葛能看上大牛吗？不，不可能。"丞相"的闺女不愁嫁，瞎眼摸一个，也比剃头的强。悬在鼻尖上的肉，看到吃不到，恋长了，大牛准得落场大病。儿是娘的心头肉啊……想到此，一种乱糟糟的心情油然而生。

"小巧，你爷在家吗？"

"在……呃……不在。"

"哈哈……到底在不在？傻闺女！"

"被文化站请去了。"

潘诸葛正在文化站里忙活哩！花挑，车灯，旱船已扎成形，他在加工美化，准备"二月二"亮相游集。

"二月二，龙抬头"，是个传统集会的日子。早先，为了祭祀龙王，以求风调雨顺，五谷丰登，久而久之，剔除迷信色彩，成为繁荣贸易，娱乐升平的集会。逢到这一天，玩会的，耍猴的，唱戏的布满三角集，四面八方的百姓，蜂拥而至。闲冬纳年闹阳春，男女老幼可盼着"二月二"哩！然而，盼，毕竟是希望；干，才是现实，"学大寨，不惜汗，一年四季无农闲"，迫使人们从日历上悄悄撕去这一张，十来年，年年有这天，等于没这天。今年，女主任根据上方精神，提出恢复"盛会"，文化站长找到潘诸葛。潘诸葛曾做过"玩会"的班头，驾轻就熟，一口应下，说干就干。

圆婶找到文化站，见了潘诸葛，开门见山，先问女儿的亲事："他潘大，那张彩礼单筹备得咋样？"

她满以为这"软钉子"，准会碰得媒人瞠目结舌，哑口无言，谁知潘诸葛随口应答："差不多了！眼下兴这些，你的亲家，条条都允。"

蛤蟆打呵欠——好大的口气啊！他金家卖掉三间瓦屋，也抵不上彩礼单的一拐子。圆婶语轻气重地说："办不齐，别想抬俺闺女！"

"那是，那是……甭说你当妈的不答应，就是俺保媒的也不依。"

"啥时下礼？"家有黄金，外有戥秤，她料定这门亲事必黄。

“不用翻皇历，二月二，好日子。”

“好！就这么定。”圆婶话头一转，“他潘大，你打的‘包票’可忘吗？”

“没忘。这事嘛……歇脚见吊桥——离城（成）不远哪！”

“啥时相亲？”她喜出望外地说，“相中了，俺好备彩礼呀！”

“唔……也在‘二月二’吧。”潘诸葛说，“保你一相就中意。”

“劳你费心哪！”

“别客气，谁跟谁啊……”

圆婶跨出文化站院门，猛然想到：那些花挑，车灯，旱船……谁来玩？她把集上的人头排排队，排来排去，少不了二凤和成龙。圆婶年轻时，也玩过灯，打情骂俏，挤鼻弄眼，再正经的人，也经不住挑逗。“一弹一唱”没管住，这回可要先下闸，免得丢人现眼坏名声……她转身又找潘诸葛。

“他潘大，这玩会的……”

“呵！人老心不老，你想算一个？”

“不不……”圆婶说，“俺是问哪些人来玩会？”

“哎唷！哪些人来玩，俺还不知底。这码事由女主任亲自定，定到谁，就是谁，你去问她吧！”

圆婶听说由女主任定，凉了半截……

9

“别恼闷愁肠的，绷着脸排练，俺都憋得慌。”

“咋乐呢？！这么多天没回家，俺爷怕是气病了……”

“自找的。河道淤底不给扒！”

“唉——”

“叹啥气……听潘大的，没错。”

无语，四目相对……

平原上覆盖着厚厚的雪，雪原泛出的光被夜色吞噬得那么微弱，但，何须微弱的光，即使黑得伸手不见五指的夜，彼此也能瞧清对方……

插向鬓发的柳眉，压着一双深邃的眼，这双眼，一切都可信任。记忆犹新，三年前就在这座板桥上，她说：“别自暴自弃，直作门框弯作杖，你有艺术才能，艺术能使生活更有意义。别丢！俺毕业后就回来。”她爱这一望无际的平原，她爱这三条无名的小河……她插上翅膀飞回来了。板桥上，立着她和他，板桥下流水映着他和她，河水跳着、唱着从脚下淌过……曾几何时，沉默了，不，不不……河上冰封雪盖，冰下春水潺潺，那是一股躲藏的激流啊！潘大，多好的长者，推波助澜，为她，为他，呼唤冰消雪融的春天……

“咋哪！还想不开？”

她颔首微笑，走近一小步，卷卷曲曲的刘海，触及细细绒绒的胡须，痒痒的，麻麻的，他忍不住笑了，灼热的嘴唇，贴上她那妩媚的额头……

“小心！炸个稀巴烂……”

她拉起他的手，下了板桥，沿着小河，朝另一座板桥走去。小河双肩压着厚厚的积雪，脚下发出“咯咯”声响，清脆，悦耳，像是琢玉之声，一步刻下一个脚印。有人说，恋人的心中藏着一条小路……未必尽然，农村婚姻三部曲：相亲，订婚，嫁娶，何曾有条小路！她和他破例，走出一条小路，一步，两步，三步……那端，也有一对恋人，四步，五步，六步……交谈着走来。

“你真美！”

“唔……”她抬手整整蓬松的秀发，“是你手艺好。”

“差远哩！俺打算到上海投师，回来把农村姑娘打扮得都像你一样美。”

“你去上海，别忘替俺带台磨压机回来。”

“忘不了……”他陡然提出一个疑问，“哎！你爷打的‘包票’，叫俺妈‘二月二’相亲，相谁呀？”

“傻瓜……”

板桥张开双臂，迎来两对恋人，一见面，“同性相吸，异性相斥”，否定了一条颠扑不破的定律，她挽她，他拉他，双双立于栏杆前。

“俺爷说，小河里，龙打滚，喝了这水，心灵手巧。”

“怪不道你不让俺哥去喝自来水。”

“贫嘴！你咋不喝自来水？偏偏来家？啊！说呀？……嘻嘻……”

“说就说，俺爱家乡的小河，恨不能自己变成一条小河……”

一阵混笑声。

“你变成小河，周天躺在这儿，有人愿意吗！唔？……”

“周天躺在这儿有啥不好！送清波，润禾苗，它的作用，黄河、长江都代替不了。可惜，俺变不了……”

春天的花朵是香的，秋天的果实是甜的，雪夜的交谈，又香又甜。一代人，心上的小河在交汇……

四野静极了，能听到冰雪消融的声音。

10

三角集逢会，盛况空前。

城里来设摊，剧团来演戏，家家炸糖糕，户户蒸白馍，随手捞一把，空气热乎乎、甜丝丝的。

鸡叫三遍，圆婶的圆脸上凝满雪后寒气，急匆匆走向文化站。昨晚，悄悄偷看了“玩会”的彩排，害得她一夜没合眼，旱船内的船女是二凤，旱船旁的船郎是成龙。冤家，对头，那眉眼，那神情，看得她脊骨生凉，思来想去，不得不拉下这张老脸……

“站长，玩会的人手够啵？俺来算一个。”

站长没表态。

已化好妆的玩会人惊讶不已，七嘴八舌议论着……

“圆婶，你扭了胳膊闪了腰，俺可抬不动啊……”

“去！晦气话。俺三十年前就是玩角，那时，世上还没有你们呐！”她掩盖真目的，说出假原因，“他潘大，玩过会的人，听到锣鼓响，脚板就发痒，是不是呀？”

潘诸葛扮的老艄公，手拿一顶没顶的草帽，边戴边说，“怎么不是的。正缺个船婆，她圆婶，快来化妆吧！”

班头点头，站长同意，圆婶对着镜子，动起手来，大伙整装待发，无暇过细打扮，圆脸先敷一层粉，两颊印上红胭脂，嘴角点粒“福寿痣”，额上勒块黑包头，左望望，右照照，船婆形象，活灵活现。

好说俏皮话的人，妙语玑珠：“哟！白皮球上还有一个黑气眼、两块红补丁哩……”

潘诸葛递来一杆烟袋锅，圆婶接过道具，俨然已进入角色。

哨子响，出发“亮会”。所谓“亮会”，就是把班子的阵容，上街走一走，亮一亮，然后，选定适当的地点，拉开场子，舞呀，唱呀，八仙过海，各显神通。

大街两旁，人山人海，鞭炮齐鸣，欢声鼎沸。管笛笙箫喇叭班，领头；铿铿锵锵锣鼓队，随后。花挑子满篮鲜花；车子灯玲珑剔透；船女舱中坐，船郎撑篙走，艄公压船尾，船婆立船头。

未成年的半桩孩子，从未见过这样场面，乐得蹦脚拍屁股。白胡老头训道：“小孩家少见多怪，‘亮会’看人马，玩会才见高低哩！”

这支民间艺术队伍，浩浩荡荡，穿过街心，来到学校广场，人群四处拥来，刹那间，围得水泄不通。站长手执电喇叭，四周吆喝，打开一块圆圆的场地，玩会开始了。

小巧和大牛，跳起《花挑舞》，动作灵活，配合默契，花篮上下翻动，百花迎春争艳。观众看得眼花缭乱，不经意间，音乐戛然而止，造型，亮相，男高女低，俯仰传情，全场异口同声，爆出一个“好”！站长夸道：“跳得好，舞得好，天生的一对！”立在一旁的圆婶，何尝没有此感，可是，她不敢附和：“唉！俺家牛儿根基浅啊！”

车子灯放在场子当央，掌灯把的四名小伙子，出场一溜跟斗，博得掌声雷动。粗犷、奔放的花鼓灯舞蹈词汇，丰富多彩，踏着锣鼓点，挥手，踢腿，一招一式，把淮北人民的豪气，表现得淋漓尽致，直冲斗牛。白胡老头发出权威性的评论：“高！高！比往年高！”

精彩的压轴，观众翘首以待。扮演船女的二凤，羞羞答答地晃动旱船登场，方方的船棚，四面来风，长长的船帮，浪花翻卷。扮演船郎的成龙，船旁撑篙；扮演艄公的诸葛，船尾摇橹；船婆无事可做，立于船头，拃腰抽烟。小船顺流而下，兜场一圈，观众目光盯着小船转，无疑，他们已认定眼前是一泓池水，犹闻“啪啪”行船水声。小船行至池中心，停篙落橹，弦乐起音，击板开唱：

光溜溜的葫芦开好瓢，

硬邦邦的榆木搭高桥。

大河涨水小河满，
全靠党的政策好。

这是四句齐唱，曲是老调子，词是新编的，老壶装新酒，倍感亲切。圆婶没参加排练，唱不了，她不慌不忙地磕掉烟灰，又不紧不慢地装上一锅，老玩角，有经验，馅儿包得严实。

政策好，喜眉梢，
舱内偷眼把哥瞧。
竹篙点破三江水，
妹妹心思你可知道？

鬼丫头！有心思不对妈说，却去问别人……船婆侧耳细听。

纸糊灯笼肚里明，
火钻灶膛内心焦。
竹篙点水知深浅，
妹妹心思哥知道。

言来语去打哑谜，船婆怀揣一团疑云。

小满张兜摘黄杏，
芒种提筐采鲜桃。
果子熟了枝头挂，
单等郎哥把树摇。

腰无布兜咋摘杏，
手无篾篮难采桃。
红梅（媒）出头遭霜打，
你妈彩礼要得高。

好哇！一语道破，揭开谜底。哼！便宜不了你……船婆吸口烟，抢过板头，插唱：

酸酸的杏，甜甜的桃，
谁有口福谁来咬。
穷汉空手树下站，
眼饱嘴馋白白瞧。

船婆盛气凌人，睥睨船郎；船郎气馁，船女给力：

自有东风遂心愿，
吹折树干连根刨。
郎哥啊！俺的情郎哥！
妹妹与你心一条。

船婆回脸逼视船女，船女自若，船郎来劲：

竹篙有节人有胆，
小船逆水压波涛。
妹妹啊！俺的情妹妹！
郎哥与你心一条。

你俩想造反！？船婆挥舞烟袋，蹦到二人中间，急吼吼地唱：

俺栽的杏，
俺种的桃。
杏桃落墙外，
家规不轻饶。

摘了你的杏，

采了你的桃。
家规哪有国法大，
买卖婚姻犯律条。

老艄公唱着由船尾走来，拉过船婆："有毒的莫吃，犯法的莫做！"

"犯啥法？"

"国家《婚姻法》，白纸黑字，第二章，四十九条……"

船婆又气又怕，托杆抽烟，哪知，错把烟锅当烟嘴，烫得唇皮起泡，"哎哟哟"，叫苦连声。

假戏真做，真假难分，场上笑声叠笑声，一阵高一阵，观众笑得前合后仰，张嘴露牙。那密密麻麻的嘴，好似放大的蜂窝；那白白洁洁的牙，活像玉米撑破苞衣。

没有不散的筵席，玩会收场，人流退潮，他们沿街各自购置备耕的物件：铲斗、鞭梢、牛皮筋……"九九加一九，耕牛遍地走"，带回的欢乐，将融入春耕的牛号声中。

11

"小三角"的三条边，有一条绷得很紧，弹指欲断；潘诸葛连着另两条，张弛有度，松紧有方。约定的好日子，"二月二"当晚，"小三角"的老老少少会聚潘家。席好摆，客难请……杨家好招呼，圆婶早候着呐！她忍着腰酸背疼唇起泡的痛苦，领着全家人过来了。金家可费了口舌，自打那天父子闹翻后，成龙一直未回家，盖住火，尽冒烟，金嗓门怀里揣着一把湿柴火，祖传大鼓书，知音稀少；儿子不学正经玩意，整天在外瞎捣鼓；还有那张彩礼单……闷哪，恨哪，无病无灾，躺在床上不出门。妻子守在屋里，端茶端饭，倒尿倒屎，她不敢相劝，只有背地流泪，想叫成龙回家，又怕父子俩再顶翻。金嗓门躺在床上，不止一次地暗自擦泪，追悔那声"滚"字，出口太快！太响！太狠！人之常情，他对儿子痛恨过了头，变为思念了。潘诸葛上门相邀，引出一顿牛骂青草猫骂鱼。

"金家祖上缺德，养出这样的子孙，……死在外面也好，倒落个清静……"

"兄弟，想开些，今儿'龙抬头'，请到老哥那儿喝几盅。"咒骂与思念成正比，从金嗓门那掩盖不住的凄楚脸色上，已得到证明。潘诸葛接着说，"孩子是你惯的，莫往心里去，俺让他向你赔不是！"

金嗓门磨不过面子，再三执意不肯下床，经不住潘诸葛再四的劝说，才挪动金身大驾。

修鞋铺里，三脚案桌嫌小，特设一张八仙桌。桌上绞瓜、狗肉、粉皮、白鸡四盘凉菜，金氏夫妇和杨氏夫妇对面入座，小巧和大牛并肩，二凤和潘诸葛共凳，查来查去，独缺成龙，一个座位空着。主人无心等待，自当"酒司令"，一声"令"下，共饮三盅。

"酒，放量喝；话，尽情说。"潘诸葛煞有介事地做起三军帐中的统帅，"本司令，无戏言，她圆婶，'包票'兑现，相亲开始！"

屋里没有生人，相谁？圆婶目瞪口呆……潘诸葛指着小巧说："相中了，是儿媳；相不中，是侄女。由你定夺。"

圆婶哪能相信，结结巴巴地说道："别……别开玩笑啃！他潘大，俺家牛儿爷他……他哪够上'品'哪？"

"够！你没听说过，'干部是群众的公仆'。平头百姓，大过'一品当朝'！柴门对柴门，只要你不嫌……"

圆婶摇头好似货郎鼓："不嫌，不嫌……"

潘诸葛转脸对小巧说："快给你圆婶——未来的婆婆敬酒！"

小巧羞涩地捧过一盅酒，圆婶瞪着的圆眼，刹那间喜成一条缝，圆嘴张着合不拢，一口吞尽热辣辣、温乎乎的酒："牛儿，快，快给你潘大——未来的老丈人敬酒！"

水到渠成，称心如意。金嗓门出于江湖礼节，拿过酒壶，为潘诸葛、杨十二斟满门盅："恭喜恭喜！老弟兄，成亲家，碰上一盅！"

"这酒该喝！"潘诸葛以"酒司令"身份，话锋突转，"不过，你未经许可，抢壶'夺权'，先罚三盅！"

不成文的"酒规"高于成文的法规。"违规，俺受罚！"金嗓门摇摇手中酒壶，"不听响了，添酒！"

"有你喝的，来好酒！"

话一落音，成龙拎着两瓶“古井”应声走来，亲亲热热地喊声：“俺爷！”八仙桌，座无虚席，“酒司令”主动起立坐拐角。圆婶用膝盖暗暗抵动丈夫，杨十二填入潘诸葛的位子，成龙就近靠圆婶坐下。

潘诸葛打开“古井”，倒酒入壶，斟满三盅，金嗓门一饮而尽。

“兄弟，有你喝不完的好酒。”潘诸葛宣布一条喜讯，“成龙已被聘用为文化站的工作人员，孬好是个候补吃‘硬本粮’的！今儿发薪，买酒来孝敬长辈。”

喜讯似春风掠过桌面，圆婶心态来个一百八十度大转弯，瞧瞧身旁的成龙，咋看咋顺眼，咋看咋适意……

金嗓门不停地摸着布满胡茬的腮帮，三分惊，六分喜，还有一分慌。慌什么？连他自己也说不出这复杂的心情……

潘诸葛借题发挥：“豆渣压不出油，明珠埋不了光。不求进取，自甘落后；强求进取，自不量力。孩子大了，有主见，能干个啥就干个啥，做父母的莫为难他们。”

字字在理，句句入耳，圆婶听了不住点头。金嗓门“慌”中夹乱，表面镇静，内心翻腾。不善言谈的杨十二，颇为激动，举杯邀潘诸葛喝盅“亲家酒”，老实人说出老实话：“老兄，你瞧得起我，亲口把闺女许给大牛。当兄弟的不能亏待你。说吧！彩礼，订亲礼金……牛儿妈讲哪，有凤儿那份垫底哩！”

一席话，说得四个小的面红耳赤。

提到“礼”，金嗓门肉跳心惊。

圆婶像挨了一巴掌，狠狠瞪了丈夫一眼。

“彩礼俺不要，好日子在后头哩，上天入地，孩子有本事自己去创；订亲礼金，更不收，七老八十，能把卖闺女的钱带入棺材里！？”潘诸葛开怀大笑，摸出那张纸，“她圆婶，女婿中意，比啥都强！这彩礼单……”

吃狗肉，喝凉水，回过味来了。圆婶权当这份礼转给潘家，伸手拿过彩礼单，撕得粉碎，扭头对丈夫说：“木头疙瘩，瞧你，坐的不是地方！”逼着杨十二与成龙换了位。

嗌！圆婶腾空而起的“飞跃”，震得酒桌上杯停筷止，一个难得的静场……

成龙妈让儿子给圆婶敬酒，圆婶叫二凤向金婶敬酒，俩亲家母同时举杯。成龙妈入世以来，未上过席面，更未有过这多的高兴，双手抖抖簌簌捧起酒盅，咪了一口，像是尝到人生欢乐的滋味。圆婶忘了嘴唇有泡，呷酒时，破了，火烧火燎没喊疼。

金嗓门心中的一分“慌乱”并未因儿子有了工作、说上媳妇而有所减弱，他瞪着祈求的目光，期待潘诸葛说出个“重振旧业”的点子。潘诸葛似理会非理会，乘着酒兴，掏出心窝话。

“人哪！是个怪物……腰里有钱，想美，想好，想乐，登上高处还想往上攀。兄弟，如今社社放映队，村村电视机，你那大鼓书，咋说？咋讲？听听成龙的，没错！”潘诸葛环视一周，站起身，为两对老、两对小斟满酒盅，“来！为咱们都能跟上趟，干！”

酒盅相碰，觥筹交错。

潘诸葛的话，金嗓门历来言听计从，这回却……扔了祖传古书，割肝剐肺啊！他护疼，难舍……只觉酒瘾未过足，顾不得“夺权罚酒”，拿过半瓶“古井”，对着嘴巴，“嘟嘟嘟”直往下灌……圆婶高喊：“亲家！亲家！别喝哪……”一桌人伸手夺酒瓶……

“小三角”发生的一切，无关大局，三角集依然日益繁荣。

（原载1984年第6期《清明》）

赫赫老板娘

十年了却相思债　一夜来归不了情

共和国版图上未见标名，地方志书上亦未见记载，双乳山实在是个不起眼的地方，但，确确凿凿地存在着。它位于广袤平原的一隅，高不过三百米，严格说来，不是山，而是丘，浑浑圆圆，活脱似大地母亲隆起的一对乳房。

酒幌高挑，“杏花村酒店”坐落于山下，四间红砖青瓦屋，店堂分左右，一明一暗。明间设有两张八仙桌，后墙上挂着一块乡土气息浓郁的花门帘，帘内是卧室；暗间备有雅座，专接阔绰的宾客；红锅占一拐，鸡鱼肉蛋，应有尽有，五味调和，佐料齐全。桌清凳爽，窗明几净，“杏花村”虽小，却独具风采。店老板是个寡妇，姓洪名杏花，三十三岁，正是女人卖俏的年华。她有一对黑白分明的眸子，顾盼生辉，双眉插鬓，红润肌肤裹骨，细柔短发齐耳，个儿不高不矮，二斤半鲤鱼，天生巧个，腰束围裙，中间细，前胸后臀益发凸起，曲线柔和而协调，浑身上下透出一股泼辣辣的野韵。可叹杏花人美而命蹇，不久前，瘦小多病的丈夫一命呜呼，留下三张嘴巴——二老双亲和独苗闺女，家庭重担全落在年轻寡妇的肩上，愁得她呼天不灵，唤地不应。幸亏赫大个及时解囊相助，才来到双乳山前，开了这爿酒店，日有进账，月有结余，逐渐使她摆脱困境。

赫大个何许人也？同村的邻居，杏花丈夫的近房堂弟，本名大强，竖高横宽，皮肤黝黑，满脸络腮胡子，是条粗壮汉子。赫大个身大力不亏，可是靠种田填不饱肚皮，耐不住饥饿，他索性弃农经商，干起卖狗肉营生。

他卖狗肉公平交易，钱多给多，钱少给少，没钱赊账，账本记在心里，你不还，他不要，反正狗肉出锅先逮个饱，余下的高低能卖够本，图个人情，落个痛快。那年代，做小买卖的提心吊胆，赫大个没少挨“大批判”，没少进“学习班”，亏得他的人缘好，有哥儿们暗中相助，光棍汉一人吃饱，全家不饿，混人，过的混日子，怕啥！离开“批判会”，出了“学习班”，照干不误。使他感到温暖的是，村里人没长“势利眼”，男男女女见面打招呼，老老少少相遇一脸笑，乡情浓似酒啊！谁也没料到，就在他堂兄成亲的那天，赫大个悄没声地出走了，一去十年没回家，村里人弄不清其中缘故，当然，只有赫大个自己明白……说来也很简单，当他看到瘦小的堂兄娶来这么一位如花似玉的老婆，艳羡不已，随之感到无地自容，一种羞愧情绪油然而生……人比人，气死人，七尺汉子不及三尺皮囊，他觉着活得好没滋味。佛是一炉香，人是一口气，他不辞而别。与其说是出门闯荡，不如说是负气离家。出村三回首，立言奔前程：“哼！俺不带个美人回来，就断了这条路。”十年后，他回来了，因为没带“美人”，所以未踏家门，而是领着一伙人，直奔离村二十里的双乳山，在东山头打井挖煤，当上窑主，一呼众应，好不威风。小煤窑流出的是黑煤炭，淌进的是花票子，今非昔比，赫大个富啦！可他仍是一个光棍，光棍一个，不是讨不到老婆，而是娶不到“美人”。就在这当口，听说瘦小的堂兄病故，他续起那条断了的乡路，雪中送炭，为堂兄办理后事，然后又雨中送伞，把堂嫂接到双乳山下，为她撑起“杏花村酒店”门面。

洪杏花独当一面，小酒店生意红火，担子虽重，尚能应对，公婆生活有了着落，闺女上学念书……这一切来之不易，在那走投无路之际，若不是从天上掉下个好心人，怎能……因此，她由衷地感谢赫大个，想报答他。一个女人又能为他做些什么呢？无非浆洗缝补，然而，她明明意识到赫大个那炽热的目光，并非祈求这些……尽管未言明，寡妇的感觉极为敏锐而准确，杏花岂能无动于衷。命运安排，“三换亲”使她进了赫家门，丈夫是个“病秧子”，没过上一天舒心日子，他死了。命运像是突起转机，她把赫大个和死去的丈夫，同时放入心中天平的两边，霎时明显倾斜……第一次出嫁，美其名曰结婚，说白了，简直是一笔无可选择的交易。丈夫死了，她哭得很伤心，时过境迁，仔细琢磨，却产生一种解脱感，她觉得自己又获得第二次做女人的资格。她很珍惜这资格，因而，莫名的顾忌和防范也随之而来……好几次，更深人静，酒店里只剩下赫大个一人，她捧出洗净的衣服，说："上山吧！早点休息。"赫大个不答话，炽热的目光愣瞧着她，她被烤得心儿"嘣嘣"直跳。赫大个挟起衣服蹒跚地走出店门，她狠命地掐了自己一把……

杏花恪守心中的信条，终于积够赫大个资助的款子。那天晚上，赫大个喝酒过了量，带有几分醉意呆坐桌前，杏花送过一个"小本本"，他拿到手中一看，银行存折，写着他的名字，顿时醉意全消，问："啥意思？"

"还你的。"

"不！俺不要。"他生气了，扔过存折。

"你要啥，俺知道。收下存折，再给不迟。"

赫大个抬头注视着她，洪杏花报以嫣然一笑，微微颔首，分明在说："那是金钱买不到的……"

赫大个二次拿过存折，塞入袋中，伸臂抱起杏花，疾步走向卧室……古哲人说过，性生活犹如穿衣、吃饭那样重要而平常。毋庸责备凡夫俗子缺少谈情说爱的雅兴，他们赤裸裸地追求性之欢愉，不裹任何美丽的外衣，就像《红高粱》中"我爷爷"和"我奶奶"那样，如火，如荼，如痴，如狂……

男窑主雅座请客　女老板卧室藏娇

"杏花村"酒客满座。

暗间里，赫大个宴请信用社的王主任。王主任年过半百，胖胖肥肥的五短身材，论官不大，权可不小，一诺千金，权与钱在他身上得到完整的统一，他的表与内也相应得到统一的完整。赫大个之所以能拉竿扯旗开煤窑，王主任可算是关键人物，他不但借出一笔可观的贷款，还及时打通路子，为赫大个取得一张"开采证"。当然，赫大个每月按时奉上一份"红包"算是投桃报李。今天王主任不知哪来的兴趣，亲临双乳山，赫大个受宠若惊，雅座设宴，七碗八碟摆满一桌，仍觉过意不去，举杯把盏，千恩万谢……

明间里，坐着二十来个挖煤工，几乎都齐了。他们来自离双乳山不远又不近的村落，一色正宗农民。承包后的土地，托出财富毕竟有限，解决不了穿吃以外的许多需要解决的实际问题，各自怀揣一本难念的“经”，投靠赫大个，住的集体工棚，吃的粗茶淡饭，苦累毫无怨言，一句话，冲着钱来到双乳山。挖煤工们白天干活，一到晚上，不约而同地钻进“杏花村”，挤在一堆“打平伙”，吆五喝六地喝几杯。是解乏？是无聊？是作乐？是刺激？……什么都是又什么都不是，横竖天天如此。这不，今晚与往常一样，桌上杯盘狼藉，大伙酒兴正浓。

猴头猴脑的候山，放下手中酒杯，举目巡视，诧异地说：“哎！钱罐咋没来？”

“怎么！急着摆场子？你他妈的积积德，黄狼别咬病鸭子，钱罐聚钱要下四川买老婆……”五大三粗的石钻，对候山没好感，时常咂摸他。

候山能屈能伸，没搭腔。

有愁不知愁的贾铁嘴，轻手轻脚绕到候山背后，将一个刚买来的乳罩套在他的头上，说：“想赌钱，当哥的陪你，牌九，扑克，随你便。俺刚从城里回来，路上巧遇‘出老殡’，见‘材’有财，俺怕你晦气临头，用这玩意给你冲冲喜！”

众人哈哈大笑，七嘴八舌地嘲弄：“奶兜子套头——滴溜搭挂的孝帽子。”“喜气上头，虎头配九。”……

石钻问贾铁嘴：“哎！你的铁嘴灵不灵？”

“万无一失……”贾铁嘴说着，顺手摘下候山腰中装着赌具的布袋，摇得“哗哗”响，“灵不灵，当场较量！”

候山沉不住气，“啧”了一声，欲扔那顶“孝帽子”。

“哎！那是头儿托俺买来送给女老板的，这玩意专兜雪白粉嫩的妈头子，俺抬举你，才先给你使一使。你不道谢还要扔……咳！你扔，你扔，扔脏了有人找你算账！”

候山愣了一愣，甩手将乳罩掷还贾铁嘴，就势夺过布袋，复别于腰中。这小子出生在一个小集镇上，十岁入学，一年级蹲一年，二年级蹲二年，三年级蹲三年，念了六年书，初小没念完。下学后，染上“街滑子”气息，游手好闲，嗜赌如命，上了赌桌，什么都可舍，连老婆也输掉了，在集上站不住脚，只才来到煤窑混口饭吃。吃屎狗离不开茅厕，他照旧随身携带赌具，“腰里别着牌，谁来跟谁来”。赫大个看他能记个人名，有些事就交给他办，比如考勤、发饷等，尽管仍下井干活，但他自以为是“千里马”，大伙不理这个茬，视他为“磨道驴”。别看他满身“不是”，可忍性怪足，能对付各种各样的尴尬场面。

“别嗓哪！哥儿们……”候山转缓语气，说，“今晚头儿宴请‘财神爷’，莫让他在客人面前发火……来，喝酒！”他提起酒壶，壶中余酒不多，看看桌上菜肴，盘底朝天，遂对内喊道：“女老板，添酒加菜！”

洪杏花忙内忙外，应付自如，应声提酒捧菜，放至桌上。

“鱼肉吃腻了，请大伙尝个鲜。”

好哇！香椿炒豆腐，青是青，白是白，色香味俱佳，大伙纷纷举箸。

“绝哪！世界第一。”候山赞不绝口。

“你呀，吃得不好也说好，是想让俺在头儿面前为你说几句好话。是吧？”杏花说。

候山未置可否，仗着皮厚，一筷连一筷地不误尝鲜。

贾铁嘴说起俏皮话：“你别说，人民大会堂的国宴上也没这道菜！”

“你赴过国宴？”

“没赴过还能没见过嘛？！”

“在哪见的？”

“电视上。”贾铁嘴不愧为铁嘴，高低有词。

胡子稀疏的大李，对挨肩坐着的表弟说：“哎！你走南闯北，可吃过这菜？”

这位表弟初进“杏花村”，沉默寡言，不吃不喝，满腹心思，听了表哥问话，勉强作答：“没吃过，城市饭店的菜谱上没这道菜。”

“怎么样！‘杏花村’虽小，照能让你开眼界，长见识。来！尝尝……”

表弟搛起一筷，送入口中，点头赞许……

女老板打量着这位白白津津、文文雅雅的陌生人，问：“这位大兄弟……？”

大李义不容辞地作了介绍：他叫柏文龙，家住长江边，高中毕业没考上大学，不甘心务农，出门做买卖。哪知在一笔交易中，没吃准行情，弄得倾家荡产，无奈何，背井离乡来找表哥，到窑上当煤工，刚来没两天。

“怪不道眼生……”杏花听说是个高中毕业生，不禁朝他多瞅几眼。

“柏文龙，女老板跟你说话，你闷声不言语，架子倒不小！”

“你别拿捏人！”杏花又给候山一个没趣，“头回生，二回熟嘛。”

“来到窑上，都是弟兄们。今儿初会，俺送你一‘相’。”贾铁嘴生来乐天，未满四十岁，已有七个孩子，“超生罚款”压得他透不过气来，照理愁眉不展，可他有说有笑。他俨然摆出一副“算命先生”的架势，朝柏文龙的五官端详一番，接着说，“唔！口正鼻不歪，腹中有文才；眉梢分高低，怀志不得意……”

“你从哪学来这一套？”杏花打断贾铁嘴的话语。

“俺可是世代祖传，未卜先知。不信，给你看一‘相’……”

“去你的！你还是看看自己的‘相’吧！”

“早看过啦！”贾铁嘴伸出手掌，“瞧！这条‘子女纹’，根上杈多，该摊十五个子女，已生七个，还有八个……”

众人惊讶：“乖乖！这样生下去，你一辈子也还不清罚款啊！”

“虱多不痒，债多不愁。”

“什么乱七八糟的，别听他胡扯。”石钻对贾铁嘴说，“看相比挖煤挣钱多，又省力，你咋不去干那行？”

“俺正打算停薪留职哩！趁没离开，送你一‘相’。”贾铁嘴抬手一指，“大伙看！他的‘印堂’射红光，美事到身旁。”

“美事”指什么？在座的人都明白。

“听说你媳妇来了！”杏花上前问石钻，“咋不带来让俺见见？”

石钻未语，不知谁冒出一句：“候山把她打发走了！”

“哎哎，这可是头儿的意思……”候山连忙申辩。

“头儿晕头，你也头晕？”

“杏花嫂，别怪他，是俺自己不想见她。”

“她长得丑？……性子暴？……手脚懒？”

石钻三问三摇头。

“不丑，不暴，不懒，你嫌她什么？”

石钻咕咕哝哝说不出口，众煤工狎言相戏：“送到嘴边的肥肉不吃，你想干啥？”“是汉子，有屁爽爽气气放出来，有话痛痛快快说出来！”

“别嚷嚷！俺说，俺要跟她打离婚……”

这一逼，石钻吐出真情：他结婚三年，相亲相爱，问题在于妻子的肚皮不争气，一连两胎生女孩，石钻娘急了，暗地里为儿媳卜卦算命，得到答案，命中无子。石钻娘唯恐门头绝后，多次逼迫儿子离婚，小夫妻，感情好，石钻舍不得，可母亲催得紧，他来个权宜之计——到窑上当挖煤工，暂避风头，过一阵再说。谁知，媳妇偏偏找来了……男子汉，躲躲闪闪算什么！他一横心，当众宣布：“离！”

女老板听了，“咯咯”直笑……

“笑啥？”石钻问。

“俺笑你好个男子汉啊！那就进法院呗……”

正说话，木木讷讷的钱罐走进“杏花村”。

“哎唷！你来巧哪！”候山说，“现如今农村不缺吃，不缺穿，就是缺女人。钱罐，你到法院门口等着，石钻闹离婚，他扔了，你捡着，俺见过他老婆，细皮嫩肉水灵灵，保管比你下四川买的强……”

石钻瞪起喷火的眼珠，候山立刻止住话头。

钱罐不知所云……

红杏缓和气氛，对石钻说：“不过，俺倒想问你，离婚的理由是啥？噢！就凭媳妇不给你生儿子的那条，能占理吗？除非法官也是个像你这样的‘男子汉’……俺听医院大夫讲，生孩子就像耩地下种一样，怨不得女方。”

农村光棍多，这是事实，但，一旦成了家，双方都想添个“小光棍”，生了女孩觉得不光彩，甚至弃婴儿于野外。为这码事，女人挨打受骂逼离婚时有发生……医务工作者有责任宣传有关生育方面的科学知识，遗憾的是，什么“+”“-”符号，什么“精子”“卵子”，农民弄不明白。

“不错，俺也听说这个理，扁豆种下去，结不出黄瓜来。”大李一本正经地说，“你看人家贾铁嘴，种瓜得瓜，一溜七个，‘端来米饭扫垃圾’，个个腿裆都带把儿！”

“别开俺的味啦！俺那小孩妈说，屋内人丁旺，门头势力壮。她就像母鸡下蛋似的，一个接着一个生。这不！大门卸走了，牲口牵跑了，‘超生罚款’还没还清哩！”贾铁嘴丝瓜瓢般的脸膛透出苦笑。

“你这家伙，‘种黄瓜’技术到家哪！咋不当个‘专业户’？”候山的嘴巴不适闲，“谁家男人没本事，又不嫌戴‘绿帽子’，你就去承包他女人，十个月，你让他抱儿子，他给你劳务费，那可比挖煤快活多哪！”

石钻听不得肮脏话，端起酒杯泼去……候山没提防，落得一脸酒水，眼都睁不开，他抹了一把，像个瘦猴似的跳了起来……

石钻巍然屹立地告诫：“哪儿痒，自己捞！”

“开玩笑，莫当真，在一个窑上干活，低头不见抬头见……”杏花赶紧过来，将石钻拉至店外，“你也够烦心的，先回工棚歇着吧！”

石钻无心再喝酒，点点头。红杏有话要说，借此送他一程。

“瞒不过嫂子的眼，你喜欢你媳妇。脑袋瓜长在自己的脖子上，在理的话听着，不在理的话不能听。你媳妇人有人样，品有品行，离掉了，你打着灯笼再也找不到这样的好媳妇。”

“你见过她？”

“不但见过，还啦过呱哩！人家可不像你这样无情无义……女人死心眼，你不想见她，她偏想见你。男子汉得凭良心，你媳妇哪点亏待你哪？”杏花和颜悦色地劝道，“少年夫妻正当时，说不定第三胎是个男孩，你娘的疙瘩不就解开啦……”

石钻上山，杏花回店。暗间传出一声“送客”，明间霎时鸦雀无声。王主任满面油光，腹中塞满酒肉，袋里装着“红包”，慢步踱出，赫大个紧随其后。

“弟兄们，这位是‘财神爷’——信用社的王主任。”赫大个不无恭维地说，“当初打井挖煤，不是主任大力相助，哪有俺赫某的今天。”

“好说好说，农民办窑，理应支持。”王主任对大伙打了几个“哈哈”，动身告辞。

女老板不敢怠慢，“主任走好！”王主任半醒半醉地朝她瞅了一眼，说：“想不到在这荒郊野外，竟有你这样一位出色的女老板，‘杏花村’酒香菜美人漂亮，名不虚传！哈哈哈哈……”

“主任过奖了！俺那当家的，腿一伸走了，孤儿寡母为了活命，开了这爿酒店，还盼你常赏脸，多支持。”

“那还用说！”赫大个拍拍王主任的肩头，“她的事就是俺的事，今后她有事求你，你可不能推辞。”

王主任拍响胸脯，满口应承：“放心！有你这句话，俺照办。”

赫大个送走“财神爷”，回到店堂，酒兴未减，意欲与大伙划拳，热闹热闹。

“头儿，你到这儿摆擂台。”候山忙不迭地让出座位，摇旗呐喊，“谁英雄，谁好汉，跳上擂台比比看！”

赫大个财大气粗：“酒钱算俺的。杏花拿酒来！”

开饭店不怕大肚汉，但，杏花对赫大个无节制的酗酒，有点反感。

“瞧你威风的！划拳比酒量，算什么英雄好汉？”

“男人没酒量就像女人没气量一样，孬种！”

信口开河，惹恼了杏花：“哼！俺就是没气量的女人……你听着，酒店营业时间已过，有酒也不卖，你给俺滚出去！”

赫大个自知失言，忙赔不是：“哎哟！俺的小姑奶奶，你别多心，俺敢说亲娘，也不敢说你呀……俺是孬种，俺是孬种……杀人不过头落地，行了啵！”

适可而止，杏花不想使他过于难堪，莞尔一笑，返身取酒。众人哄然大笑……

“笑啥！英雄难过美人关嘛！”

自喻“英雄”，大伙亦默认这是一对“英雄美人”。双乳山敲醒了，法律沉睡了，挖煤人哪有闲心研究“合法身份”与“合法婚姻”之间的关系。诚然，免不了闲言碎语，飞短流长，那仅仅是“口头腐化”而已。烟囱要冒烟，嘴巴要说话，捂不住，盖不了，干脆对它满不在乎……就那么一回事。

“哎哎，谁个有种把手伸出来！”赫大个依仗自己拳术高，酒量大，横刀立马，挑战不已。场上没人敢应战。

“没有伸手的，俺就点将。”他抬头望去，目光落在贾铁嘴身上，“你赢，俺喝一杯；我赢，你喝一口。”

贾铁嘴拳术差，酒量小，不敢交手：“不不……这玩意给你捎来了，你饶了我吧！”

“好！跑腿有功，放你一马。”赫大个将乳罩塞入袋里，继续寻找对手，

"候山，咱俩比画比画。"

候山生怕喝晕了头，坐上赌桌脑袋不当家，连忙装孬："斗大胆子也不敢跟你划拳，俺认罚……"说着，十分乖巧地趴下，绕八仙桌爬了一圈。

赫大个端起酒杯，踱着方步，众人噤若寒蝉……他走到钱罐面前："来！俺弟兄俩较量较量。"

钱罐胆怯地说："俺哪是头儿的对手……"

"你不伸手就喝酒，喝！"不容分说，赫大个抬起左臂，钳住钱罐的头颈，凑过右手中的酒杯，猛灌下去……钱罐呛得咳嗽不止……

"哈哈哈……'钱罐'摔碎了，俺赔！"赫大个回到原位，抽出一张"大团结"，甩给钱罐，算是补偿。然后，几分得意地说，"看样子，这擂台没人敢打，就这样冷冷清清收场哪！"

"慢！"

众人凝神望去……呵！发话人竟是那个久坐不语的柏文龙。

"小弟愿向头儿领教。"

"柏文龙，你初来乍到，胆子不小哇！"

"胆小不配在你手下干。"

"好！怎么划法？"

柏文龙上前倒下两碗酒，说："一拳一碗，谁输谁喝。"

"是条汉子，请！"

二人伸出手，众目睽睽，交于一点，只见两掌对击一下，便划了起来，握拳伸指，猜度运筹。柏文龙出手不凡，几个回合，赢了第一盘。赫大个二话没说，捧起酒碗，一仰脖子，"咕嘟咕嘟"喝个碗见底。

"不使真本事，难治小白脸。"赫大个抹抹嘴巴说。

第二盘交手，更引人注目，你来我往，各不相让。"五魁首！"一锤定音，赫大个赢了。

柏文龙端起酒碗，一口气喝干，顿时，周身热血奔涌，面红耳赤，头晕目眩……但他强装没事的样子。

"一比一，平手，下回再战吧！"赫大个摆出大将风度。

"不！三盘决雌雄。"柏文龙好胜心极强。

赫大个心想：这小子，不知趣，给面子不要，偏自找难堪。

赫大个果然厉害，第三次交手，一张嘴，便见分晓。

“高！头儿赢啦……”众煤工捧场，候山叫得最响。

柏文龙端过酒碗就喝，喝下一半，直喘粗气……牙一咬，眼一闭，硬着头皮咽下碗中酒，不一会，酒性发作，伏案连声呕吐……

女老板忙端来半碗醋，让柏文龙喝下，转脸对赫大个说：“你这个当头儿的，还不叫大伙回工棚歇着！”

赫大个出足风头，举手一挥：“对对对，都回去睡觉。”

大李背着柏文龙先走一步，众人相继离去。候山未忘贾铁嘴的挑衅：“哎！回工棚来几盘……”

“刚才开玩笑，俺哪有钱……”

“你没钱，有老婆。”

这话被杏花听到，火冒三丈：“站住！你把女人不当人，自己老婆赌输了，又嘬弄别人赌老婆！”

“咱俩逗得玩的，哪能真赌……”候山脚底抹油，边说边溜。

人走如退潮，“杏花村”宁宁静静，只剩下赫大个，杏花感喟地说：“酒喝醉了伤身子……”

赫大个解开衣扣，挺起胸膛，说：“瞧！俺这身子骨，铜打铁铸……嘿嘿……你疼俺，俺知道。”

“谁疼你呀！你是天生的盛酒家伙，可别人受不了，柏文龙醉得那样……”

“不知天高地厚，自找的。”

“有你这样当头儿的嘛！整天价带头吃喝玩乐，不顾手下人死活。”

“咳！人生在世，不吃不喝，还有啥意思！”赫大个自有他的立论，“喝醉了没啥，睡一觉就醒酒了！”

“人家可是个有文化的人，经不起折腾。”

“噢！是块细料……”

“高中毕业生。你家人老八辈识的字，也没有他多。”

洪杏花自与赫大个结下不了情之后，不由自主地暗暗为煤窑操心。农民由田间走向矿井，经济上得到或多或少的满足，她感到高兴，同时，又因为聚拢来的是一群“盲人瞎马”，而感到担忧，尤为赫大个那种草莽作风，就像戏台上的“山大王”一样……这种担忧，潜移默化，产生连锁反应，使她久久未曾应允赫大个的要求——登记结婚。她朦朦胧胧地觉得，作为窑主，赫大个身上缺少一些不可缺少的东西，是什么呢？她思索过，实在说不出个道道，只有一个直觉，没有文化，难成大事。眼前突然闯来一个高中毕业生，真是求之不得。她乘机进言：“不怕不识字，就怕不识人，老天给你送来个好助手。”

“对对对，明天就下令，将他从井下调上来，搞推销。”煤的销路不够宽，购煤合同签约不多，赫大个确实需要一个识文断字、能说会道的人相帮，“多谢指点，推荐有功，发你奖金……”

“俺不稀罕，有钱奖给弟兄们，没有他们出力流汗，你喝西北风！”杏花说罢，佯装生气，噘嘴立于一边。赫大个目不转睛地凝视着她，心中欲火渐渐腾起，移步凑上前去欲吻她……杏花抬手挡住毛茸茸的嘴巴。

“干吗？”

“扎几下，上床……”

“别急嘛！”杏花推开赫大个，“俺还有话问你……”

“不急，不急……还有啥事，你只管说，俺照办。”

“石钻的媳妇来了？”赫大个点头，杏花追问，“人呢？”

“俺叫候山打发走了。”

“人家跑了那么远的路，来到窑上探亲，你没让住下就打发走了？”

“俺的不是，下回来，准安排。”赫大个始觉不妥。

“咋安排？”

“让她和石钻住到一起。”

“就住那大工棚？两口子睡觉，一伙男人围着……”杏花指责道，“畜生知足不知羞，人知羞不知足，亏你说得出口！”

“除了工棚，没住的地方。”

“你一发话，不就有了。”杏花成竹在胸地说，“拾掇些木料、石棉瓦，盖个小单间。”

“管！小姑奶奶，咱们到床上细商量。”赫大个心急火燎地掏出乳罩，说，“俺看城里卖的光背美人像，都戴这玩意，给你也捎来一个，俺亲手给你戴上。”他拉起杏花直奔卧室。

“房里有人。”

“你糊弄俺，谁呀？”

“你自己瞧。”

赫大个松开手，掀起门帘，果真见一女子……

“桂香出来吧！见见头儿。”

桂香应声走出，一身新衣，齐耳短发，身材匀称而丰满。虽是两个孩子的母亲，仍珍藏着农村姑娘一触即发的羞涩，见了生人，尤其是陌生男人，红晕立刻飞上双颊。

杏花介绍道：“她是石钻的媳妇，‘杏花村’新雇的合同工，白天帮俺干活，晚黑没处住，跟俺同床。”

赫大个感到惊讶，明明叫候山把她打发走了，怎么……是的，她是被打发走了，没见到丈夫，灰心丧气地下了山，经过“杏花村”，讨口水喝就回家。女老板见她期期艾艾的样子，与她攀谈起来，桂香实情相告，于是，杏花留下她，演了这出“藏娇记”，迫使赫大个就范。

“怨俺照顾不周，明儿白天就盖单间，晚黑不误你两口子团圆……”冒出农家女，冲散野鸳鸯，赫大个强压欲火，连声说道，“俺说话算话，明儿，明儿……明儿见！”

赫大个恋恋不舍又无可奈何地离去。桂香贴在杏花耳边说：

“你呀……你真能！”

盼儿子求神拜佛 劝情夫苦口婆心

天上下雨地上流，小两口斗嘴不记仇。石钻原本就爱桂香，“闹离婚”那是迫于母命不得已的事，现在老人不在身边，又经女老板从中调停，夫妻恩爱如初。单间虽小，却是双乳山出现的第一个合法家庭。桂香当了杏花的助手，早出晚归，日子过得挺遂心意，唯有一事搁在心里放不下，那就是没生个儿子，对不起丈夫。

这天清晨，她像往常一样，迈着轻快的步伐，走进“杏花村”，女老板正在厨房忙活，她小心翼翼地将臂上蓝布挎包放至桌上，就收拾店堂，扫地、抹桌、擦窗……十分麻利地干完这一切，洗洗手，解开挎包，露出一尊“送子观音”塑像。她双手合十，顶礼膜拜，虔诚祈求菩萨送她一子，日后烧香还愿……杏花悄没声地从厨房走出，桂香的隐私败露，手忙脚乱地欲藏佛像……（其实，杏花不止一次发现她的隐私，只是未道破）

“别碰坏菩萨！清早没人来，慌啥……”

两个女人，性格不一，生活道路也不尽相同，但自结识后，心挨心，情同姐妹，啦起呱来，无所不谈。

“杏花姐，俺求晚了……”

“不晚。”心诚则灵，观音大士向来宽宏大度。杏花说，“你就供在单间里大模大样地求呗，干吗带来带去，你不嫌烦神，神可嫌你烦她。”

这尊佛像，是她那天来双乳山探亲的路上请的，她怕石钻不信这套，所以“不厌其烦”。

“杏花姐，你可信神？”桂香很认真地问。

丈夫在世想得儿子，两口子一起求过菩萨。杏花答：“信过。死鬼走了，俺也没啥求的哪！”

“有！”

“你看俺，百事顺心，吃喝不愁，还有啥求的？”

“还有一件……”杏花明知她说的“还有一件”是指什么，但未动声色。桂香扮个鬼脸，接着说，“你不求，俺替你求，求菩萨保佑你和头儿……”

话没说完，杏花伸手捂住桂香的嘴巴：“莫为俺说谎！”

神灵法力无边，无所不在，那是隐瞒不得的。

桂香感到诧异，光棍娶妻，寡妇嫁人，这事名正言顺，为何偏要半明半暗地来往呢？

“俺看你俩怪般配，早该正大光明地成为一家子哪！”

杏花的心思，桂香理解不透。别看婚前的女人像“金草”，瞬间，婚后的女人就是“麦穰”。赫大个目前能在她面前言听计从，谁能保证婚后不起变化哩！与其匆匆忙忙地“跌价”，不如保持这种关系，也好不时地给他提个醒。因此，杏花对待结婚问题，进一步，退两步；三分热，七分凉。好在窑上弟兄们从没看低她。

桂香见杏花犹豫不决，劝慰道：“头儿服你管，成家后，谅他不会变心的。”

"唉!"杏花叹了一口气,"服俺管有啥用……俺也是个没见过世面的女人。"

桂香益发糊涂了:"咱们当女人的,不就是出门嫁汉,生儿育女,穿衣吃饭嘛!"

"女人来世上,只求温饱、生孩子,岂不白来一趟。"杏花从生活中咂摸出一点味来,而桂香毫无感受。她接着说,"出门嫁汉,得看嫁个啥样的男子汉!"

"你说说,俺家石钻他……"

"世上最好的男人被你嫁着哪!"

杏花说了一句玩笑话,桂香反唇相讥:"俺不像你,挑肥拣瘦,头儿那么疼你,可你……"

"俺总觉着他少些什么……"

"少啥?你不能明说嘛!头儿有的是钱。"

"俺也说不清,他也买不着。"杏花掏出心窝话,"不瞒你说,自打见了柏文龙,这种感觉越来越旺。"

"啊!"桂香大吃一惊,"杏花姐,你千万不能三心二意,女人的名誉比啥都金贵!"

杏花"咯咯"地笑个不停,笑声引发桂香更大的不安。

"瞧你急的!俺被窝里除了头儿,不就是你嘛!还没有别人钻进来……"

"那你就嫁给头儿,省得小白脸搅和。"

谈了半天,对方仍不明白,杏花只得长话短说:"眼前,俺还不想嫁给他。"

"为啥?"

"啥也不为。"

"这么一说,俺真不能替你求神保佑哩!"

"谁让你多事哪!"

"你呀!好刁钻,这不存心吊胃口,让头儿尝到买不到,绕着你的围裙转……"

"当寡妇的不能不多长个心眼……"没办法,明知是个折磨,也得受着,杏花笑着说,"皇帝不急太监急……到哪山,砍哪柴,说不定明儿俺就和头儿登记结婚。"

说话间，店外传来拖拉机声响，桂香忙将“送子观音”放至包里，藏于卧室，转而进暗间洗碗碟。

贾铁嘴领着拖拉机手来找杏花。拖拉机手是他同村亲戚，上山拉煤带来口信，“超生罚款”催得紧，家中日子过不安身……他平时挣的钱，生怕自己抠不住，凑够整数，就交给女老板代为保存。杏花乐于当保管员。

“喏！七百块，过过数。”杏花从卧室取来现钞，贾铁嘴接过，转手交给拖拉机手。

拖拉机手点罢票子说：“乡干部说死嘞，三天之内交一半——八百块。”

“俺累死累活就挣这么多，你叫乡干部看着办，能拉个孩子去顶数哝！”

拖拉机手犯了难……杏花掏出一百元：“俺给垫上。”

贾铁嘴心里感激，嘴上推诿，拖拉机手说：“急用解难，有借有还。”

杏花很同情那位被称作“老母鸡”的女人，遂对贾铁嘴说：“你媳妇单手人在家，领着七个孩子，够难为的。你搭顺道拖拉机回家看看，住几天，头儿那里俺给你告假。”

“不不……不能回家。”贾铁嘴说，“不怕你发笑，俺那‘老母鸡’，一招就‘有’，再来个‘小八子’可受不了啦！”

杏花果然笑了……

“你也是的！去开刀结扎不就保险哪……”拖拉机手不无责备地说。

“你懂个啥！”贾铁嘴自有邪理，“男人挨刀骟，进宫当太监。俺可不上这个当！”

“胡扯！你瞧俺，结扎后不是照长胡子照干活！”

贾铁嘴还想争辩，杏花下了“逐客令”：“别唠叨哪！你不回家，就赶忙去挖煤挣钱还罚款。”

走了两个，又来一双。

颈系红领巾的小杏，搀着手拄拐棍的钱奶奶，一老一少，走进店门。杏花搂过女儿亲了一下，立即为老人端凳奉茶。钱奶奶年过花甲，为儿子钱罐婚事，愁得吃不香，睡不熟。她与杏花是村邻，隔月把，要来双乳山打听打听情况，顺便看看儿子。没成家，再大也是个孩子。

“大娘，想儿子啦？”

“唔……想儿子……”钱奶奶点点头，“俺更想儿媳妇！”

“娶儿媳，不是急的事。”杏花高声说道，钱奶奶耳朵有点背，跟她说话非如此不可。

“俺都六十好几哪！今晚脱了鞋，不知明早来不来。咋能不急?”钱奶奶说话声也很大，她以为别人耳朵和她一样。

“钱罐兄弟也急呀，买媳妇的钱，还没攒够数。”

“听说南乡的媳妇又涨价啦!”眼前啥不涨价?老人单单关心媳妇的价码。她从衣兜里摸出一纸包，剥去层层纸，递过一卷钱，“这是俺的‘棺材本’，交给你，等钱罐下南乡，让他带上。”

杏花迟迟疑疑不想接……

“只要活着见到儿媳，死后挨火烧，俺也心甘情愿。”

当娘的心，可贵又可怜。杏花接过“棺材本”。

钱奶奶颤颤巍巍地拄动拐棍欲上山，小杏说:“俺陪你去。”

“不用了，你跟你娘亲亲……”

杏花说:“俺让小杏把她叔叫来见你……”

“别耽误他干活挣钱，俺上山看一眼就回家。”

钱奶奶走后，杏花将女儿抱入怀中，坐下，问长问短……小杏嗲声嗲气地汇报学习成绩，数学、语文考试得了双百分，妈妈听了直夸“有出息”。

“念完小学上中学，高中毕业考大学……”

“考不取呢?”

“那就到城里开酒店，你当经理，妈来掌锅。”

“俺不进城，爷爷奶奶在家没人陪。”

小小年纪，一片孝心，杏花不禁对着女儿额头吻了个响。

“妈给你做好吃的，带回去和爷爷奶奶一起尝。”

“妈，你去做吧，俺到山上找钱奶奶。”

小杏雀跃般地跨出店门，没走几步，迎面遇上风尘仆仆归来的赫大个。

“哟！小杏来哪……”爱屋及乌，赫大个像父亲见到女儿一样，低下头来想亲她。

“唔……你的胡子扎人!”小杏极力避开，说，“俺要上山……”

“山上煤窑是俺开的，你要上山，得俺点头。”赫大个张开双臂，挡住去路。

既然大人立下“规矩”，小孩就得遵守。小杏天真地说：“那你快点头啊！”

“点头不难，先喊俺一声……”

“赫大叔！”按往常习惯喊了一声，赫大个听了连连摇头，小杏问，“那喊什么？”

“爸，喊声爸！”

小杏支支吾吾张不开口，赫大个掏出一支崭新的钢笔，伸到她面前晃了晃：“你喊一声爸，这笔就送给你！”

“真的？”二年级学生，没用过钢笔，她非常想得到它。

“说话算话。”

喊人不蚀本，舌头打个滚。小杏思索片刻，决定喊“爸”。正欲张嘴，听到妈妈在屋里咳嗽一声……长长的睫毛，扇了几扇，机灵地说：“先让俺过去，俺再喊。”

赫大个放行，小杏走了过去，转脸仍喊出一声“赫大叔”，飞身跑了。

“回来！给你……”赫大个举起手中钢笔，小杏头也不回地沿山路而去。

“这丫头片子，比她妈还能。”

出门三天，没喝上“杏花村”的酒，赫大个着实想得慌，一回来，没上山，直奔酒店。进了店，大声嚷嚷：“来碗酒！”

“瞧你，在外面还能少喝酒？”杏花说。

“酒跟酒，不一样味。”

“那好办，今后出门带上……”

“再带上卖酒的人，就更可心哪！”

想酒是假，想人是真，赫大个毫不掩饰。他喜欢她，喜欢得要命，可以说到了寸步难离的地步……这算不算“爱”呢？可算可不算，“爱”的定义太简单又太复杂，莫衷一是。

他占有了“美”，同时，也占有了“虑”，露水夫妻名不正，同床共枕梦中惊。他多次提出登记结婚，她总是推三阻四地拖延……

“说你有情又无情，为啥不愿与俺登记结婚？”赫大个喝了一口“杏花村”的酒，又一次提出老问题。

“什么‘荤’呀‘素’呀，荤的腻人，素的爽口。”杏花在打“马虎眼”。

“别打岔！”他思索过其中缘故，于是和盘托出，“俺知道，你上有老，下有小，怕连累俺。咳！这有啥，俺有的是钱……”

她一言不发。

“噢！是怕结婚后，俺待你不好？哪能呢！”

她不发一言。

“那定是……定是……咳！俺也估不透，小姑奶奶，你说话呀！”

“俺没说的，听你的。”

“俺说的你又不听。”

“俺想听的你又不说。”

“想听啥？”

“这趟出门，交易谈得怎样？”

瞧！她又把话岔开了。强扭伤和气，赫大个暂且压下心中之“虑”，从包里取出一厚沓“合同书”，颇为得意地说：“销路不愁，价格不低，说来真亏你推荐的柏文龙……”

谈生意，柏文龙驾轻就熟，烟打路，酒搭桥，一席桌面，用户俱请到，从煤的质量到煤的运输，大包大揽，巧舌如簧，出言无拐无楞，专向圆耳眼里灌“圆话”，不亚电视广告。酒足饭饱，人情胜行情，没等窑主开口，用户纷纷提笔签订合同……赫大个服了！

“这小子能干，死人说得活！妈的，真不简单。”

“你该好好学学，人家有文化。”

赫大个打着哈哈说：“朝后，专让他搞推销，多给工资，多发奖金。”

柏文龙一脚跨进酒店。他本和赫大个一同回来的，上山换了一套干净衣服，再下山找窑主议事。人处矮檐，只得低头，他来双乳山月把，仿佛斗败的鹌鹑，摇身一变，成了鹤立鸡群，觉得又有了用武之地。查资料，翻书籍，借出差之便，走访煤矿技术人员，一心一意想搞出点名堂，长江边跌倒，双乳山站起，何处不是养爷的地方！当然，首先要取得头儿的信任和重用。这回出门，他初露端倪，还有一串点子要献给赫大个……

杏花见柏文龙进店，热情相待：“这趟出门有功，头儿正夸你哩！”

“那是窑主的威望。”

“没你保驾，交易难成。”赫大个自尊心得到满足，非常高兴，掉脸对杏花说，“哎！上酒菜，犒劳犒劳。”

杏花端来酒菜，店里没来外客，她就桌边坐定。

酒过三巡，柏文龙发话："头儿，煤的销路没问题，可产量得跟上……"

"有啥好点子，你就说出来。"杏花怂恿地说。

"我建议，井下干活，定额承包，超产分红……"

"光腚勒裤带，何必多那一道……弟兄们多出力，俺多发奖金，不就行啦！"赫大个不以为然地打断对方的话语。眼是钩，手是秤，窑主发话是准星，他不信那些新花式。

"你让大兄弟把话说完嘛！"

"好好好……"赫大个勉强点头。

"奖金要发，指标也要订。煤窑大小是个企业，要办就办出个样子来，生产岗位要立规章制度，福利事业要逐步配套，食堂呀，澡堂呀……"

赫大个不想干这些磨刀背的事，又打断话头："办了食堂，谁再来'杏花村'吃喝？"

"俺靠的是天时、地利、人和。你办你的食堂，俺开俺的酒店，没人来吃喝，俺不怨你。"杏花抵了赫大个一个"相眼"。

搞一次推销有本钱，得点颜色开染坊，你小子来到窑上才几天！说东道西懂个屁……赫大个心里这么想，碍着杏花在场，没把这些话说出来。他举起酒杯打"马虎眼"："你的建议，让我考虑考虑，改日再谈。喝酒！"

偏偏柏文龙讨好心切，一个劲地絮叨："头儿，蒙你不弃，小弟愿为你肝胆涂地。还有一件当紧的事……"

"别拽文。"赫大个放下手中酒杯，略显烦躁地说，"还有啥事？"

"井下的坑木质量太差，排列过稀。我查过资料，问过专家，眼下就得停工加固，防止冒顶塌方。"

吃的灯草，说话轻巧。停工，减少收入；加固，增加支出。这一减一增，是一笔巨大的开支……咳！真是天大的玩笑，赫大个不禁重复一句："停工加固？"

"头儿，磨刀不误砍柴工……"

"你别吓唬俺，开窑年把，哪天出过事？"

"防患于未然，出了事就晚哪！小弟的忠告是有科学依据的。"

"科学？"赫大个有点发毛了，"呵呵……科学是啥样的，俺没见过。"

当事迷，旁观清，杏花提醒道："大兄弟说得有理，你不能拿大伙的性命当儿戏，哪个不是上有老、下有小一大家子！"

赫大个一反常态，板着脸顶撞杏花："你别跟着瞎起哄！私人小煤窑咋和公家大煤矿攀比！？俺不能把成捆票子白往井里扔！"

柏文龙显出几分窘态，但，仍将"新信息"相告："小煤窑出事的不少，北京已有红头文件下达，要求各地加强管理，检查设备，确保安全生产。"

"上方来检查，俺担着。"赫大个冲着柏文龙说，"你只管搞推销，别的事，少逞能！"

寄人篱下，事与愿违。唉！柏文龙一声长叹，灰溜溜地退出"杏花村"。

杏花刚才遭到顶撞，有说不出的委屈，她本想发作，与赫大个大吵一通……转而一思忖，忍住了。硬碰硬，非碎即断，以柔克刚，方为上策。她耐心耐肠地继续陪着赫大个喝酒，细言细语地劝他："别惜花钱，弟兄们的性命比钱更重要……"他却振振有词："一天不出煤，一天没进账，弟兄们向谁要吃、要喝？贾铁嘴什么时候还清罚款？钱罐哪来钱买老婆？"她再劝他："当头儿要粗中有细，听听有文化人的意见有好处……"他固执己见："柏文龙是黄狼跑到磨道里——冒充大尾驴！"

当晚，他俩同床共枕，杏花给他千种娇意，百般柔情……可是，一提及"停工加固"的事，他就缄口不语；再提，却闻"呼噜呼噜"的鼾声……

劝不醒睡在身旁的情夫，杏花很痛心，很伤心，很灰心……

柏文龙借酒调情　洪杏花指路开窑

明眼人一看便能发觉，女老板这几天常蹙眉，很少有笑容。她满以为赫大个得到一个文化人作帮手，如鱼得水……哪知他，才尝到一点甜头，就视"水"为患。柏文龙提出的问题，事关重大，出了纰漏，非同小可。杏花对井下的事，虽不十分清楚，但听了柏文龙的建议，字字入耳，句句在理，看得出是对头儿的忠诚。赫大个充耳不闻，拂去人家一片好心……

杏花极力推荐柏文龙，用意很单纯，想使赫大个的煤窑开得更兴旺，对此而产生的一些流言蜚语以及种种非议，她并不顾忌。那天，一伙挖煤工在店里熏候山……

“头儿放个屁，你当作炮扛，怎么没弄个美差当当？”

“他呀！一人拜把子——算老几！瞧人家柏文龙，是个外乡人，上窑没几天，就混个推销员，拿着高奖金、高工资，成天逛街遛码头。”另一煤工帮腔。

候山不屑地说：“别捧他……”

“哎！兄弟，不服气不行，柏文龙的命相比你强。你撒泡尿照照自己，尖嘴猴腮，比得了吗？”贾铁嘴说。

候山的确不服：“他有什么了不起的！还不是凭着一张小白脸，走的女老板后门。”

众煤工对此说看法不一……杏花自暗间挺身而出。

“是的，是俺替他开的后门。”女老板直言不讳，“谁个有文化，不是小白脸，哪怕是丑八怪，俺也给他开后门。”

杏花崇尚文化，她曾暗暗高兴过，赫大个得到“秀才”相助，一武一文，前景宽宏……可惜，美好的憧憬像肥皂泡似的，冒了一下，很快就破了。她对赫大个劝说无效，可她仍不死心……左思右想，竟生出个法儿，让柏文龙另起炉灶，开窑打井，就像“划拳”那样，比个高低。这个想法很天真，她试图让赫大个在事实面前猛醒……除此，还有什么好办法呢？她摇摇头……

赫大个气鼓鼓地走进“杏花村”，杏花不失时机地再作一次说客：“那人命关天的事，你怎么打算的？”

赫大个闷声不响，对火抽烟。

“柏文龙一番好心……你那脾气也得改改。”

“百样依你，这事不成。”赫大个铁了心，“你别听那小子嘬弄！”

“俺是三岁小孩？”

“哼！那小子到处点野火，扇小扇，动摇人心……”赫大个越说越来气，正在气头上，柏文龙恰巧来到酒店。

“哎！姓柏的，你来窑上没几天，俺给你加工资、发奖金当了推销员，你却背地里拆俺的台，如此不识抬举……嫌俺庙小容不了你这大菩萨，那就请便吧!”没容柏文龙分辩,赫大个拂袖而去。

柏文龙望着赫大个那远去的背影,唉——!深深地吐出一口怨气。原指望,献计谋大显身手,谁料赫大个不领情,胸无点墨,目光短浅,反落个“请便”二字,这词比“滚蛋”文明些……柏文龙一肚子委屈和不平……他来煤窑不久,便觉得双乳山是块有利可图的宝地,一种潜在的意识,使他梦寐以求地想跻身于竞争行列,只是赤手空拳,不名一文,无法如愿施展,权且先站稳脚跟……不料,赫大个反目无情,挥锹掘掉脚下土,使他难以立足……他怨恨自己,何必那样殷切地去讨好哩!论经商,柏文龙虽是失败者,但他自认为高过赫大个百倍,姓赫的压根儿不是对手,若把他俩放在平等的竞争位置上,无须多久,赫大个准会败在他的脚下。可是,他没有经济实力,那“再展宏图”的心愿,犹如虚幻中的海市蜃楼。此时,他心中油然而生几分凄楚,几分惆怅……

“大兄弟,你是个有文化的人,别跟头儿一般见识。”杏花端来酒菜,说,“别往心里去,俺陪你喝两杯。”

常言说,酒能解愁。往事不堪回首,来日无力追求,在这荒芜之地,柏文龙觉得女老板是唯一的知己。听她一口一声“大兄弟”,喊得那么亲切……他端起酒杯,连饮三杯,尤觉不过瘾,又欲提壶倒酒。

杏花劝道:“君子有量莫过头……想开些,天无绝人之路。”她为他抱屈,陪他喝酒,多少带点为赫大个赔礼道歉的意思。

异性的力量是神奇的,柏文龙那颗受伤的心,此时此刻正需要这种神奇的力量来抚慰。他第一次见到杏花,就被她那清丽诱人的美貌所折服。走上海,闯广州,宿过私娼,嫖过暗妓,那些妖艳女人,如同高价“外烟”一样,想抽,就买一包,抽罢,随手把烟壳扔掉,至今还没有一个女人能像杏花这样牵动他的真情。只是鉴于立足未稳,他克制着萌动的情感。

她推荐他,他认为是慧眼识英雄;她支持他的建议,他觉着异乡遇到知音。说也奇怪,每当见到她与赫大个在一起,他便有一股酸溜溜的味儿泛起,好像那天酒醉后的半碗米醋,久留腹中……遗憾的是,这块宝地没容他施展才能,就被“请便”了,一种依依惜别之情,油然而生。他脉脉含情地看了女老板一眼,莫名其妙地想起脚下这方土地,曾是垓下古战场,当年西楚霸王被困，虞姬陪伴左右，难道自己重蹈乌江之恨……不，不不！杏花堪比虞姬，柏文龙决不做自刎的项羽……

“大兄弟，别愁。”女老板为他斟下一杯酒，“你留下，‘杏花村’包吃包喝。”

酒不醉人人自醉，杏花的一句挽留之词，宛如柳拂春水，柏文龙心中霎时叠浪层层，想入非非……他喝下杯中酒，又提壶倒酒，佯装几分醉意地立起，“来！我俩碰杯，喝它个一醉方休！”

情不可却，二人举杯相击，一口喝干。

柏文龙提着酒壶，离开座位，摇摇晃晃地走近杏花……杏花见他脚下打漂，忙上前搀扶：“你醉了……”

“没醉，我清醒得很……”柏文龙就势握住杏花的手，贪婪地看着她。

“你看啥？”

“我看……我看好一朵鲜花插在牛粪上。”

杏花甩掉他的手，问道：“谁是鲜花？”

“当然……你是鲜花。”

“谁是牛粪？”柏文龙未答，杏花接着说，“说呀！你是个有学问的人。”

“我也是个有血有肉的男人。”

“哼！有血有肉却没有骨头。俺问你，成家了吗？”柏文龙摇摇头，杏花不咸不淡地说，“没成家，倒学会玩女人的本领！”

“不！动我心的女人不多……”

“俺是个寡妇，不配你。”

“我可不在乎。嫂嫂……”

“嫂比母，要分清大小。在这山上山下，谁不知俺与赫大个相好，你就不怕俺告诉他？”

这句话，柏文龙听来是个挑衅，他扔掉手中烟蒂，说：“不怕！赫大个算什么？充其量是个蠢夫莽汉，我柏文龙龙困浅滩，但等潮来……嫂嫂，难道你看不出来吗？你的相好应该是我，而不是他！”

杏花听后，放声大笑，笑得柏文龙丈二和尚摸不着头脑。

“你笑什么？”

“俺笑你脸肿充胖……”杏花谑而不虐地说，“他有煤窑，你有吗？他有人马，你有吗？他有票子，你有吗？他……”

杏花的问话，如锥似针，刺痛柏文龙的自尊心，他感到无地自容，转身疾步朝门外走去……

“别慌走！”

“恕我冒犯。”柏文龙收住脚步，赔个不是。

“俺原谅你酒后失言。”杏花说，“你若有骨气，别在女人身上花功夫，要与男人比高低。”

怎么比？一贫如洗，拿什么比？柏文龙垂头丧气地说：“马陷淤泥，无路可走啊！”

“路有千条，起步脚下。”

他疑疑惑惑地问：“脚下？”

“对！抬起你的脚，朝那走……”杏花手指西山头。双乳山，东、西山头隔壑相对，东山头竖有赫大个的井架，西山头尚待开发。她接着说，“母亲的两个妈头子都有奶水喂孩子，你可有胆量开窑？”

柏文龙明白了她的意思，然而，开窑不仅仅需要胆量……他沮丧地说：“腰里无资金，谈何容易。”

“向信用社借嘛！”

“一个外乡人，谁能信得过？”

“当嫂的扶你一把，为你担保贷款。”

“真能如此，感谢不尽！”柏文龙惊喜万分，始觉潮水涌来已离浅滩不远了。

“俺可不求‘谢’……”

“贷款到手，立刻上马。”强龙斗不过地头蛇，柏文龙蓦地闪过一丝忧虑，“头儿他……”

“没事，船多不碍道，俺就望你干出个样子，给头儿看看。”

“放心吧！不至于让你失望。”有女老板撑腰，柏文龙忧虑全消，告辞离去。

杏花收拾碗筷，见桌上一只打火机，拿过，追出门外，已不见柏文龙的人影。她下意识地按亮打火机，愣眼看着欢跳的火苗，专注得出神，好像火苗中藏着秘密……

酒醒不及酒醉好 梦外何如梦内美

“杏花村”一片喧闹。

众煤工举杯把盏，一个个喝得东倒西歪。赫大个兴高采烈地嚷道：“弟兄们，今朝有酒今朝醉，喝！”

柏文龙文质彬彬端起酒杯，说：“赫窑主，你性子直，讲义气，重友情，小弟敬你一杯！”

“柏窑主，你有文化，点子多，俺向你学习！”赫大个说，“来！同干一杯。”

觥筹交错，东、西山窑主亲亲热热，举杯相邀，众煤工欢腾雀跃。

杏花在一旁看着，心中十分喜悦，恍惚之间，觉得他俩合成一身，一忽儿是能文能武的赫大个，一忽儿是有勇有谋的柏文龙……

“女老板，拿酒来。”

“别喝哪！喝醉了伤神误事。”

“谁……谁醉了？没……没醉。不信，咱们照样能……能推牌九！”候山摘下腰间赌具袋，摇晃着，杏花上前欲夺，他嬉皮笑脸地挡着，说，“嘿嘿……赌钱是……是爷儿们的事，娘……娘儿们可……可沾不上边！”

“放屁！什么‘爷儿们’‘娘儿们’……”

“母鸡能……打鸣，公鸡还……还有啥用？你……你不服……上赌桌，赌……赌一场！”候山一挥胳膊，拂去桌上的杯盘，伸手作“王八”状，“哪……哪个不赌就是……这个！”

杏花不知哪来的勇气，坐上赌桌，俨然像个庄主，洗牌，垒牌，分牌……赫大个、柏文龙、候山分别坐镇上门、天门、下门，众煤工纷纷围拢过来，跟下赌注。庄主掷下骰子，四方先后取过骨牌，上门报：长九；天门报：鹅九；下门报：人九；庄主摊牌：天九王。统吃！

杏花手气特好，一连三盘“统吃”，第四盘无人下注了……

庄主提起骰子催促说：“下钱，哎！爷儿们下钱……”

爷儿们袋底朝天，一个个好似蔫架的葫芦，低头耷脑。

“咯咯咯咯……”杏花拥着胸前的钞票，放声大笑。

贾铁嘴醉眼惺忪地瞧着杏花说：“你……你别高兴得太早，这可不……

不是好兆头……”

“有话明说。”

“赌场上得意，那……那情场上……”

“情场上俺也不会失意。哼！”杏花说罢，将胸前的钞票向门外抛撒……飘忽的钞票恰似纷飞的纸钱，众煤工争先恐后地夺门而出，挤，捡，抢……唯有赫大个和柏文龙坐在赌桌边未动窝。

“怎么！你俩不服输？”二人点头，杏花说，“那请下注吧！”

东、西山窑主异口同声：“煤窑，煤窑作注。”

“你俩舍得下此大注，俺可赔不起！”

“不赢金，不赢银，单想赢你这个美人！”两个汉子，出于同一个目的。

“都想赢俺，姑奶奶可没有分身术。”

“先和俺赌，你该是俺的老婆。”赫大个抢先开口。

“先跟我赌，你该是我的相好。”柏文龙不甘示弱。

二人争执不休，互不相让……

“别争啦！”杏花取出一枚硬币，亮在他俩面前，说，“由上苍决定吧！”

这个提议，得到认可。赫大个说，俺要正面；柏文龙说，我要反面。杏花用拇指和食指捏着硬币的边缘，使力一拧，硬币在桌面上飞快地旋转，接着，她敏捷地伸出手掌，摁住硬币……

一个呼“正面”，一个喊“反面”，二人急切地说：“美人抬手啊！”

杏花的命运握在自己的手中，陡感压力千钧……她发疯似的大吼大叫：“俺是人！俺是堂堂正正的女人！”她紧紧握起硬币，掉头向卧室走去……

赫大个和柏文龙紧追不舍，杏花破口大骂：“滚！滚！都给俺滚出去！”

桂香正在暗间忙活，听到骂声，赶快走出，喊道：“杏花姐！怎么哪？”

杏花自卧室走出，揉揉睡意未消的双眼，说：“嗯……没啥。”

“俺不信。”

“打了一个囫囵盹，做了一个白日梦。”

“梦见啥？”

“梦见俺和这帮爷儿们赌钱哪！”

“你会赌？”

“不会。”杏花也觉奇怪，“可俺梦里赢了他们……”

“石钻可赌吗?”

“没有，他想着生儿子，哪有闲心赌钱。”

“你赢了，还骂人家……”

“骂不解气，恨不得扇他们耳光!”

“哪来那么大火气?”

“赫大个和柏文龙争着拿煤窑作赌注，要赢俺……你说，气人不气人?”

桂香理不清头绪，不解地问:“赢你弄啥?”

“一个要赢俺做老婆，一个要赢俺当相好的。”

“你依了谁?”

“谁个也没依。”

“醒有思，睡有梦，你是自己跟自己过不去。”桂香说，“嫁给头儿，不就……”

杏花的情绪很乱，说不清，即使能说清，桂香也不理解，唉！她叹了一口气，说:“俺真眼馋你，那么疼石钻。”

“喏！又胡扯泼拉哪……”桂香无意说笑，“干活吧!”杏花点点头，向暗间走去……

桂香欲跟去，忽感不适，接着一阵干哕……她怀孕了。近日，常有这种反应，哕后，她坐下稍事休息，觉得舒畅许多。这时，石钻大步走来，他昨晚听说老婆想吃山里红，兴奋得一夜没合眼，今儿特地买来一兜，进了门，大把大把地朝桂香手中塞。

桂香有滋有味地吃着山里红，一连吞下三粒后，说:“瞧你高兴的，生男生女俺可没底。”

石钻笑模悠悠地道:“上两回你‘有’了，尽想吃甜食，这回不一样。”他听人说过，酸男甜女。

“真是这样，那就好哪!”

“别担心！即使生个丫头，俺也不跟你打离婚。”

“真的?”桂香半信半疑，“你娘逼你呢?”

“俺和她摆理嘛！结不出‘黄瓜’不怨地，是她儿子种气不好，哪能怪儿媳!?”

这话比山里红更投味，桂香紧偎着丈夫，细品细尝……她倏地想起一桩心事:“俺听杏花姐讲，东山头井下不安全，头儿又不听劝告……你还不如到西山头干呐。”

柏文龙在杏花的全力支持下，如愿以偿地得到一大笔贷款和一张“开采证”，于是，竖架打井，缜密施工，坑木选料从严，排列间距适当，井下安全可靠。人往高处走，水往低处流，东山头的煤工纷纷投奔西山头。石钻岂能无动于衷，但他磨不过面子。

“头儿待俺不薄，俺怎能这样无情。”石钻安慰妻子说，“坑木少了些，还能对付……干到你‘坐月子’，咱们就回家。”

“俺有点怕……”

“怕啥！你只管放开胆子给俺生儿子，三胎不中看四胎，四胎不中看五胎……”石钻拉个架势，“俺就不信，这么大个子，就没有一粒‘黄瓜’种！”

桂香说:“你不怕罚款?”

“俺有的是力气，到哪都能挣到钱。”

“你呀！……”桂香说着，捏过一粒山里红，填入丈夫嘴里。石钻咬了一口，酸得龇牙咧嘴，赶忙吐出。桂香心疼地为丈夫轻揉腮帮……贾铁嘴和钱罐走进“杏花村”，恰巧见到小两口的亲热劲。

“哟！来得不是时候……”贾铁嘴逗趣地说。

桂香顿时颊飞红晕，快步走进暗间。

钱罐捡起地上那粒被咬破的山里红，说:“好吃的东西不买，两口子啃这玩意。”

贾铁嘴摆出“过来人”的架势，“没当过爸的人，啥都不懂。腹中小毛孩坐胎，单想山里红酸腮，这玩意最投孕妇口味。”

钱罐问石钻:“哎！你老婆怀上哪?”

贾铁嘴说:“秃子头上的虱子——明摆着，这还用问。”

“不愧人称‘专业户’。你倒说说，这回石钻哥种的‘扁豆’还是‘黄瓜’?”

“孕妇让俺看上一眼，便知是女是男。”

“石钻哥，你把你老婆叫出来让他看看，是男的，就留着；是女的，快到医院打掉。‘超生罚款’吃不消!”

石钻问贾铁嘴："你真有这本事？"

"高山不是堆的，火车不是推的。"贾铁嘴说出他的"预测法"，"孕妇怀女孩，肚皮圆而扁；孕妇怀男孩，肚皮圆而尖。俺老婆七回一个样，都是这形状……"他说着双手在自己肚皮上比画着。

石钻走进暗间，拉出桂香。三个男人六只眼，盯着她的肚皮瞧……桂香莫名其妙，挣脱逃走。钱罐没看出门道，连连摇头；石钻也没瞧出头绪，分不清"扁"和"尖"，问贾铁嘴："你看出是男还是女？"

"咳！还没出怀，神仙来了也看不出。"

"还有别的招吗？"

"有哇！看孕妇鼻梁两边，有没有蝴蝶斑。"

"有呢？"

"女孩打扮娘。"

"没呢？"

"男孩不化妆。"

钱罐催促石钻："快！再拉出来看看。"

石钻二次拉出桂香，三人一逮眼同声说道："没有！没有……"

"你们说的啥？"桂香坠入云雾中，"啥没有？"

石钻欣喜地释疑："你脸上没生蝴蝶斑，怀的是小子！"

"啐！"桂香含羞跑下。

石钻对"预测结果"进一步核实："哎！这招可准？"

"万无一失。"贾铁嘴拍得胸脯"咚咚"响。

"'黄瓜'种下地，石钻哥该请客！"钱罐说。

没说的，石钻招呼上酒菜。杏花端来酒菜，放至桌上，问石钻："啥事拉扯桂香？男人家粗手笨脚，好不容易'有'了，万一有个闪失，那可不是闹着玩的！"

石钻笑呵呵地连说："没事，没事……"

杏花抬眼一看，东山头煤工除了候山都来齐了，忍不住问道："你们头儿呢？"

"这一阵子，头儿闷闷不乐，心事重重，不知他……"

"啥事！不就是西山头开了窑，他手下人走了几个嘛……西山头井下安全，生产法儿好，你们开导开导他，叫他向柏文龙学学，让弟兄们多挣钱又不出事。”

“头儿脾气犟，别人的话，他听不进。”

“听不进，你们都走，让他自己干，砸死活该！”自西山头开窑以来，杏花多次劝赫大个去看看，他不屑一听，更不屑一顾。

“哪能这样不够交情……柏文龙说得有些过分了吧！”石钻说。

“也许不会出事……俺挣够钱就下四川买老婆，犯不着挪窝了。”钱罐转脸问贾铁嘴，“你想不想过去？”

“怎么说哩……”

“怎么想，就怎么说。”

不提不怕，一提还真有点……贾铁嘴油腔滑调地念起自编的快板：

东山头井下似险坡，
提心吊胆往前挪。
西山头井下如平地，
稳稳当当好干活。
东山头挖煤大锅饭，
西山头承包挣钱多。
不怕不识货，
就怕货比货。
……

正念着，候山来了。他来找头儿，见头儿不在，挨着钱罐坐下。紧接着，西山头一伙煤工也来了，习惯成自然，收工后，照旧来“杏花村”聚聚。进店后，他们围坐于另一张八仙桌，形成东西对垒。

“嗨！超产分成，票子来得就是多。女老板，好酒好菜只管往上端！”西山头一煤工如此说。

杏花应声走进灶间。

大李将手中收录机放至桌上，揿下按钮，立刻传出悠扬悦耳的歌声：月亮走，我也走，我送阿哥到村口……

“西山头和东山头就是不一样，饿了有食堂，脏了有澡堂，想看个什么有电视机，想听个什么有双喇叭，还跟城里工人一样，干了几天有个假……”大李语含挑逗，对东山人说，“出同样力，得加倍钱，俺说哥儿们，虫儿都往亮处飞，你们就不动心啊？”

“亲郎舅，嫡老表，柏文龙派你做广告来啦！”石钻说。

“别管谁派的，出力干活，认钱不认人，没错！”大李说，“候山，你还迷个啥？”

“只要你们头儿不嫌弃……”

“俺表弟那儿没问题，来者不拒，就看你能不能戒赌！”西山头立下不少规矩，其中就有“不许喝醉，不许赌钱”这一条。

候山思忖一会，说：“能。”

石钻斜睨候山：“你这家伙，东倒吃羊肉，西倒喝羊汤……”

“你别死心眼儿，连女老板都要蹬掉赫大个。”

“闭嘴！”

“俺说的大实话，西山头比东山头强，小白脸比大黑脸俊。”

石钻怒气难遏，紧握铁拳，冲着候山走来……候山识相，不吃眼前亏，连连刮自己的耳光：“别动手，别动手……怪俺这张臭嘴！”

这时，柏文龙陪着王主任信步走进“杏花村”。王主任应邀来西山察看煤窑情况，柏文龙有顾忌，无心当众设宴，而是将给他的“红包”数目比赫大个多了一倍，双方默契，心领神会。王主任在西山头转了一圈，极为满意，下山来顺道看看大家。进店后，他说：“柏窑主有企业家气派，你们摊着这样的头儿，算是造化！”谁有钱，谁就是“爷”，不仅是煤工的观点。

“主任过奖啦！”柏文龙谦逊地说。

“好好干，今后有啥难处，尽管来找俺。”王主任见杏花端着茶杯走来，又补上一句，“当然啰！少不了女老板的保驾。”

杏花将茶杯送入王主任手中，说：“俺是个女流之辈，你主任伸出大拇指比俺的腰还粗。”

王主任果然伸出拇指比细腰：“夸张！夸张！哈哈哈哈……”

谈笑间，赫大个迈着沉重步履走进“杏花村”。

王主任上前一步：“哎呀赫窑主，俺来了，怎么不见你人影？”

赫大个未作答。

“女老板找俺借贷款，俺可当作你的事办了。怎么样，信用社讲信用吧！”

赫大个仍未吭声。

王主任直言不讳地提出一个小小告诫：“老赫，听说你那井下不安全，出了事故，认法不认人，谁也担不了！”

“谣言惑众！你听谁说的？”

“不必追问哪！不出事就好。俺先走一步，恕不奉陪。”

王主任离去，赫大个入座，脸色很难看，就像外面的天空，布满阴云。他掏出电动剃须刀，在那铁青的面颊上磨来磨去……

“小弟立足宝地，承蒙各位关照。今晚我做东，不分东西山头，酒钱一律算在我头上。”西山头财源滚滚，柏文龙春风得意，当众宣布后，端起一杯酒，说，“杏花嫂，我毕生铭记你的知遇之恩，敬杯水酒，聊表寸心。”

“瞧你说到哪去了！西山煤窑办得好，那是你自己的能耐。”杏花顺手从桌上取过一杯酒，“敬酒不敢当，俺和你碰一杯。”

无胫而走的风言风语，赫大个已有耳闻，目睹他俩“碰杯对饮”，好似朝胸中嫉火又泼上一勺油……

柏文龙无所顾忌，喝下碰杯酒，又和大伙干了一杯，然后，走近赫大个，说：“赫窑主，小弟敬你一杯！”

赫大个虎着脸，一语双关：“你没见俺忙着嘛！这讨厌的胡子长得快，一天刮三遍，它不让俺露脸，俺也不让它出头！”

柏文龙何等精明，赫大个的“言外之意”，他心中一清二楚，但，并未却步。他极有把握地估计：你姓赫的与我过不去之时，也是与杏花彻底决裂之日，这个估计是有依据的。种种迹象表明，杏花的感情在转移，你若闹事，等于把杏花推入我的怀中……

“这么说，你不接受小弟的敬意？”

“俺不喝窝囊酒。”赫大个收起电动剃须刀，泻下一碗酒，“有种的划拳较量！”

“划拳，不敢从命。”

“别装孬！”

“非划不可？”

“唔！”赫大个从鼻孔里哼出一声。

“好！舍命陪君子。”柏文龙转身对西山众煤工说，“今天我违规喝醉了，加倍罚款。”

二人交手前言明：三拳两胜一碗酒。店堂里空气沉闷而紧张，半空中滚动“隆隆”雷声，像是擂鼓助战。第一盘，赫大个获胜；第二盘，柏文龙中令；第三盘，一来一往，难见高低……

杏花站一边内心焦急，她看赫大个苗头不对，划拳之意不在酒，大喝一声：“停下！”当机立断，端过酒碗，泼向地面……赫大个提过酒壶泻酒，倒下半碗，壶中酒尽。

“拿酒来！”

“酒卖完了。”

“你！……”

“俺怎么哪？总不能拿水当酒卖吧！”

赫大个猛力将酒壶朝桌上一磕，瓷壶碎成几瓣，盖儿落地转圈圈。

沉默，可怕的沉默。“隆隆”雷声接二连三地滚过屋顶……

候山说：“头儿，客户来电报哪。”说着，递过电文纸。

赫大个未接：“电报上咋讲？”

“急等用煤，误期按合同执行。”

白纸黑字，合同书上写得清清楚楚：误期罚款。东山头煤工流失，产量大减，很难应付……赫大个琢磨一会，作出应急之策：“今晚加班！”

“老天要下雨了……”

“下雨怕个屌！”

“赫窑主，作为同行，我不忍心袖手旁观。做买卖，信用第一，客户要煤，西山头可以支援。你的井下未加固，雨天加班，危险极大啊！”柏文龙的豪爽之词，与其说是对赫大个的相助，不如说是对杏花的表白。

“谢谢你的‘好心’，东山长青草，不养多嘴驴！”赫大个就是赫大个，冻死也会迎风站，他对候山说，“俺和你们一起下井，加一个夜班，算三天工资，你照人头记下名。”

候山迟迟疑疑地说：“头儿，俺……”

“你怎么哪？”

“俺告假。”

“你不想跟俺干哪，是吧？”候山点点头，赫大个一挥手，“滚！三条腿蛤蟆难找，两条腿工人好寻，谁想走的，就赶快走！”

贾铁嘴顺阶而下，和候山走向西山头煤工一边。柏文龙张开双臂，说：“愿意来的，我都欢迎。”

赫大个实在憋不住心中怒火，拍案而起：“你小子欺人太甚，存心拆老子的台！”

“赫窑主，东山头井下不安全，我不能眼睁睁看着弟兄们……”

“住嘴！”

杏花嗅出“火药味”，忙下逐客令：“酒完菜尽，明日请早。”

众煤工都不想介入这场纠葛，纷纷起座离去，柏文龙亦跟着迈步出门，赫大个岂能放过……

“站住！俺打的江山，你来坐天下，没那么便宜的事！”

柏文龙收住脚步，颇为沉着地说：“这明明是人民的江山，共产党的天下……”

“别唱高调！姓柏的，你听着，这儿有你没俺，有俺没你！”赫大个拔出藏于后腰的匕首，插入桌面，“限你三天之内，滚出双乳山！”

“谁下的命令？”

“你老子——俺！”

“姓赫的，就算你是‘山大王’，可我不是你手下的喽啰。你是窑主，我也是窑主；你有‘开采证’，我也有‘开采证’。你凭什么叫我滚？”

“就凭这！”赫大个竖起拳头，“你他妈的做事太绝，煽风点火，俺让了；动摇人心，俺忍了；另立山头，俺认了……谁知你得寸进尺，竟敢剜俺的‘心肝’！”

“赫大个，你冷静点。我一没抢你的生意，二没挡你的财路，至于‘心肝’嘛……”柏文龙朝杏花看了一眼，“请你尊重她的选择！”

“够哪！”赫大个气冲斗牛，一把抓住柏文龙的衣领。

“怎么，要动武，打人犯法！”

“俺的拳头不认法！”

赫大个挥起拳头……杏花眼快步疾，上前托住他的手腕，大声叫道：

“放开他！”赫大个稍一松手，柏文龙趁势挣脱，夺门而出，但他并未离去，而是藏身窗下，窥听究竟。

杏花如此明目张胆地偏护柏文龙，这是赫大个始所未料及的，不由迁怒于她。

“俺问你，西山头打井，谁出的主意？”

“俺。”

“信用社贷款谁担的保？”

“俺。”

“你疼他？”

“疼他。”

“你爱他？”

“爱他。”

“你跟他睡了？”

“睡了又咋样！？”

“你……你这个贱女人！”赫大个又举起拳头。

“打吧，你的力气大！你的拳头硬！”

拳头停在半空未落下……

杏花步步相逼：“凭啥打俺？你是俺丈夫？俺是你老婆？”

赫大个节节后退，一拳擂在自己的胸膛上……他怎么也舍不得打自己的“心肝”。

不灌浆的空麦穗，不开窍的木疙瘩，人生在世，除了吃喝玩乐，难道就没有别的了吗？……锥心泣血的悲恸涌入胸间，杏花真想大哭一场，然而，她反而以一种玩世不恭的口吻说道：“疼谁爱谁你管不着，从此道分两岔，莫再进俺的门！”

春荒粮价，秋天云彩，女人的心谁能摸透？窗下的柏文龙自认为运筹帷幄，杏花移情未出所料，他几分得意地离去。

赫大个进退维谷，思之再三，悟明一条：缘分了了。难成夫妻不强求，他拔下匕首，猛力一挥，削掉一桌角，转身就走，行至门前，忽忆起一事……他从衣袋里取出钢笔，放于门槛上，说：“这是给小杏的，请你交给孩子。”说罢，大步流星地直奔东山头。

杏花缓步行至门前，捡起钢笔，心绪凌乱，失落，凄凉，悲切，怅惘……一齐袭来。孤灯作伴，形影相吊，梦外的现实，将梦内的幻景砸得粉碎，粉碎……

钱罐仗义丧性命 头儿负疚卖煤窑

风雨交加，电闪雷鸣，浓浓的夜色难以遮掩和包容……

赫大个不服邪，领着石钻、钱罐等煤工在井下加班，挖，装，运，各有分工，谁也不说话，配合得蛮顺手。钱罐对着煤层横凿一洋镐，镐起煤落……就在这时，听到不远处“咯叭”一声，不知哪根坑木断了……

“头儿，不能干哪！”

尽管赫大个专横，此时此刻也不寒而栗，果断下令：“收工！”

石钻领头，钱罐压后，数人鱼贯而行，将近出口处，半空炸响一个惊雷，随之地陷天崩。钱罐使出吃奶的力气，猛推头儿一掌，自己却被埋在井下；赫大个跌倒在地，半截身子被坑木、石块、泥土压得动弹不得；石钻回身拉头儿，不知被何物砸得头破血流，昏了过去……

“塌井了，救命啊！”

柏文龙领着西山头众煤工及时赶来，刨的刨，挖的挖，将受伤人移到安全地带。当救护车赶来时，七孔塞满泥浆的钱罐已停止呼吸，惨不忍睹……

杏花在山下听到呼救声，心惊肉跳，飞身跑到现场一看，目瞪口呆，担心发生的事故，果然发生了，如此迅猛，如此惨重，她止不住泪落衣襟。

钱罐的后事是杏花领头操办的，棺柩葬在山坡朝阳地。那天西山窑的煤工也都来了，她恳求所有人不要把这噩耗传给钱罐娘，老人年高体弱，委实经不起丧子之痛。大伙通情达理，默默点头。

石钻经抢救已清醒，严重脑震荡，正在治疗中，有无后遗症，尚未可知。

赫大个的左腿粉碎性骨折，高位截肢，保住了性命。

有关部门对这起事故，依法作出处理，吊销“开采证”，抚恤、医疗、营养费均由窑主负担。念窑主本人在这次事故中已受伤致残，免予刑事处分。合情合理，心服口服，赫大个倾囊付款。血的教训使他悔恨莫及……

他后悔自己没采纳柏文龙的建议和杏花的劝告，他恼恨自己混了多半辈子竟分不清好歹，更使他难过的是钱罐蒙难，那猛力的一掌，把生的希望推给别人，把死的灾星留给自己，这“别人”正是酿成这场灾难的罪魁祸首……他几回在梦中喊着“钱罐兄弟”而惊醒，心灵负疚，哪里是几文抚恤金所能偿还的哩！他想再拿出一笔钱来，为钱罐娘养老送终，让她有生之年，日子过得舒畅些，快乐些，以弥补老年丧子之痛……可是，一夜间，富翁成为穷汉，眼下属于他的财产，唯有东山头那堆破烂设备……他托人捎个信，约请柏文龙，这位最为适合不过的买主哪。

一场竞争的结果，由于天灾人祸，提早作出裁决，柏文龙获得全胜，姿态很高，他认为竞争如同弈棋，胸中韬略决定枰上胜负，但并不妨碍竞争者之间的友谊，尤为对手失败后，胜者应具有君子风度，就像新当选的美国总统那样，不计前嫌，将落选者纳入麾下，委以重任……柏文龙手下无官位，但袋里有金钱，应约来到病房。二人见面，颇为融洽，赫大个开门见山地提出卖煤窑的事，柏文龙似乎早已预料，满口应允。一方开价，一方点头。买方不还价，要多少，给多少，只觉得价码偏低；而卖方急等款子了心愿，折旧出手，说一不二。就这样三言两语地做成了这笔交易。

赫大个行动不便，由柏文龙拟定契约条文，经法律公证，财物两讫，双方签字生效。这些手续，不出三天，全部办妥。

赫大个躺在病床上，两眼愣愣地望着天花板，望着，望着，似见杏花飘然而至，他猛地坐起……静静的病房，昏暗的灯光，左右邻床的病友，发出阵阵单调的鼾声……原来是幻觉，他轻揉眼窝，怅然若失地吁出一口气，喃喃自语：“她不会来的……”分手多日，一种刻骨铭心的思念，深深埋藏在心底，他非常想见到她，没有什么邪念，只想看一眼，然后，托她将那笔卖煤窑得来的款子，如何巧妙地转交给钱罐娘。心愿了了，就像当年离开家乡那样，悄然出走……东方黑了西方亮，他无颜再待在双乳山。

走了，走了，一走百了……

胜券易得心难得　相思未了情未了

红日西沉，黄昏景色迷人。逆光中的双乳山剪影，树朦胧，草朦胧，井架朦胧，暮霭在悄悄地扩张，薄雾在轻轻地流动……

东西山头，一暗一明，东山头死水一泓，西山头热气腾腾。杏花推开窗户瞅上一眼，连忙避开，不思量，自难忘，风雨夜的那场洗劫，使她忧心忡忡……

“杏花村”照常开门营业，女老板照常笑脸迎客，殊不知她夜间几回回梦断卧室，泪湿绣枕……桂香离店服侍丈夫去了，杏花有话也找不到人诉说，冷冷清清地孤孤单单地凄凄切切地度过一日又一日。她几次想去医院探望赫大个，不知何故，一出门，双腿如坠铅块，行不得，又折回来。往昔的爱与恨，交织成的矛盾心情，越来越复杂，愈来愈沉重，不完全是为了她曾经说过的那句话——道分两岔……应该如实讲，柏文龙最初闯入她的生活圈子，她只是仰慕他精明能干有文化，进而柏文龙借酒失态，她仍未改初衷，没想到事态以迅雷不及掩耳之速度发展，竟招来赫大个当面污辱性指责……她不能不认真地重新考虑一番了。赫大个的狭隘和粗暴，驱使她说出“道分两岔”，怒不择言，那是气头上的话，事后想想，颇不忍心，一夜同床百日恩，她深知他那彪悍的身躯内，装着一颗善良的心，真情实意地要娶她为妻，她之所以迟迟未作出抉择，其原因无非是“盼铁成钢”，增强足可使女人信赖的安全感。可他禀性难移，做不到，终于大祸临头，落得财尽身残。与之相比，柏文龙深谋远虑，经营有方，没费多大力气，西山窑跃然崛起，受到弟兄们的拥戴。对女人而言，毫无疑问，柏文龙具备更多的吸引力。杏花也是一个正常的女人呀！她掂掂两个男人的分量，掂得心窝“嘣嘣”直跳……她想把自己的命运交给其中的一个，然而，犹豫不决，总是拿不定主意……女人的感觉告诉她，柏文龙那温文尔雅的举止中似藏着难以捉摸的狡黠，他只是为夺得“相好”，而不是“老婆”。“相好”与“老婆”不是一码事！在这已经形成的三角关系中，她身陷尴尬境地，似遭报应，甚至有被玩弄的可能……她不是“开放式”的女性，不愿被遗弃。她有时想听到从柏文龙口中说出“我爱你”这句话，非常想，但又非常怕，因为他一旦说出此话，她担心自己会缺少勇气，去拒绝这个“具备更多吸引力”的男人……可那少掉一条腿的赫大个怎么办呢？

“鬼迷心窍，别想这些哪……”杏花强迫自己掐断思绪。

西服革履的柏文龙提着公文包，走进“杏花村”。杏花以表面的平静掩饰内心的矛盾，像接待一般顾客那样接待他。

她说，请坐，给你倒茶。

他说，不渴。

她说，给你上酒。

他说，不吃。

“不喝茶，不吃酒，有何贵干?”

“我来看看嫂嫂。”

“俺好生生的，没病没灾……”

“有病有灾该来看，没病没灾更该来看。”

“谢谢你的好心意……”

“我是怕你孤单，来跟你说说话的……”柏文龙笑着说。

的确，他不是来“喝茶吃酒”，而是专门来看她，找她说话的。他早想来了，但没来，他认为时机不成熟，直到“契约”在手，赫大个的人马、钞票、煤窑三者全无，蛮有把握取而代之，才欣然登门。

“噢！来跟俺说话……有啥话？说吧！”杏花心中忐忑，他会不会说出那句她非常想听又非常怕听的话哩！

柏文龙绕着弯子说来意：“嫂嫂，你怎么不去医院看看那个有病有灾的?”

“没得闲。你去了?”

“哪能不去哩!”柏文龙说，“君子重义，不管怎么说，我在他手下干过，现在他倒霉了，不看金刚看佛面，冲着你，我也应该去拉他一把。”

“你是怎么拉他一把的?”

“唉！世上买不到后悔药，他要卖煤窑。”

“啊!”杏花听了吃了一惊。

“看样子，他等钱花。”

“公家作过处理，该付的钱都付了，还有哪儿要花钱?”东山窑出了事故，她内心仍盼赫大个东山再起。

这句话该问赫大个，可是他不在场，柏文龙代为回答：“公家收掉‘开采证’，煤窑不卖，他出院后也干不了哪!”

赫大个人缘好，社交广，只要想干，收掉的“开采证”能弄回来，倒塌的窑井能再建起来，杏花对此深信不疑……但她未与柏文龙争辩，而是淡淡地追问一句:“卖给谁了?”

话题接近来意，柏文龙故意卖关子，低头解开公文包，取出一份契约。“卖给我了。所有设备照原价买下，连井下的破烂都算钱了。”

“这么说来，你还够朋友的唠……”

“一半冲着友情，一半看你的面子。小弟能有今朝，全亏嫂嫂扶持。过河不拆桥，受恩当图报。”柏文龙感情真挚地说，“煤窑的买主是我，现在属于你的!”说罢，递过契约。

杏花接过，心在颤抖，轻轻的一张纸，薄薄的一把刀……好一个柏文龙啊!你乘人之危，落井下石，致别人于死地而后快……瞬间，大彻大悟，似乎看清了他的五脏六腑。

柏文龙做梦都没想到，送上一份厚礼，反而大减自身的“分量”。

“俺明白了……”杏花指着那张“契约”说，“你的意思是买下赫大个的煤窑，再来买你的相好的!”

柏文龙只顾按照自己思路行事，并未注意对方的情绪变化。他说:“从现在起，说他的一切都属于我的，好像也不过分。”

“若是相好的不答应呢?”

“不可能。”

“你可记得?她……曾经教训过你。”杏花把“她”字的尾音拖得长长的，挟带着调侃味儿。

“那是表面现象，其实她……早就有情于我了。”他还她一个拖得长长音的“她”。

“怎见得?”

“她说过疼我吗?”柏文龙抛出隔窗听来的对话。

“说过。”杏花又发现他的一个卑鄙之举。

“她说过爱我吗?”

“说过。”杏花反问道，“她真的和你睡过吗?”

“我用她的话来回答你，睡过又咋样?!”柏文龙不想再打哑谜，和盘托出来意，“别兜圈子哪!契约你收下，煤窑我经营，收益归你。欠下你的相思，我加倍奉还。”

杏花没吱声……目光中射出冷漠和蔑视……

柏文龙自负地说："煤窑，人马，票子我都有了……"

"还有一样，你永远没有！"

"什么？"

"良心！"

柏文龙这才意识到，她对他买下煤窑产生不满……纯属妇人之见，陈腐思想。说："经商就是这么一回事，国家都立了《破产法》。我做生意蚀了本，被别人吞了；我开煤窑赚了钱，又吞了别人。天经地义。"

吞来吞去，天经地义，吃人不吐骨头，难道这就是"理"吗？！茫然，凄然，愤然，杏花无法理解这个"理"，更无法接受这个"理"。

柏文龙不叫"嫂嫂"，亲切地改口喊声"杏花"，说："竞争是残酷的，我俩都要有这种思想准备。"

他的语气温和，而且自作多情地来个"我俩"，见对方未反对，便得陇望蜀，走近杏花，意欲将她揽入怀中，料想她会像头羔羊……女人都是这样的，以退为进，欲攻佯守。

他的右手搭上她的肩头，嘴唇凑了过去……杏花未退让，抬手轻拧他的面颊，说："这是一张天下女人都喜欢的小白脸，你说是不是？"

"是，当然是！"

"是，的确是。不过，俺得如实告诉你，有个女人刚才还承认'是'，现在她说'不是'。"羔羊变猛狮，洪杏花用尽平生之力，狠狠掴了柏文龙一记耳光，手中"契约"揉成一团，扔在他脚前。

他懵了。不单单因为挨耳光，更是由于在他看来，杏花的反常举动有悖于正常逻辑……俄顷，他仍不失自信地说："不！你没有理由拒绝我。"

"你呀！胡子少了些，酒量小了些……"

怎么哪？眼前的一切，与他想象中大相径庭，柏文龙百思不得其解……

桂香挟着行李，冷不丁地一脚跨进"杏花村"，抬眼一看，遂又退了出来……杏花叫了一声："桂香进来呀！"桂香二次走进，与柏文龙打声招呼："柏窑主，你也在……"

杏花说："他来买相好的！"

"不！我真心爱你，我要娶你。"

“晚了！”

心诚则灵，桂香想起求神的情景，拉过杏花，小声说：“不晚，头儿残废了，你就按自己的心路走吧！”

杏花摇头苦笑，岔开话题：“你挟着行李干吗？”

“头儿把煤窑卖了，石钻的被窝还在山上，俺拾掇拾掇拿回家。顺道来看看你。”

“石钻的伤好些吗？”杏花问。

“好些了，就是头晕下不了床，昨儿出院，在家调养哩！”桂香答。

“保住命就好，留得青山在，不愁没柴烧。可怜钱罐他……”杏花不禁想起孤苦伶仃的老人，“你可见过钱罐娘？”

“见过。晌午她来俺家找石钻，问起钱罐……”

“石钻咋说的？”

“石钻说，东山窑没出事的时候，钱罐早下四川买老婆去了。”

“她信吗？”

“不知道……她说，还要来问你。”

“老人经不起打击，让她多活几年吧！”

“石钻瞒她时，俺在一边直想哭……”当时没敢哭，现在她流泪了。

“别难过……”杏花指指桂香隆起的腹部，“你自己得留点神……婆婆待你可好？”

“好，老人家盼着抱孙子哩！”

“有她抱的，快足月了吧？”

“还差个把月，谁知是男是女！”

杏花认真地摸摸她的肚皮，又看看她的面孔：“唔！尖尖的，没生蝴蝶斑，这回准是儿子！”

“菩萨保佑……”桂香似得几分欣慰，走进卧室，取来内藏“送子观音”的布包，挎于肩头，告辞道，“你俩慢慢谈，俺走啦。”

“等等……”杏花上前一步，双手捧起布包，虔诚祷告，“送子观音，求你送给桂香一子吧！”

桂香前脚离井，小杏搀着钱奶奶后脚到来，好像故意为难柏文龙，不让他进一步向杏花表明心迹。

钱奶奶一进门就迫不及待地说："他嫂子，俺信得过你，你对俺说实话，钱罐到底去没去买媳妇？"老人风闻东山窑塌井，久久未见儿子面，疑虑丛生。

"去了，早去了。"杏花为了增强"谎言"的可信性，手指柏文龙，"不信，你问他。"

柏文龙顺水推舟，点头说："是的，早去了。"

钱奶奶悬着的心，一半落实，还有一半仍吊着，她一捣拐棍，说："那……那八成出事哪！"

杏花一惊："出事？不……你咋知道的？"

"俺琢磨的……"老人听说西南蛮子野得很，人人身上佩刀子，谋财害命时有发生。儿子身上揣着钱，还不招来横祸……她哭泣着说，"塌井没摊着，跑到外乡挨刀子……好命苦哇！"

"大娘，没这码事。"

"没这码事，他咋不回家呢？"钱奶奶止住哭泣，"即使到天边，媳妇也该买回来哪！"

"他……"杏花一时想不出搪塞的语言。

"他人没回来，信来啦！"柏文龙帮她发展了"谎言"。

"噢！来信了……"钱奶奶问道，"信上咋讲的？"

杏花答："向你老人家问好……"

"好，娘好……"钱奶奶再问，"他的钱可被抢了？"

杏花再答："没。"

"媳妇可买到？"

钱奶奶接连三问，问得杏花心慌意乱，一会说"买到"，一会说"没买到"……

杏花词穷，张口结舌……柏文龙应变力强，及时弥补："大娘，钱罐在四川招女婿哪！"

"是吗？"老人转脸问杏花，她无比信赖杏花，杏花的话十分可靠。

"是的，大娘！"

杏花顺着柏文龙的"应变谎言"，又编织出一串美丽而动听的"谎言"：

四川有家独生女，长得很标致，她看中钱罐忠厚老实，父母舍不得独女远嫁，于是，招赘钱罐为婿。婚后，夫妻甜甜蜜蜜，新娘子已有孕在身……

杏花眼眶里噙满泪水，说:“大娘，钱罐兄弟在那里，没有痛苦，没有忧愁，没有烦恼……”

小杏在一旁天真烂漫插话:“妈，你咋流泪哪?”

杏花擦去泪水，忙掩饰:“妈为你钱罐叔高兴的……”

“这孩子，总算有了媳妇哪!”老人不折不扣地信了，她转悲为喜地说，“小喜鹊，尾巴长，有了媳妇忘了娘。”

“大娘，他没忘你……”

“他嫂子，请你回信捎句话给他：有个盼头，俺就能活着，等添了娃娃，一家三口一齐回来。”钱奶奶乐滋滋地起身告辞，“俺多少夜没合眼，今晚回家准能呼呼地睡一宿。”

“你等等……”杏花从卧室里取来“棺材本”，奉还钱奶奶。

“这孩子，怎么没带去?”

“他身上的钱够了，临走时，让俺交还给你。”杏花说，“钱罐兄弟的信上还说，他在那里日子过得舒坦，手头宽绰，每月给你捎钱来，要你多买些好吃的，补补身子骨。”

“这份孝心娘领了。”钱奶奶收起“棺材本”，拄着拐棍走出酒店，杏花领着小杏送至门外，抵面遇上拄着双拐的赫大个。

“赫大叔，你出院哪!”

钱奶奶眼花，没看清对面的汉子，听了小杏的喊声，问道:“是头儿?”

“大娘，是俺。”

“你受苦啦……”

“俺有罪，对不起你啊!”赫大个满脸愧意，不敢抬头看老人一眼……

钱奶奶像是没听懂，又像没听清:“你说啥?”

杏花怕露馅，忙抢过话头:“头儿的脾气不好，平时好灌钱罐的酒，都灌醉好几回……他请你原谅!”

“年轻人，喝醉几回不碍的，别搁在心里……钱罐常跟俺说，头儿待他可好哩!”

“钱罐兄弟，他……”赫大个滚上舌尖的话，又吞了回去。

钱奶奶说："你住院不知道，钱罐交上桃花运，离开俺，也有个家哪！"

赫大个不知说啥是好……奉上一厚沓大票子："大娘，请收下。"

"俺有钱花。"

一个要给，一个拒收，二人推来推去……

痛定思痛，卖窑赎罪，杏花清亮亮地看到一颗金子般的心。她上前解围道："大娘，这钱是钱罐兄弟捎来的，你不收下，头儿为难。"

"是吗？"

"是的，是你儿子的钱。"赫大个说。

"儿子的钱，俺收下。"钱奶奶从赫大个手中接过这笔钱，起步告别。

小杏要陪钱奶奶回家，老人说，回去挺有精神，不像来时那样，不用陪。她走几步又回头交代："他嫂子，你再给俺添上一句，儿子的钱俺收下了，叫他别为娘分心，要好好疼媳妇。"

杏花含泪点头……

赫大个目送老人远去，"扑通"一声，朝她的背影跪下，无限悲恸地喊出一声："娘！"

杏花母女扶起赫大个，走进酒店，柏文龙迎上，两个男人互相看一眼，对面坐下，"杏花村"又一次出现强烈的戏剧性场面，景物依旧，心情各异……赫大个黯然神伤，自惭形秽，胸中嫉火燃尽，连一点灰星也不剩。他极为理智地感到自己配不上杏花，她该过好日子，该嫁一个胜过自己的好男人。这个男人就是对面坐着的柏文龙。

此时，柏文龙困惑不解，杏花的一记耳光，打乱他的全胜布局……赫大个贸然到来，他觉得来得正是时候，倒要看看杏花葫芦里卖的什么药？如果她与赫大个重归于好，何必与残疾人争情夺爱呢？那太有损男子汉风格啦！

小别重逢，杏花见赫大个胡须掩面，眼窝凹陷，目光失去往日的炯炯光彩，心中犹如针扎……不见面，旧情一笔勾；见了面，方知不能够。她真想扑到他怀里大哭一场，可是，柏文龙在场，她抑制住了这股冲动的情感。

"赫大叔，你的腿……？"

"锯了。"

“疼吗?”

“当时不疼，后来疼。”

“小孩别问大人的事!”杏花端来一碗酒，放到赫大个面前，他以为是茶，端起又放下，日夜想喝的“杏花村”的酒，此时点滴难入喉。想见的人，见了；该办的事，办了。心愿已了，他立起拄动双拐……

“哪去?”

“到该去的地方去。”

“你的性子还那么拗?”

“在你面前就拗这一回了。”

“你就这样……”她不忍他这样离去。

“放心吧!活人嘴里长不了青草。”

“你是跟俺憋气。”

“男人没这口气，还不如死了好。”

人生道路，多少截子才能走到头，怎忍心让他拖着残废的身子，浪迹天涯……杏花义无反顾，抛出感情缆绳，要拴住孤舟，她端过桌上的酒碗……

“把酒喝了。”

赫大个接过，将酒泼向半空，说:“羞见双乳山!”

杏花又泻下一碗:“喝吧!”

赫大个接过，将酒洒向地面，说:“愧对家乡土!”

杏花第三次泻满酒，深情地说:“这是你时刻想喝的‘杏花村’酒!”

“谢谢!”赫大个捧起酒碗，一饮而尽，语重心长地对杏花说，“多保重!”他抹抹嘴，留下一个神情自若的微笑，拄动双拐，艰难地朝前移步……

柏文龙从衣袋里掏出一沓钞票:“小弟一点心意，带上吧!”

赫大个婉言谢绝，抬起手，拍拍柏文龙的肩头:“好好对待她母女俩，若有半点差池，别忘了。俺还活着。拜托哪!”说罢，步出门外。

“妈，他走哪……”

杏花六神无主，手足无措，不知如何是好……蓦地触到袋里那支钢笔，遂取出，对女儿耳语……

小杏飞身追出门外，举起手中钢笔，高喊一声："爸！"

赫大个停顿一下，好像怀疑自己的耳朵……

"爸！！"

赫大个听觉正常，但，吃不准小杏喊谁，缓缓转过身来。

"爸！！！"

赫大个激动异常，双拐失落，打个趔趄，险乎摔倒，小杏赶忙过来扶住，杏花也从屋里走出……柏文龙怀着似失似得的心情，捡起地上的"契约"，悄然离去……

（原载1990年第3期《章回小说》）

第二卷　剧　作

这里也风流

（七场现代戏）

时　间　1976年秋—1980年。

地　点　某个偏僻而喧闹的小镇。

人　物　金嗓门　潘诸葛　杨十二　杨　婶　成　龙

小　巧　大　牛　二　凤　蓝光明　凌　灵

管　仁　管　妻　赶集人

第一场

（幕内伴唱）

肥春雨，瘦秋霜，

清明盼那麦梢黄，

反了常——

大田熟土不出粮。

闲的闲，忙的忙，

泥鳅黄鳝一般长，

休管它——

天塌下来有人扛。

[小镇广场，一片开阔地，一眼望去，可见四周鳞次栉比的茅屋。

[天气阴沉，虽未下雨，但日头躲入厚厚的云层。赶集人由四面八方汇来，大喇叭高悬，播出"样板戏"唱段。

[小镇三杰——金嗓门、潘诸葛、杨十二各自担着职业家什登场。

[金嗓门，五十来岁，胖乎乎的五短身材，嗓音沙哑而浑重，得天独厚，经久不衰。

[潘诸葛，年过半百，瘦刮刮的身板，亮光光的脑门，似藏韬略于胸，脊背微弓，乃职业所致。祖业相传，可算是皮匠世家。

[杨十二，年近半百，老实巴交，木讷寡言，自称是“扬州三把刀”的后裔。

[金嗓门支起鼓架，抽出鼓楗，点烟，喝水，擤鼻涕，清嗓子，欲敲鼓打场子……

潘诸葛　（忙从皮匠担中取来一块小黑板）兄弟！别忘了把这块牌挂起来。

[金嗓门点头，接过小黑板，挂于鼓架前。小黑板上写着：“今日开讲革命样板书《智取威虎山》。”鼓声响起，引来许多热心听众。

[剃头挑、皮匠担设于场边，少不了几个顾客过来边剃头边听书，边补鞋边欣赏，两不误事。潘诸葛、杨十二无心听书，专注干活，时不时停下手中活，抬头巡视一番，为金嗓门望风放哨。

金嗓门　（收住鼓点）列位！心慌喝不得热粥，跑马看不得“三国”。未开书前，先念一段毛主席语录：“我们都是来自五湖四海，啊……一切革命队伍的人都要互相关心，互相爱护，互相帮助。”（抱拳）在下献丑哪！请多包涵。（击鼓，唱）

辣椒大葱萝卜菜，
各人自有各人爱。
样板戏虽好没人听，
说书人有嘴难张开。
无奈何挂羊头把狗肉卖，
旧书写上新招牌。
倘若来了“红袖章”，
多多相助莫拆台。

（紧接着绘声绘色地表白起来）几句唱罢，书归正传。上回书说到明太祖朱元璋设宴庆功楼，会听书的顺着我的手指看……那庆功楼上，真龙天子，背北面南，居中而坐，两厢入席的俱是开国元勋、有功之臣。酒过三巡，菜上五道，朱洪武举杯把盏，开口说道：

“大明江山，得以一统，全仗文武大臣一片赤胆忠心。朕设宴庆功楼，犒赏众位爱卿，开怀畅饮，一醉方休，请！”文武大臣，受宠若惊，山呼万岁，感恩不尽……喝！喝！喝！杯碰杯，盏对盏，饮完一坛又一坛，不一会，个个舌尖发硬，人人语言含混，他们做梦也没想到，庆功楼下已埋了万斤火药。朱元璋扫了一眼，觉得时机已到，不由心中暗喜：嘿嘿！这帮“隐患”就要与庆功楼一起化为灰烬，我朱家江山可永葆万年啊！想到这些，他那长驴脸喜得短了一截，脸上七十二个大麻子，颗颗发亮，粒粒闪光……唔！此时不走，更待何时？朱元璋遂命太监朝玉樽里斟满琼浆，放至面前，使个“金蝉脱壳”之计，佯装解溲，悄悄离座，“噔噔噔”下得楼来。这时，忽听到身后响起脚步声，回头一看，跟来一人……列位！可知来者是谁？……

[就在金嗓门“卖关子”时刻，潘诸葛、杨十二发现不远处有戴红袖章的人走来，立刻暗递信号，连连咳嗽不已……

[听众全神贯注，等待下文，不禁问道：“是谁？是谁？”

金嗓门 （听到信号，微微一怔）列位别急，听我慢慢道来……

[杨十二剃刀下的顾客性子暴躁，全然不顾葫芦头剃了一半，迫不及待地起身来到说书人面前。

阴阳头 哎！要钱好好说，慢腾腾，卖个什么关子？快快说出来！来者是谁？

[管仁左臂套着红袖章，信步上场。他年近花甲，自“土改”以来，长期在基层干着“管人”的工作，当然也被人管，但更多的是管人，现在的职务是小镇“打办室”主任。

杨十二 （笑着拉过阴阳头）同志哥！还有几刀就剃好了，来，坐下……

阴阳头 （挣脱杨十二的手）急啥！宁可头不剃，也得先弄清来的是谁。（对金嗓门）你说呀！跟来的是哪个？

[大喇叭里传来“样板戏”唱段“打虎上山”。

金嗓门 （急中生智）要问来者是谁？此人乃是大名鼎鼎的战斗英雄杨——子——荣！

[听众愕然。

金嗓门　（紧接着）欲知后事如何？明日请来捧场。

管　仁　（见金嗓门欲收场，上前阻止）慢！你接着往下说。

［听众回首见到"红袖章"，恍然大悟。

金嗓门　（点头哈腰地迎上，递烟）管主任！你老公事那么忙，怎么有空来……

管　仁　别来这一套！今天专门来听你说书，说吧！接着说。

潘诸葛　（场面尴尬，上前解围）管主任！你早该来管管哪……我知道，你面慈心善，同在一条街上住，低头不见抬头见，拉不下脸面，不是上方有交代，你压根儿就不想管。（指责金嗓门）可他也太不像话啦！

管　仁　潘诸葛，你说说，他怎么个不像话，今天我非狠狠管一管不可！

潘诸葛　《智取威虎山》说得倒没走样，可就是"关子"卖得太多，一到紧张时刻，他就停下来要钱，一场书至少三五回。这不，杨子荣化装成土匪刚出场，他给卡住了。下面的"关子"多着哩！"打进威虎山""舌战野狼嚎""智斗座山雕""会师百鸡宴"，你想听书，八成腰包里有钱，可我们赔不起呀！

杨十二　（立于一旁，不时地应声附和）是呀！对呀！我们赔不起。

管　仁　（有点失望，转身对金嗓门）说革命书，做革命人，怎么搞起资本主义哪！？据革命群众反映，你说的是古书……

金嗓门　（连忙申辩）没没……没有，绝对没有！有毒的不说，违法的不讲，即便枪口对着我的脑袋瓜子，我也不敢啊！

阴阳头　（挺身而出）三代贫农，根正苗红，我是不折不扣的革命派。革命派爱听革命书，谅他不敢说，即使说了也没人听。

蓝光明　我听！

［众人惊讶地望去，这位特殊听众大大咧咧，满不在乎，只见他穿军装，束皮带，一身"革命小将"打扮。他父亲是县里的干部，母亲是小镇的领导。脚下这方土地，对他而言，可以无所顾忌，因此，敢说敢为敢担当，而且还讲几分义气，爱出点风头。

蓝光明　天天杨子荣，日日李玉和，十多亿人民只能看八个"样板戏"，看得眼睛生翳，听得耳朵起茧。说段古书，调调胃口，有什么不好！？

管　仁 噢！是光明哪！（拉过蓝光明）说古书，贩卖“封资修”，这可是阶级斗争新动向呀！

蓝光明 扯淡！一个说书的，还想跟共产党争天下？

管　仁 这可是镇领导——你妈说的。

蓝光明 你听我妈的，我妈听我的。我说老管呀！你这位打击投机倒把办公室主任，管得也太宽了。说书的一未投机，二未倒把，这不是狗拿耗子嘛！

管　仁 革命工作，不分彼此，需要管的就得管。

蓝光明 按月开支，不少你一分一毛，哎哟！睁一眼，闭一眼，别跟街坊过不去。

管　仁 （领导的儿子发话，不得不卖个面子，对金嗓门弃“管”改“训”）你听着，往后少搞资本主义，多为革命作贡献，能说的就说，不能说的就别说。（转而对众人）散啦！散啦！

阴阳头 这年头，尽是管人的人。

管　仁 你……

杨十二 （拉过阴阳头）来来来，你的头还没剃完哩！

阴阳头 （意在言外地）你别管我，我有我的自由！（说着解下脖子上围单，掏出两毛钱，一齐扔过）不剃啦！（下）

［场上人相继离去，留下金嗓门独自沉思……

金嗓门 （自言自语）“不能说的就别说”，不说书怎么办？一家老小靠什么填饱肚子？……

［阴转晴，台上灯光骤强，酷似驱散云层阴霾的阳光。

［成龙上。他是金嗓门的儿子，身材颀长，相貌英俊，与父亲形成强烈的反差，眉眼里透出一股机灵之气。

成　龙 爸，（金嗓门未应）爸！（金嗓门点点头）你在想啥？

金嗓门 （面露喜悦）没想啥。好哇！那担惊受怕的日子总算熬过去了……龙儿，风水轮流转，该轮到你爸走运哪！

成　龙 “走运”？就靠那部《大明英烈传》？

金嗓门 你小子，不识货，闯过险滩入平川，我凭这部书，说遍四乡八里，可吃香哩！

成　龙　依我看，你在吃老本。

金嗓门　小孩家懂个屁！玩意越古越地道，我的老本一辈子也吃不光，还要传给你哩！

成　龙　我不要。

金嗓门　谁让你是我的儿子，别人想要，我还不给哩！（收起家什）走，回家。

[切光。

第二场

[伴唱

小镇虽然小，
风光这边好；
椿芽随春绿，
杨花顺风飘；
柳丝如琴弦，
小河似洞箫。
请君仔细听，
一曲新歌谣。

[潘家修鞋铺。那边，潘诸葛摇动缝鞋机，专心致志地练手艺；这边，小巧手握电烙铁，焊接塑料鞋，大牛一旁指导。

[小巧是潘诸葛的闺女，豆蔻年华，心灵手巧，娴静中偶露调皮，正经中时有调侃，娇而不骄，十分可人。大牛是杨十二之子，五大三粗，外憨内秀，他与小巧同学九年，弄青梅，骑竹马，两小无猜，成人后各自心中埋着纯真的恋情。他下学后，摆弄一阵电器，掌握了使用一般电器的知识，当然不能放过“小草盘根”的机缘。

小　巧　（唱）握起电烙铁，
按住塑料鞋。
一代女皮匠，
我把手艺学。

大　牛　（唱）万事起头难，

稳步上台阶。

细心莫胆怯，

使力巧焊接。

小　巧　（暗传媚眼）是哪！（唱）

有人壮胆我胆不怯，

有人助力我力不缺。

大　牛　（唱）胆不怯，力不缺，

熟能生巧不难学。

小　巧　大　牛　（同唱）

哪呵哪哈咿呀嗨，

熟能生巧不难学。

小　巧　（看一眼手中的鞋，情不自禁地）哟！

潘诸葛　（闻声大吃一惊）怎么哪！（赶忙过来）被电打着哪？

小　巧　没。（提起手中鞋）鞋襻按错了。

潘诸葛　看你毛手毛脚的，哪够格当皮匠。

小　巧　（娇嗔地）人家初学嘛……

大　牛　不碍事，拆了重焊。（边说边拆）

潘诸葛　鞋襻按错了没有什么，人被电打着可就麻烦哪！

大　牛　潘大，你放心，有我在这儿看着哩。

潘诸葛　大牛！你妈钻窟窿打洞，想让你进城捧"铁饭碗"，你……

小　巧　（接过话头）他呀，压根儿就不愿去！

潘诸葛　千只麻雀炒盘菜——多嘴多舌！我问大牛的话，你搭什么腔！

小　巧　嘻嘻……不信，你听他自己说。

大　牛　是呀，是呀！我不愿意进城捧"铁饭碗"。

潘诸葛　（看看这对年轻人，会心地笑出声）嘿嘿……哈哈……你俩倒是一条心………可千万要小心那电老虎。

［潘诸葛转身入内室，大牛跟进，小巧继续潜心焊鞋。

［幕内响起摩托车声音，同时传来管仁的喊声："慢点！撞着人可得偿命的……"

［蓝光明西服革履，戴着头盔和耳塞机，骑着摩托，风驰电掣地上，驶近修鞋铺，停住。

［管仁臂套红袖章，疾步撵上。

管　仁　（气喘吁吁地）下车，给我下车！（蓝光明下车，摘去头盔）额哟……是光明呀！……镇小街窄，车开得那么快，碰着牲口压着人，可不是闹着玩的。

蓝光明　没事，我的驾驶技术好着哩！老管呀！你不是退休了吗?

管　仁　是呀，对呀，闲着哪。

蓝光明　既然退休了，你就该去下下棋，钓钓鱼，这么大年纪，何必多劳神……

管　仁　身退心不退，有生之年，发挥余热，为人民服务嘛！

蓝光明　那你去修修路，栽栽树，（指着管仁臂上红袖章）比干这效果显著。

管　仁　那些事情我没干过，不在行。

蓝光明　（细看红袖章，念出上面字迹）“义务监督管理员”，哪部门发的?

管　仁　自己做的。

蓝光明　噢！从专职到业余，热爱本行。

管　仁　好说好说……（倏地发现新情况，对幕内喊道）哎！脚踏车放的不是地方，你想罚款是啵！（急下）

蓝光明　（走进修鞋铺，见小巧低头干活）唔，挺专心的嘛！

小　巧　哟！光明回来哪！

蓝光明　没想到，你还真的摽上了。

小　巧　比闲着强，哪能比得上你——开发公司大经理。

蓝光明　别奉承人，我可是来拉你入股的。

小　巧　拉我入股?

蓝光明　对，进城开办皮鞋厂。聘请设计师，开发新产品，创名牌，立足全国，再打入国际市场，外汇也是人赚的。

小　巧　（忍俊不禁地）咯咯咯……

蓝光明　办鞋厂保准强过你修鞋百倍，你笑啥?

小　巧　我笑你数日不见，“吹功”大有长进，广告做得特有水平。

蓝光明　（真挚地）小巧，你想一想，我哪回在你跟前吹过牛？砍过空？放过白鸽?

小　巧　（有所触动）你要是那样的人，我就不理你啦。

蓝光明　真人面前不说假，我们一起干吧！（见小巧仍有顾虑）人呀，是个怪物，饿了想饱，饱了想好，好了还想更好，这是发展趋势，你琢磨琢磨，修鞋怎么抵得上造鞋呢?

小　巧　（默认）只是我爸他……

蓝光明　咳！你爸的点子也会馊。（唱）

只要你点头答应我，
我在城里办法多。
丢掉电烙铁，
离开这个窝。
办起皮鞋厂，
糠箩跳米箩。
要干干个样，
要玩玩个乐。
唱唱卡拉OK，
听听流行歌；
喝喝香槟酒，
跳跳迪斯科。

[蓝光明情不自禁地按响了挂在腰间的小型录音机，踏着音乐节奏，跳了起来。

[小巧颇感兴趣地看着。

蓝光明　（招呼小巧）你也来跳呀！

小　巧　我不会。

蓝光明　我教你。

小　巧　（不好意思）大街上人多嘴杂……办鞋厂的事，我跟我爸合计合计……爸！爸！（边喊边走进内屋）

蓝光明　（始觉浪费感情，收住舞步）嗐……爸——霸——罢！

[杨婶立于一旁观望已久。她是杨十二之妻，四十多岁，利利索索，诮嘴薄舌，虽有急功近利、目光短浅的缺点，但不失为是个心直口快的

爽朗人。

杨　婶　（主动搭讪）光明呀！你这屁股扭得真灵活，八成腰里装上弹簧哪！

蓝光明　（瞅她一眼）你懂啥！这是舞蹈，八十年代最流行的迪斯科。这舞蹈，舒筋活血，能治百病，男女老少都可跳，怎么，你也想跳？

杨　婶　哎唷！我治病到妇产科，可跳不了你这个……这个……这个科。

蓝光明　不开化，跟你说不清。

杨　婶　你说不清，我可看得清。

蓝光明　你看清什么哪？

杨　婶　看清你有病了。快扭屁股治病吧！扭呀，扭呀……

蓝光明　满口胡言，我有啥病？

杨　婶　相思病——你看中小巧了。

蓝光明　看中了又怎么样，年轻人自由恋爱嘛。

杨　婶　她是皮匠的闺女，你是干部的儿子，你爸妈能容你“自由”吗？

蓝光明　我找对象，跟他们不相干。

杨　婶　小巧是乡里人，你是城里的……

蓝光明　这有什么关系，我让小巧进城工作，不就行啦！

杨　婶　瞧你说得那么轻巧……

蓝光明　城里工作有的是。

杨　婶　是的吗？

蓝光明　怎么不是的。

杨　婶　可小巧没有你那么自由，她爸……

蓝光明　老头子，好多事。（感慨地）家庭也得立个制度，年龄过杠，一律让权。

杨　婶　别急躁！她爸那里我给你去说道说道，坝子扒了，你俩不就自由了嘛！不过……我想托你办件事。

蓝光明　什么事？尽管说。

杨　婶　求你给我家大牛在城里找个饭碗。

蓝光明　大牛和我是哥们儿，只要他想进城，一句话！

杨　婶　好！就这么说定了。你在城里等我的喜讯。

蓝光明　过几天我会回来的。（推过摩托车，骑上）杨婶，拜拜！（下）

杨　婶　摆摆！（不由地摆动腰肢，目送摩托车远去，转身乐滋滋地朝修鞋铺走去，未进门，先发声）哟！土枪换洋炮，阔哪！早知，我拎挂炮仗来炸个响，热闹热闹。

潘诸葛（迎出）她杨婶，你没觉着嘛，如今日子好过了，穿布鞋、球鞋的人少，穿皮鞋、塑料鞋的人多啦，锥子，锤子用不上，不学新招没法混哪！

杨　婶　你的点子多，不愧人称活诸葛。

［杨婶进屋坐下，小巧端来一杯水。

小　巧　杨婶，请喝水。

杨　婶（顺势拉过小巧的手）哟！这丫头美得没法说啦……（唱）

闺女大了十八变，
小巧美得赛天仙。
左看右看、前看后看、
上看下看、远看近看、
看来看去看不厌。
月亮见了云里躲，
花朵见了藏一边；
饱汉见了不想走，
饿汉见了饱三天。

潘诸葛　别夸她哪。她杨婶，你有事？

杨　婶　无事不登三宝殿，有事不大。

潘诸葛　请讲，什么事？

杨　婶　好事，美事，喜事。

潘诸葛　听话音，你给小巧说媒来的。

杨　婶　不！不是说媒，是介绍。

潘诸葛（笑着点头）对对……不是说媒是介绍。

小　巧　我不要“介绍”。

潘诸葛　大人说话，小孩别插嘴。（对杨婶）你介绍哪家？

杨　婶　他潘大！（唱）

说出来保证你满意，
这家人小镇数第一。
门楼高贵客常来往，
权力大执掌印把子。
小伙子个头五尺几，
那模样别提多洋气；
后脑勺盖着长头发，
鼻子下两撇小胡须；
大翻领西装尖头鞋，
颈脖子勒根布条子；
细裤腿瘦得出了奇，
紧绷着屁股贴着皮。
有能耐城里路路通，
骑上那“电驴”兜圈子。
似这样青年哪里找？
我这才登门把婚提。

[潘诸葛听后没吭声。

杨　婶　他潘大，你看……

潘诸葛　他家是几品官？

杨　婶　几品官我说不清，反正他妈是镇上头面人物，他爸在城里当局长。

潘诸葛　哎唷！就怕不相配啊……

杨　婶　你别担心，有我介绍准成。

潘诸葛　我家小巧乃丞相之女……

杨　婶　（大惑不解）丞相……？

小　巧　（不禁又插嘴）咹！我爸人称诸葛，他就是扶保汉主的丞相呀！

杨　婶　（责问潘诸葛）哎！到底是谁配不上谁呀？

潘诸葛　（唱）论官衔我嫌他局长太小，
汉丞相诸葛亮一品当朝。
选乘龙择快婿心中有底，
门不当户不对鸾凤难交。

（白）她杨婶，等那局长升官晋级，够上品，你再来介绍吧！

［杨婶碰个软钉子，欲言无语，气鼓鼓地离开修鞋铺。

［小巧捂嘴发笑。

潘诸葛 （送客）她杨婶，慢走，劳你费心哪！

［切光。

第三场

［伴唱

踏上杏花路，
追赶酒旗风。
寻访小镇幽静处，
却闻闹哄哄。
家家“一本经”，
人人难念通。
喧闹声弥漫，
犹如波涛涌。

［杨家剃头铺。生意清淡，门可罗雀，杨十二闲得无聊，拿过剃刀，面对破镜，自刮胡须。

［幕内管仁高喊：“注意哪！小镇学习大上海，严禁随地吐痰，违者罚款五毛！”

［杨婶气急败坏地上，听而未闻，回头向潘家吐出一口唾沫。

［管仁臂戴红袖章上。

管　仁 哎！十二家内，你是第一个违反规定的人。

杨　婶 （一时被懵住了）嘿嘿……管主任。

管　仁 （绷着脸）谁是主任？我退休了，实事求是，别尽喊好听的。

杨　婶 （改口）管老……（“伯”字未喊出，被打断）

管　仁 “管老”！我姓管的是老了，可还能干……生姜越老越辣嘴，古董越老越值钱。哼！老！

杨　婶 那……我怎么称呼你？！

管　仁　鄙人姓管名仁，称我管仁同志。

杨　婶　管仁同志，我违反了什么规定？

管　仁　小镇学习大上海，严禁随地吐痰，违者罚款五毛。

杨　婶　谁规定的？

管　仁　我。报告已呈领导研究，一旦批下来，将设置十只痰盂，这三百米大街，每隔三十米放一只，谁吐痰不入盂，就罚谁的款。

杨　婶　噢！规定还没批，痰盂还没买……

管　仁　提前打招呼，提高警惕性，养成习惯少罚款。

杨　婶　我说管仁同志，眼前你还管不了人……（一低头，连吐三口唾沫）吐！吐！吐！

管　仁　你……

杨　婶　等你那规定批下来，我先掏钱，后吐痰。（说罢又吐出一口）

管　仁　好好好……你先后吐了五口痰，等着吧！日后跟你算总账。（气愤地下）

［大牛拿着一本《电工手册》，从剃头铺出来，险些与杨婶撞个满怀。

杨　婶　看你忙的，去哪？

大　牛　找小巧。

杨　婶　（没好气地）撒泡尿照照自己，人家连局长儿子都看不上，你一人拜把子——算老几？往后，别再朝那鞋壳里钻！

［大牛被挡回，复进内室。杨婶进家门，见到杨十二，唠叨起来。

杨　婶　唉！（唱）

为女莫作剃头妻，
嫁给剃头的尽受气。
出门见人矮三分，
忍气吞声把头低。
剃头妻，尽受气，
矮三分，把头低，
前世没修今世苦，
偏偏摊上我这个倒霉的。

（白）牛儿爸，牛儿进城的事，你可找到门路哪？

[杨十二未搭理。

杨 婶 这样耽误下去怎么办?

[杨十二仍未搭理。

杨 婶 (来火)嗐!说你是死人,你比死人多口气;说你是活人,整天不放一个屁!你倒是说话啊!(上前夺下杨十二手中剃刀)

杨十二 哟哟哟……(剃刀碰破嘴角,手捂伤口)你要我说什么?

杨 婶 有什么说什么。

杨十二 我没得什么。

杨 婶 大牛下学年把,你这个当老子的该为孩子找个出路。

杨十二 怎么找?

杨 婶 烧香求神呗。

杨十二 烧香找不到庙门,我去求哪尊神?

杨 婶 你找不到庙门我来找。(伸出手掌)拿来吧!

杨十二 拿什么?

杨 婶 烧香钱。

杨十二 三天剃了两个头,钱不都给你了嘛!

杨 婶 开门柴米油盐茶,那几毛钱怎经花。

[杨十二无言对答,找来橡皮膏,对着镜子贴伤口。

杨 婶 (一声长叹)唉!我真是倒了八辈子霉哪!(对内屋)大牛!

[大牛未应,慢吞吞地走出。

杨 婶 大牛!大牛!(欲坐下)

大 牛 (走近杨婶)叫我什么事?

杨 婶 (吓一跳)哟!怎么悄没声地一下冒出来了……牛儿,你也不为自己的事着急,走,跟妈出去。

大 牛 去哪里?

杨 婶 进城找头绪,谋个“铁饭碗”。

大 牛 “铁饭碗”累手,我不想捧。(一撅屁股返回内屋)

杨 婶 (对杨十二)你给我管管他!(杨十二捂住伤口不开言)嗐!成心把我气死……

[二凤上。她是杨十二的闺女,“农专”毕业生,性格奔放,豁达开朗。

她与成龙早有恋情，五分事业心，五分儿女情，毕业后，鼓足十分劲头，主动要求回到家乡。

二　凤　妈！什么事会把你气死？

杨　婶　还不是你哥进城吃“硬本粮”的事。

二　凤　那是啥宝贝，有它吃得饱，没它饿不着。

杨　婶　你呀！什么都不稀罕，好不容易熬到农专毕业，城里办公室不蹲，偏要回到这乡旮旯里来。

二　凤　我学的农业，回到乡下正合适。（找到自己的钢笔）我得开会去，回来再跟你辩论，妈，再见！（风风火火地下）

［杨婶叹了一口气，悻悻然走向内室。

［金嗓门踌躇满志地上。

金嗓门　十二兄弟在家吗？

杨十二　在。

金嗓门　（走进剃头铺，发现杨十二脸上贴着橡皮膏）怎么弄的？

杨十二　不小心，刮破点皮。

金嗓门　今天的生意怎样？

杨十二　（双手一摊）……

金嗓门　又没开张？

杨十二　（点点头）……

金嗓门　（思忖片刻）给我剃头。（登上座位）

杨十二　他金大，昨天你刚剃过……

金嗓门　捧场架势，一天三剃不为多。

［在金嗓门的催促下，杨十二为他围上围单，端起剃刀。

金嗓门　来！老式样。（唱）

十二兄弟莫心焦，
锅底冷了加柴烧。

杨十二　（唱）多谢你的好心意，
困难时刻见深交。

金嗓门　（唱）一台锣鼓半台戏，
猴不上杆使劲敲。

杨十二 （唱）门前冷落无顾客，

敲破锣鼓空徒劳。

［对唱中，前、后、左、右十二刀，葫芦头剃得精光亮。杨十二为金嗓门解下围单。

金嗓门 （抬手由后脑勺撸到前脑门）嗨！舒坦，手艺到家哪！

杨十二 别抬举我了……

金嗓门 （掏出钞票）给。

杨十二 （不接）啧！

金嗓门 拿着。（将钞票塞入杨十二衣袋里）十二兄弟，如今时兴做广告，我给你宣传宣传。

杨十二 （摇头摆手）不不……

金嗓门 我尽义务，不收广告费用，试试！（走至铺门前，拉出说书的架势，唱）

剃头师傅手艺高，

前后左右十二刀；

干净利索又舒坦，

脑袋不剩一根毛。

溜光铁青头皮亮，

胜过千瓦电灯泡。

我说此话你不信，

列位朝我头上瞧。

光头好处实在多，

听我对你表一表。

（白）这第一条，不用搽油；第二条，不用洗头；第三条，晚黑不用掌灯，它能自动发光，照得满屋亮堂，经久耐用，美观大方，省钱省力省时间，代表时代新动向！（顺嘴唱出电视上“东芝”广告调门）“光头呀光头，新时代的光头……”

杨十二 他金大广告别做啦。

金嗓门 （也觉得无济于事）唉！这样下去怎么办呢？

［杨十二束手无策。

金嗓门　哎！请诸葛兄出出点子，怎么样？

［杨十二自惭形秽，不愿去。

［潘诸葛上。

金嗓门　脚下地斜，讲谁来谁。诸葛兄，修鞋铺添了新家什，生意兴隆，财源茂盛，恭喜恭喜啊！

潘诸葛　恭喜个啥，一日三餐，吃饭当紧。

金嗓门　饱汉子不知饿汉饥，骑驴不顾步撵的。有人稳坐城楼，有人马陷淤泥哪！

潘诸葛　兄弟，别卖关子，有话明说。

金嗓门　那好，十二兄弟混不下去了，请你出个点子吧！

潘诸葛　我正为这事来的，点子有哇，十二兄弟，你往大街上看……

［杨十二、金嗓门顺着潘诸葛的手指望去……

潘诸葛　可看出了门道？

［杨十二摇头。

金嗓门　诸葛兄，别盖住盒子摇，有点子就亮出来吧！

潘诸葛　（对杨十二）你呀，头脑太古板……

（唱）榆木疙瘩不开窍，

有负“扬州三把刀”。

雪融冰消泥土热，

水往低流人往高。

兜里有钱腰杆硬，

人爱美来鸟爱毛。

姑娘们，赛漂亮，

小伙子，都想标；

剃头铺成了和尚庙，

谁愿挨你的“十二刀”！

（白）老一套跟不上趟了，你看看这一街人，有几个葫芦头？！

杨十二　（再次望去，自责地敲敲脑袋）噫唏！我这脑袋不顶用……

金嗓门　（竖起大拇指）诸葛兄高，实在高！一把就掐中了穴位，快下针吧！（见潘诸葛摸烟袋）来来来，抽我带把的烟。（掏出有过滤嘴

的香烟）

潘诸葛　（对火，吸烟，喷出一团云雾）唔……下针不难……

金嗓门　快快道来。

潘诸葛　兵无强弱，将有巧拙，依我之见，不妨收个徒弟。

杨十二　（瞠目结舌，不相信自己的耳朵）你说的什么……

金嗓门　别开玩笑哪！眼下十二兄弟自个都嫌多，再收个徒弟……

潘诸葛　这个徒弟不收也得养活。

杨十二　你说的是……

潘诸葛　大牛。你儿子外憨内秀，带着他到上海开开眼界，学学新招，回来父子联手，师徒合力，老铺新开，重振旧业，何愁不兴旺起来。

金嗓门　（兴高采烈地）好点子！好点子！君恩臣必报，父业子当承。小巧学皮匠，大牛学剃头，我教成龙学说书，老罗艺的枪法传给小罗成，一代强过一代，我们三家都有接班人哪！

杨十二　（面呈难色，话在喉头）……大牛妈，她……

潘诸葛　别人出点子，作主靠自己。你和大牛妈商量商量。

杨十二　她……她……

金嗓门　嗐！她又不是老虎，能吞下你？你放开胆子跟她说，弄翻了，有诸葛兄保驾，还有我金嗓门敲边鼓。我俩在门外候着，一听到动静，就来帮你。（二人下，临走时又鼓励几句）

杨十二　（二位老兄的怂恿，终于鼓起勇气，对内屋）大牛妈！大牛妈！

［杨婶自内屋出来。

杨　婶　（余怒未消）叫魂哪！（一瞪眼）什么事？

杨十二　（勇气减去大半）我……我……

杨　婶　你想干什么？

杨十二　我想收大牛为徒……

杨　婶　什么什么！

杨十二　（勇气全消）我……想……收大牛……为徒弟……

杨　婶　（火由衷来）呸！（唱）

你命中是个属狗的，
装不成碟子上不了席。

自己个子长不高，
还叫儿子矮半截。
剃头铺里跑老鼠，
冷冷清清没生意。
客无缘，兜无钱，瓶无油，灶无柴，缸无米，
哪有脸面收徒弟！？

（白）半夜起床哭祖宗——怎么想得起来的！自己没出息，还拉儿子下火坑。

[杨十二免生闲气地听任妻子数落。

杨　婶　（越说越气，越讲越火，索性放声大哭）我的个天啊！腹中苦，苦难言，嫁给剃头的苦无边……（一把鼻涕一把泪）

[金嗓门、潘诸葛闻声走来，杨婶一甩手，一把鼻涕打在金嗓门胸前。

金嗓门　（龇牙咧嘴苦起脸）啧啧啧……

杨　婶　（自觉失礼）哎哟哟……他金大，我这是给气晕头啦……

金嗓门　（尴尬地）没……没什么……只要你不哭，值得。

杨　婶　不是你们来，我的苦水三天三夜也哭不完。

金嗓门　哪来那么多苦水？

杨　婶　人家男人人前站，我的男人人后蹲。你们都是老兄老弟的，倒给我评评这个理。（指杨十二）就凭他那德性，还想收徒弟。

金嗓门　（有意调和）你错怪了十二兄弟，收徒弟的事，那是诸葛兄的点子。

杨　婶　噢！原来是一品当朝汉丞相的点子……

金嗓门　这点子错不了，诸葛亮“借东风”“空城计”“收姜维”……料事如神。照他点子行事，保准你朝后的日子吃香喝辣。

杨　婶　我可没那福分，蒙眼驴只配吃麸子。笑话！“十二刀”“葫芦头”师傅的手艺明摆着，能带出什么样的好徒弟。

杨十二　大牛妈，你没容我把话说完……

金嗓门　没说完就快说呀！

杨十二　诸葛兄让我收子为徒，带着他到上海开眼界，学新招，回来好跟上趟，老铺新开，重振旧业。

杨　婶　（一串层次分明的笑声）嘿……嘿嘿……嘿嘿嘿……眼界开了，新

招学了，又能咋样！？还不是个没出息的剃头匠。

潘诸葛　（倒来一杯水递给杨婶）她杨婶，喝口水，坐下歇息，别气坏身子。

［杨婶接过杯子，一仰头，“咕嘟咕嘟”喝个干。

潘诸葛　家不和，惹人笑，遭人欺。有什么事情夫妻之间好商量。老哥有句不顺耳的四方话，不知你愿听不愿听？

杨　婶　你说。

潘诸葛　（唱）人为我，我为人，

荒年饿不死手艺人。

出力干活不丢人，

不劳而获羞煞人。

请莫羡慕城里人，

更莫自怨乡下人。

一撇一捺都是人，

挺起胸膛来做人。

（白）人人头上长发，脚上穿鞋，少不了剃头、修鞋的。别人瞧不起我们，我们怎能把自己看低了呢！

杨　婶　（无言对答，思索对策）……

潘诸葛　三百六十行，行行出状元。登不上高山走平地，大牛这孩子，眉藏秀气，心生七窍，说不定将来是个剃头状元哩！

杨　婶　瞧你把他夸的，孩子不愿意干这行，别人说上天也是白搭。

［大牛疾步自内屋出。

大　牛　我愿意，我愿意。

［杨婶摆手使眼色，大牛佯装未见。

大　牛　妈，我跟爸到上海，学不成手艺，不回来见你。

潘诸葛　好！有志气。

杨　婶　（走近大牛，慢声细语地）牛儿，你要仔细琢磨，干上这一行，日后娶不到老婆别怨妈没提醒你。

潘诸葛　（胸有成竹）树高自有鸟做窝，大牛的老婆我包哪！

金嗓门　（拉过潘诸葛）诸葛兄，有包教，包学，包吃，包喝，哪有包娶老婆的？

杨 婶 他潘大，你说话可得算数，杨家仗着大牛传宗接代哩！

潘诸葛 当着孩子面，不敢吹牛，我说话锤子钉钉，锥子扎眼。

杨 婶 （使出杀手锏）既然二位当大的这般精心，我也是通情达理的人。（对杨十二）大牛爸，准备盘缠上路吧！

杨十二 我……我哪有……

杨 婶 没钱！？哼！没钱逞的什么能！

潘诸葛 （从袋里掏出一沓钞票，交给杨十二）不多，带着吧。

杨十二 诸葛兄，我……我说啥好哩……

潘诸葛 啥也别说，远亲不如近邻嘛。

金嗓门 （当仁不让，挪过后腰的皮夹子，取出一沓钞票，送至杨十二手中）不够花，再来信。

杨十二 他金大，你……

金嗓门 我的生活唱着过，有他皇帝受困的时候，没我说书人挨蹩的日子。为朋友两肋插刀，花钱花在刀刃上，帮衬几文应该的。

[杨十二激动不已，杨婶内心亦觉得愧疚……

潘诸葛 收拾收拾启程吧。

金嗓门 是呀，早一天去，早一天回来。

潘诸葛 修鞋铺活多，小巧一个人忙不过来，我得赶紧回去。（说罢告辞下）

杨 婶 （抱愧地）你慢走！

金嗓门 我也告辞啦。

[杨十二、杨婶、大牛送至门外，然后三人同下。

金嗓门 （出了剃头铺，心里痛快，自言自语）潘、杨两家，后继有人，我金家祖传的古书也该传给儿子哪！成龙这小子，能唱能写记性好，是块说书的料子。艺多不压身，可他艺外功夫，我还摸不着底哩。干说书这行，不像剃头、修鞋有手就能学会，吃开口饭的，先得练练茶，烟，酒。

（唱）茶烟酒，三件宝，
闯荡江湖不可少。
增精长气又提神，
神在眼，气在胸，精在腰。

张嘴吃的开口饭，
东南西北到处跑；
交友打路应场面，
三样缺一难搭桥。
茶烟酒啊烟酒茶，
它比嗓门更重要。
竹篙点水探深浅，
收子为徒在今朝。

[切光

第四场

[伴唱

天上下雨地上流，
夫妻吵架不记仇。
一人有酒百人醉，
恩恩怨怨脑后丢。
逆流拉纤有帮手，
牛不饮水强按头。
同欢乐，共忧愁，
淳朴民风千古留。

[金嗓门家。中堂贴着“天地君亲师”，颇为醒目。

[成龙和二凤准备参加小镇文化站举办的“歌曲大奖赛”，正在排练一首自创的吉他弹唱歌曲。

成　龙　二凤（重唱）

爱情啊爱情是团火，
——你燃我也燃。
爱情啊爱情是把琴，
——我弹你也弹。
手拉手，肩并肩，

好似一对双飞燕。

……

二　凤（对成龙的动作不满意）哎！这哪像“双飞燕”，简直是“呆头鹅”。

［成龙稍作改正。

二　凤（仍不满意）你就这样和我谈情说爱的吗？

成　龙　那是背地里，这要上台的。

二　凤　是呀，是要上台的，台上要体现台下生活……来，靠近些，搂住我。（见成龙迟疑）搂啊！

成　龙　我怕那些老头老妈妈看不惯，捣我俩的脊梁骨……

二　凤　嗐！演戏就得像。怕啥，比他们那些换亲呀、彩礼呀、乌七八糟的一套文明得多。怕听蝼蛄叫，就不耕地哪！来！重练一下。

［成龙打消顾虑，随着歌声做出各种亲昵而大方的动作，配合默契，造型优美。

二　凤（赞不绝口）就这样，绝哪！鼎哪！盖哪！“歌曲大奖赛”上没比的。我没看错，你浑身都是艺术细胞，单凭这首创作歌曲，准能受聘于文化站。

成　龙“八”字没见一撇，定心丸吃多了胃穿孔。我正犯愁哩……

二　凤　愁啥？

成　龙　我爸叫我跟他学说书。

二　凤　你可千万别理这个茬。说古书，陈旧，腐朽，老掉牙的货色，那算什么艺术！（说着坐下，架起二郎腿，模仿金嗓门的样子，口念鼓点）哧咚咚咚—咚咚，那个咚咚，那个咚咚，那个咚咚—咚咚……（唱）

我这里唐宋元清都不唱，

单表那明朝太祖朱元璋。

［成龙受到感染，也跟着唱起来

朱元璋天生一副帝王相，

悬胆鼻双耳垂肩手臂长……

［金嗓门上，走进家门

金嗓门（欣喜地）啊！凤丫头，你还有这一手！

二　凤　（尴尬地）刚……刚学的。

金嗓门　跟哪个学的？

二　凤　跟成龙学的。

成　龙　（先摇头，后点头）唔……

金嗓门　（很高兴）没想到，喝了一肚子墨水的姑娘家，居然对说古书有兴趣。

二　凤　业余爱好，学几句打算跟你金大唱对台戏。

金嗓门　嘿嘿……跟我唱对台戏，娃娃吹喇叭——好大的口气啊！

二　凤　（无话可说）金大，你歇着，我告辞哪！（朝成龙暗递眼色，夺门而出）

［成龙拿起吉他欲跟出门。

金嗓门　别走。（走近成龙，瞧瞧吉他）这么大个土琵琶，我倒是头回见到。

成　龙　（纠正）是吉他。

金嗓门　对呀，它就是土琵琶，土琵琶就是它。

成　龙　（再次纠正，一字一顿地）这叫吉他。

金嗓门　（自圆其说）我知道，也有人这么叫，其实老名是土琵琶。

［秀才遇到兵，有理说不清，成龙干脆沉默。

金嗓门　带着这家什去哪？

成　龙　和二凤练唱。

金嗓门　嚯！真与老子唱对台戏。

成　龙　我们参加"歌曲大奖赛"，两码事。

金嗓门　（唱）就算你是一码事，

不妨与我来比试。

祖传一部《英烈传》，

摞倒八个"样板戏"。

鼓声一响震四方，

哗哩哗啦来票子。

有钱能使鬼推磨，

想怎么恣就怎么恣。

（白）你参加这赛那赛的，有什么意思？不管吃，不管穿，还得问我要零花钱。龙儿，跟爸学说书吧！

成　龙　不！我学不会，说不好。（欲出）

金嗓门　站住。（拿过成龙手中的吉他，提起桌上的茶壶，泻茶）

成　龙　什么事？

金嗓门　先别问，（递过茶杯）喝下。

[成龙接过，莫名其妙，仰脖喝下。金嗓门又泻满一杯，儿子又仰脖喝下。金嗓门泻下第三杯……

成　龙　不喝啦。

金嗓门　喝！多喝有益。

[成龙勉强喝下第三杯，抹抹嘴，欲出门。

金嗓门　慌啥，（取出烟盒，抽出两支，对上火，自已吸一支，另一支递给成龙）给！

成　龙　（未接）我不会抽烟。

金嗓门　抽嘛，哪有说书的后代不吸烟的？

成　龙　（接过烟卷，吸了一口，呛得咳嗽不止）咳咳咳……

金嗓门　学着抽，抽常了就服哪！往后，烟卷这么夹。（伸出夹烟的手，烟卷夹在无名指与中指之间）

成　龙　干吗这么夹？

金嗓门　傻小子，（作示范动作）吸烟，敲鼓两不误嘛。今天老子高兴，来，我们爷儿俩喝几盅！

[不容分说，金嗓门按着成龙肩头入座，取来酒瓶、酒盅和下酒菜，斟酒。

成　龙　（父命难违，入座后，未端酒盅）我不会喝酒……

金嗓门　住嘴！三盅过后再发话，这是礼节。

成　龙　（喝下三盅，辣得皱眉闭眼）呵……

金嗓门　吃菜。（与成龙一起夹尝咸蒜瓣）告诉你，这酒桌上的礼节和规矩多着哩。（拿过成龙的酒盅，翻个底朝天）滴酒罚三盅，你没喝净，该罚。

成　龙　（任其摆布，喝下三盅罚酒）不能再喝了，脸上发烧。

金嗓门　（瞧瞧成龙）嘿嘿，有相，红脸直汉子，没事。我们爷儿俩头回喝

酒，来，碰杯。（举盅碰响）听响成双，两条腿走路，干！（父子对饮两盅）

成 龙 不行哪！头晕……

金嗓门 （伸过脸去试探）你看看，我是谁？

成 龙 你是……我爸。

金嗓门 没事，早着哩！（竖起拇指）好！不愧是我金嗓门的儿子。（立起，端过酒盅，送至成龙嘴边）喝下去！

[成龙奉命喝下，金嗓门复坐。

金嗓门 我们爷儿俩热闹热闹——捣杠子。

[行令捣杠子，成龙渐渐失去主宰力，连输三盘。三盅下肚，头脑不当家了。

成 龙 （稀里糊涂地伸出手来）……来！划拳。

金嗓门 跟谁划？

成 龙 跟……你。

金嗓门 我是谁？

成 龙 你是……嘿嘿……是……我哥。（握拳伸指）划呀，哥俩好！

金嗓门 （取过成龙酒盅，替他喝干）好样的！头回就喝了四两多，起步不凡，醉了也算座金刚，二回半斤灌不倒，酒醉一次，量大一成。成龙啊！你前程无量，定有出息，老子收你为徒。（扶过摇摇晃晃的成龙，来至"天地君亲师"面前，让他跪下）师傅领进门，修行在本身，一部古书，世代相传，朝后，我精心教，你专心学。行拜师礼！

[成龙伏地未动身。

金嗓门 ……小子，磕头啊！（见成龙仍未动，弯腰看来）哈哈……这小子睡着了。

[切光。

第五场

[伴唱

黄沙果，绿酥梨，

成筐成挑乱赶集。
亮晶晶的紫葡萄，
串串像是玛瑙石。
黄绿紫，令人喜，
咬了一口甜如蜜。
一堆烂柿没人买，
气红脸膛胀破皮。

［小镇广场，旧貌展新颜。四周鳞次栉比的茅屋为青瓦红砖的新居所替代，电视天线宛如春雨后疯长的繁枝，上，直刺万里晴空；下，植根小镇人家。

［大喇叭里不断传来“歌曲大奖赛”的歌声和掌声。

［金嗓门坐镇广场一隅，击鼓有顷，然而，场上听众寥寥无几。

金嗓门 （唱）过吊桥，看分明，
巍巍城墙好威风。
远看垛口似锯齿，
近看垛口像群星。
十个垛口一尊炮，
一杆旗下百万兵。
大旗之上写金字，
定国安邦扫敌营。
……

［一中年人上

中年人 （向寥寥听众招手）哎！尿舀兄弟，孩他舅，快过来！

［尿舀兄弟，孩他舅走近中年人。

中年人 那边唱歌比赛真带劲……（传来歌声）

尿舀弟 这歌声怪甜乎人的，像是话匣子里唱的。走，买票去。

中年人 （出示手中入场券）买好过。场子里沙发椅，坐上去又阔气，又舒服。

孩他舅 （捶捶腰部）蹲着听说书，屈得难受，听得发腻，走走走……

［三人下。仅有的几名听众亦陆续离开，场上只剩说书人。

金嗓门 （冲着离去的听众）有眼不识金镶玉……（怒气转为怨气，怨气转为丧气）唉！

[传来二凤、成龙二重唱歌声："爱情啊爱情是团火……"

[管仁由剧场退出方向上。

管　仁　（朝着身后）呸！开口爱，闭口情，也不臊得慌……当着这么多人的面，又搂又抱太不像话！我恨不能上去把他们拉下台来。

[金嗓门想抽烟，摸出烟盒，空空如也，随手扔出空盒，偏偏击中管仁。

管　仁　嗯！谁扔的？

金嗓门　（上前赔笑脸）对不起，没留意。

管　仁　老金，你怎么这么早就收场子了？

金嗓门　唉！高山流水，知音难觅啊！

管　仁　（递给金嗓门一支烟）别泄气。唱呀跳呀搂呀抱呀算个什么……论玩意，还是老的厚实、地道，懂行的还是听古书过瘾。别收场子，你说，我听，关子再多，我也愿意掏腰包。

金嗓门　（感慨良多）早先你不让我说，我变着法儿说；如今你叫我说，我却没脸说了……

管　仁　（表示理解）这满街人都不识货……改天，我到你家，关起门来说。

[金嗓门收起家什欲下。

管　仁　哎！老金，你家成龙有点过份哪……你得严加管教。

金嗓门　别提这小子了，一提我就来气。那天收他为徒，转脸他不认账。教他敲鼓敲不上点，一段《纲鉴篇》，口传心授十来遍，他就是学不会，成天抓不着他的小辫梢……这不，他和二凤……

管　仁　年轻人头脑简单，分不清好歹，经不住那丫头三花两绕……唉！这世道怎么弄的？小的跟老的拗着劲，别别扭扭地不顺心……

[金嗓门无精打采地下。

[杨婶上，朝剧场方向走去。

管　仁　十二家内！

杨　婶　哟！管仁同志，我又违反了什么规定？

管　仁　哼！比违反规定还"违反规定"。你去看看吧，你家二凤当着众人面，跟成龙这么着……那么着……（下意识地模仿他所看不惯的动作）刺得人眼睛都睁不开……

杨　婶　那是演戏。

管　仁　演“粗”也不行！姑娘家没有姑娘样，在台上和小伙子贴得那么近，就差碰鼻子，真丢人现眼！

杨　婶（尖话圆说）看来，又违反你的规定，该罚款唠？

管　仁（支支吾吾）唔……我警告你：子不教，父之过；女不教，娘的错！

杨　婶　我的错……我有十个错，百个错，你管得着吗！？

［管仁气得一佛出世，二佛升天。

杨　婶（摸出一张钞票）你那规定批下来了吗？我这里罚款现成的，怎么样？先付钱，后吐痰……（管仁节节败退，颤巍巍地下，杨婶冷言相送）管仁同志，你自己管管自己吧！（朝着管仁背影发出得意笑声）哈哈哈哈……（突然笑声中断）

［传来摩托车声响。

杨　婶（情绪骤变）蓝光明回来了……怎么对他讲呢……（思谋对策，此时喇叭又传来歌声）死丫头，你别唱了……（陡生一法，喜形于色）小巧……（伸出食指）二凤……（伸出另一手食指）她俩……（左右手交叉换位）哎唷！这不两全其美了嘛！

［蓝光明骑摩托车上，见杨婶，停下。

蓝光明　我正想找你，杨婶。

杨　婶　我早等在这里给你回话哩。

蓝光明　不必了，情况有变。

杨　婶　变化不大，你听我说。

（唱）为这事跑穿新鞋底，
为这事磨破嘴唇皮；
为这事吃饭饭不香，
为这事睡觉眼不闭。
又谁知好心当驴肺，
那潘家父女不同意。

蓝光明　我知道了。

杨　婶　潘家不识抬举，好姑娘有的是，我给你又挑了一个。（接唱）

论品性她俩都规矩，

论相貌她俩差不离；
论工作她比小巧高，
论文化小巧比她低。
一个五两奔拉砣，
一个半斤翘翘的。
只要光明你同意，
这门亲事没问题。

（白）为你的事我可尽到心哪！提着篾篮进菜园，茄子不熟摘黄瓜，高低不落空。

蓝光明　你又挑了一个，她是谁？

杨　婶　……我家二凤。

蓝光明　（大笑）哈哈哈哈……杨婶，你还蒙在鼓里，小巧、二凤早都“自由”过了。

杨　婶　真的吗？

蓝光明　信息绝对可靠。

杨　婶　你听哪个说的？

蓝光明　（亮出一信）我听它说。（骑上摩托车）

杨　婶　你回城里？

蓝光明　不，找小巧去。

杨　婶　（欲劝阻）潘家父女已绝情了……

蓝光明　男子汉不谈恋爱还得谈事业嘛。杨婶，大牛从上海回来，你对他说，我有事找他。（下）

杨　婶　（追问）哎！小巧、二凤跟谁“自由”哪？（未闻应声，如坠云雾，喃喃自语）这……这怎么回事？！

［切光。

第六场

［伴唱

莫笑穷人穿破衣，

十年河东转河西。
莫道春色来得迟，
一夜繁花缀满枝。
顽石不转石磨转，
高山不移山路移。
百步之内有芳草，
神州处处露生机。

［杨家剃头铺，今非昔比，大为改观。门外，三色转筒，不停转动；门里，转椅明镜，炫目耀眼。电烫室设于内屋，四壁装饰整洁，俨然一副城市发廊气派。

［杨十二身穿白大褂，正为成龙理发。杨婶笑逐颜开地内外照应，送往迎来。

杨　婶（唱）五更梦里翻个身，
掉到床下捡着金。
好运来了挡不住，
顾客如潮涌进门。
端茶水，递毛巾，
热情送，笑脸迎，
手脚忙不停，
越忙越开心。
老铺新开财源广，
诸葛一卦定乾坤。

［二凤自电烫室出，头上堆着翻卷的波浪，足蹬高跟鞋，风姿绰约。

二　凤（偷窥镜中的成龙，唱）
闪目偷瞧镜中人，
平添几分好容光。
镜中人，好容光，
相貌堂堂气轩昂。
爸爸啊！
上海之行没白去，

胜过出国游西洋。
技术水平大提高，
老铺翻出新花样。
大提高，新花样，
理发吹风带电烫。
窗户眼里吹喇叭，
顾客闻名（鸣）来四方。

杨十二 这丫头，巧嘴。

杨 婶 巧嘴话多，啰里啰唆，当上国家干部，大会小会开不完，嘴皮子练出来了。

二 凤（娇嗔地）我再会说，也及不上妈的一拐子。

杨 婶 妈是“剃头妻”，你是“中专生”。

二 凤 中专生跌价哪！我知道，如今在妈眼里，我不如个体户。

杨 婶 瞎说个什么……

二 凤 当然罗，我哥从上海学艺回来，成了个赚钱篓子，我一个月工资，人家三天就挣来了。妈也不让他进城吃“硬本粮”哪！

杨 婶 那玩意就像你说的：啥宝贝！有它吃得饱，没它饿不着。荷包里有钱，什么都能买到。现在我可弄明白了，只要有志气，有能耐，哪方水土都养人，干吗非往城里钻。

二 凤 嚯！伟大的飞跃。

杨 婶 就说成龙吧，一没文凭，二无后台，文化站不照样给下了请帖。

二 凤 不是请帖，那是聘书。

［成龙理完发。

成 龙 我可不行。

杨 婶 别客气嘞！婶说你行就行。（凝视成龙）瞧！小伙子，多标致呀，高高的身材，白白的脸蛋，亮亮的眼睛，说不定哪天被选中拍电影、上电视，演个什么……牛奶小生。

二 凤 妈！奶油小生。

杨 婶 牛奶……奶油……差不多。

二 凤 现在“奶油”不吃香，姑娘们观念更新，欣赏“硬派”，像高仓健、杨在葆那样的。

杨　婶　“硬派”好使性子，降不住他。想当年，我嫁给你爸，就看中他那点“奶油”味，黏黏糊糊怪听话……

杨十二　（破天荒第一次指责杨婶）啧！陈年芝麻烂豆子，你……

杨　婶　（破天荒第一次屈服丈夫）好好好，不提老话。（回到原题）不知哪家姑娘有福气，能配上这么个好后生，唱唱跳跳，痛痛快快过一辈子。

二　凤　妈！看你说的……

杨　婶　妈说的与你不相干。成龙呀，你可谈对象了吗？（成龙含笑低头未语）没谈，我给你介绍……

二　凤　人家谈好啦！

杨　婶　谁？（成龙未答，转问二凤）是谁？

二　凤　（大大方方地）我！不反对吧，亲爱的妈妈。（吻杨婶一下）我们该走啦。（拉过成龙的手，同下）

杨　婶　（先惊后喜，追到门口）我的小姑奶奶，慢点走，那鞋后跟拃把高，小心崴着脚脖子！

［下场的二凤在幕内回话：“崴不着。赶明天我给你也买一双……”

［一女顾客上，杨婶迎入，杨十二领女顾客走进电烫室。

［大牛和小巧自电烫室出，小巧刚烫的头发，显得越加标致。

小　巧　杨婶！你看我的头发烫得怎么样？

杨　婶　烫得好。洋气！摩登！

大　牛　（邀小巧）坐，给你做花。

［小巧坐上转椅，大牛手执工具操作起来。杨婶见状，勾起心事。

［伴唱

镜中人意中人近在咫尺，
眉传情眼传情胜过言语。

杨　婶　（唱）二凤女婚姻大事着了地，
大牛儿床空一半未落实。
看眼前他们二人似有意，
当娘的五分忧虑五分喜。

能儿子双手赛过金银耙，
好媳妇锁金藏银铁柜子。
倘若是能娶小巧当儿媳，
我杨家锦上添花美滋滋。
恨只恨诸葛丞相眼光高，
他未必相中大牛作女婿。
怕只怕剃头挑子一头热，
矮梯子难登高楼空叹息。

（白）潘诸葛啊潘诸葛，你论品排级，一心攀个高干亲家，真是势利眼！我倒要问问你，你打的“包票”，给我家牛儿包了个啥样的闺女？

［杨婶无意之中闯入镜中，惊了一对凝神对视的镜中人。

小　巧　（急忙离座）杨婶……

杨　婶　坐，坐，小巧你坐。

大　牛　妈，理好了还坐个啥。

杨　婶　（打量小巧）哎哟！真漂亮！比画上的美人还美人。

小　巧　是大牛哥的手艺好。

杨　婶　不知哪家小伙子有福哦……小巧，我听说你对上象哪？可是真的？

［小巧含笑点头。

杨　婶　丞相的闺女不愁嫁，是谁呀？

［小巧害羞低头未答。

大　牛　妈！问个啥。到时候你就知道了。

［潘诸葛上。

杨　婶　一会“坐个啥”，一会“问个啥”，憨头憨脑的你懂个啥！成龙跟二凤对上了，小巧也跟人家对上了，只有你……

潘诸葛　她杨婶，你急着想抱孙子哪？

杨　婶　噢！他潘大，我正要找你哩。

潘诸葛　这不来了嘛。

杨　婶　男大当婚，女大当嫁。承你情，我家大牛的手艺学成了，可这对象的事……

潘诸葛 我包啦。

杨 婶 光包不兑现，等到猴年马月？

潘诸葛 丞相打包票，兑现在今朝。她杨婶，你相亲吧！

杨 婶 （诧异地）相谁？

潘诸葛 远在天边，近在眼前。（指小巧）相中了是儿媳，相不中是侄女。

杨 婶 （不敢相信）别开玩笑啦。牛儿爸是个剃头的，哪够上品啊？

潘诸葛 够。你没听说过，干部是群众的公仆。

杨 婶 “公仆”？

潘诸葛 公仆就是大家的伙计，平头老百姓大过一品当朝。铁门配铁门，笆门对笆门，只要你不嫌弃……

杨 婶 可是真的？

潘诸葛 我诸葛孬好是个丞相，官无戏言。

杨 婶 （仍半信半疑）那小巧不是对上象了吗？

[潘诸葛笑而不语。

大 牛 妈，小巧的对象就是我！

杨 婶 （为证实出乎意外的喜讯，问小巧）可是他？（小巧忸怩地转过身）可是他？（小巧又忸怩转过身）小巧，你不回话点个头。（小巧未点头，却投入大牛怀中）

[杨婶乐得忘乎所以，下意识地扭了起来。

潘诸葛 她杨婶，你可相中？

杨 婶 中中中！他潘大……噢！亲家公，坐，请坐！有福之人都在杨家，祖上积德，哪辈子修的……（急为潘诸葛奉茶递毛巾）

潘诸葛 亲家母，你别忙乎，我来找小巧说句话的。

小 巧 （走过来）爸！可是办鞋厂的事？

潘诸葛 唔，我琢磨了几宿没合眼……

小 巧 你同意了？

潘诸葛 （摇摇头）人老几辈手艺人，本乡本土不能离啊！你进城对光明说，他办他的皮鞋厂，我干我的修鞋铺。

小 巧 要是修鞋铺再赶不上趟呢？

潘诸葛 车到山前必有路，船到桥头自然直。手艺人，吃的本份饭，办鞋厂，当老板，我们干不了。小巧，你年轻，没经验，万一出岔子……吃不了兜着走。

小　巧　爸……

潘诸葛　（不容分说，固执地）爸过的桥比你走的路多，淌的汗比你喝的水多。听爸的，没错。（下）

小　巧　（对大牛嘟囔）你也不给我帮帮腔……

杨　婶　（送客，对潘诸葛）小巧挺随和的，她不会违拗长辈的。（送至门外还扬手招呼）亲家，慢走，亲家……

［金嗓门垂头丧气地上。

金嗓门　（见杨婶对着自己喊亲家，惊异）她杨婶，你喊谁个？

杨　婶　呵！走了一个，又来一个……我喊你的。

金嗓门　喊我？这称呼可不能随便乱喊……

杨　婶　没乱喊。我家二凤和你家成龙已“自由”上了，你我不就是亲家了嘛。

金嗓门　我家小子没出息，哪能配上你家二凤。

杨　婶　可别这么说，成龙文文静静，二凤咋咋呼呼，一刚一柔正般配。

金嗓门　（本该高兴，但心事重重，提不起精神）既然般配，那就……亲家吧。

杨　婶　亲家，看你这神色，场子又没打开？

金嗓门　唉！驳船翻在沟岔里，砸哪！（下）

［杨婶目送金嗓门下场，然后返回门内，见大牛和小巧悄声交谈……蹑手蹑脚地进了电烫室。

大　牛　（安慰小巧）老年人步子难迈，潘大比我爸、金大强多了。

小　巧　不见得……我真笨，没有办法说服我爸。

大　牛　别泄气，迟早他会想通的，就看我们的实际行动啦！

［蓝光明骑摩托车上，车后坐着一位时髦女郎，她叫凌灵，23岁，发型别致，涂眼画眉，鲜艳的红唇，白皙的皮肤，身穿半袒胸的连衣裙，足蹬全筒高跟鞋，通体线条清晰柔和，洋溢着青春气息。二人下车后，同进剃头铺。

蓝光明　唷！好像来的不是时候……

［大牛、小巧闻声忙相迎。

凌　灵 （半开玩笑）打搅哪！

蓝光明 （作介绍）这位是凌灵小姐——特聘设计师。

［小巧、大牛自报姓名，与凌灵握手。

凌　灵 早听说你俩啦。

蓝光明 （擂大牛一拳）哥儿们，够保密的，差点我把小巧从你怀里抢过来。

凌　灵 别充好汉，阁下是个失败者。

蓝光明 有失必有得，失败是成功的妈，失败者办事，成功率最高，自然包括爱情。

小　巧 如此说来，鞋厂有望。

蓝光明 岂止有望，厂房已经选定，设备即将运到，试制样品都有了。（从提包里取出样品，如数家珍）男式的，女式的，老人的，小孩的，合成革，仿羊皮，（指凌灵的高筒靴）还有纯牛皮，全是凌灵小姐的杰作。

凌　灵 （仿日本妇女礼节）嗨依！请多关照。

［大牛、小巧看得眼花缭乱，赞叹不已。

蓝光明 尚有一些新款式正在设计，产品不断更新，才能有竞争力。（对大牛）哥儿们，这经营观念对你同样有价值，我们设计师身上奔涌着时代新潮流，你瞧瞧吧！

［凌灵像模特儿似的走动几步，大牛上前仔细端详，从发型到面容，上上下下打量一番。

蓝光明 爆炸发型，激光美容……

大　牛 （很感兴趣）上档次……

凌　灵 你想学，我有门路。

大　牛 想学，非常想学。（与凌灵击掌）好，一言为定。

［小巧欲将样品鞋放回提包，发现包中还有一双鞋，顺手取出。

蓝光明 （对小巧）为了走路稳稳当当不跌跤，给你爸特制一双老式钉鞋……修鞋铺改为鞋厂售货点，我们需要一个面向农村的窗口……就看你的哪！

小　巧 （点头会意）……

［四个年轻人兴奋地伸出手来，“嗨”了一声，握在一起。继而肩并肩，手挽手，欢快地走出剃头铺。

［“不许随地小便，不许随地吐痰”，管仁臂戴红袖章边喊话边上场，瞥见两对年轻人“张狂”的形象，不堪入目。

管 仁 （发火）这成什么世道！瞧那臭美，黑眼圈，红嘴唇，翻毛戗刺的鸡窝头……男不男，女不女，简直是妖怪，妖怪！

［管妻步履蹒跚地上。她弯腰驼背，老态龙钟，一脸含辛茹苦的受气相，心中除了丈夫，还是丈夫。

管 妻 老头子！你跟谁吵架？

管 仁 跟谁？跟我自己。

管 妻 别跟自己过不去，回家吧！太阳快下山了……（伸手拉管仁回家）

管 仁 快松手！大街上拉拉扯扯的，像什么样子……（倏地有所发现，猛摇响手中铜铃）哎！小猪随地撒尿……逮住它，逮住它！

管 妻 跑了，算哪！

管 仁 跑了和尚跑不了庙，哪家的？

管 妻 我哪知道！

管 仁 去！你去把它逮住，谁来领找谁算账。

管 妻 （苦口婆心）老头子，你这么大年纪，退了休，留着点精气神养养老，要穿啥，我给你买；想吃啥，我给你做。别再管这管那的啦……唉！儿子儿媳被你管得不愿来家，孙子孙女被你管得不敢上门。

管 仁 住嘴！（唱）

管这管那是革命工作，
为国为民我心安理得。
风风雨雨几十年，
清清闲闲没法过。
世道日下不顺心，
该管的事情实在多。
“红袖章”可叹失灵验，
管不了别人我管老婆。

（白）去，给我把那随地撒尿的小猪逮回来，快去！

[管妻迟迟疑疑地下

[切光。

第七场

[伴唱

八月雁门开
大雁顶霜来；
落脚河湾洗个澡
染得芦花一片白。
金菊任霜袭，
彩云任剪裁。
月华皎皎花弄影，
重重叠叠扫不开。

[小镇之夜，静谧如梦。

[金嗓门、杨十二、潘诸葛三家各据一点，若连点成线，便成等腰三角形。金家在左，杨家在右，潘家居中。屋内骚动不安，老少两代人"矛盾"上了。

[杨家剃头铺。

杨十二 生意刚红火起来，你要出门，家里怎么办？

杨　婶 （附和）是呀！家里怎么办？

大　牛 磨刀不误砍柴工，我去学本领，为了回来更好地做生意，家里由你先对付着不行吗？

杨　婶 （附和）对呀！你先对付着不行吗？

杨十二 学那些玩意不实用，说闲话的够多啦！

杨　婶 （附和）是呀！说闲话的够多啦。

大　牛 爱美是人的本性，说闲话的干瞪眼。

杨　婶 （附和）对呀！说闲话的干瞪眼。

杨十二 看你能的，才干了几天，就翻花花点子，什么"爆炸"呀，"激光"

呀……农村不兴这一套。

杨　婶　（附和）是呀！农村不兴这一套。

大　牛　事物是发展的，早先兴那“十二刀”“葫芦头”，这会怎么样呢？！（一句话把杨十二顶得张嘴结舌，无话可说）怪不得潘大说你是“榆木疙瘩不开窍”。

杨十二　（发怒）我是老榆木疙瘩，你是小榆木疙瘩；我这个不开窍的今天揍你这个开窍的！（四处寻家伙，未着，操过剃刀，又放下，最后脱下布鞋，冲向大牛）

［杨婶赶忙挺身拦住。二凤从内室疾步走出。

杨　婶　哎哟！还没学会“爆炸”，我家里先爆炸哪！

二　凤　（对杨十二）别武力镇压，家庭也要实行民主。

杨十二　（放下高举的布鞋）怎么个“民主”？

二　凤　举手表决，少数服从多数。

大　牛　我赞成。

杨　婶　我也赞成。

二　凤　（见杨十二犹豫不决）爸！你呢？

杨十二　（思忖一会）好吧！试试……

二　凤　赞同我哥出门学本领的，请举手。

［大牛、二凤举起手，杨婶欲举，看看杨十二的怒容，又放下手。

二　凤　反对我哥出门学本领的，请举手。

［杨十二举手，杨婶抬手欲举，瞧瞧子女的脸色，又放下。

杨十二　（对杨婶）你怎么不举手？一个劲地“是呀”“对呀”，到底谁是？谁对？

杨　婶　你们都是、都对……我问不了你们的事！（移步中立其间）

二　凤　二比一。爸，你输了。

杨十二　没那么便宜，你妈不问我问，谁赢，谁输，我当家！

［争论至高潮，定格，杨家灯暗。

［潘家修鞋铺灯亮起。

潘诸葛　我练我的缝鞋机，你焊你的塑料鞋，满能对付过去。巧儿，横财不发命穷人，你就沉住气，乖乖地干，听爸的话错不了。（见小巧正在专注地穿钉鞋，大声地）嘿！应变一着保十年……

小　巧　（穿上钉鞋，咔咔地走了几步，打个趔趄）爸！快来扶我一把……

潘诸葛　（搀扶小巧）穿的什么鞋？

小　巧　（跷起脚）钉鞋。

潘诸葛　哪来的？

小　巧　买的。

潘诸葛　当年你姥姥喜欢穿这样的鞋。过时货，你买它干啥？

小　巧　穿钉鞋，不打滑，走路稳当不摔跤。

潘诸葛　那是踩薄泥……快脱下，水泥地被你踩成大麻脸哪！

小　巧　活受罪！（边脱鞋边说）看来单求稳当就别走路啦。

潘诸葛　（有所触动）鬼心眼。

小　巧　（撒娇地）爸，你就答应吧！我知道你是乡土难离，修鞋铺改成鞋厂，面对农村的窗口，你就在家里看门市部。

潘诸葛　你别头脑发热，眼馋那些“万元户”“企业家”，有他们趴倒爬不起来的时候。盐（言）值钱？酱（犟）值钱？走着瞧吧！

小　巧　爸，你对当下政策信不过……

潘诸葛　（微愠）你开帽子厂比开皮鞋厂更合适。

［争论在继续，定格，潘家灯暗。

［金嗓门家灯亮起。

金嗓门　狗洞钻过，龙门跳过，在我面前没有过不去的火焰山。我就不信邪，当年八个“样板戏”都没摽过我的一部《大明英烈传》……

成　龙　此一时，彼一时，老皇历，不管用。爸，你不要一竿子捋到底，撞了墙壁不拐弯。

金嗓门　怎么拐弯？修鞋有缝鞋机，理发有烫发机，说书的也去赶时髦，赶情买个机器人！？

成　龙　我说的不是这个意思……（拿过一本新书）时下年轻人对老掉牙的古书不感兴趣，你不妨说说新书试试。（递过新书）

金嗓门　（未接，睨视一眼）一看这封皮就来气……

［三家灯亮。

金嗓门　（唱）任你说得日出西，

杨十二 （唱）任你说得母鸡啼；

潘诸葛 （唱）任你说得猫长角，

金嗓门 杨十二 潘诸葛（同唱）

老子今天不依你！

［三家的争论形成僵局。

［成龙无可奈何地走出家门，下。

［金嗓门意欲以酒解愁，可是酒瓶已空，泻不下一滴，无奈，倒下一杯茶杯，以茶代酒。

［小巧噘着嘴离开家门，下。

［潘诸葛迈着滞重的步子，向金家走来。

［杨婶向大牛、二凤示意，他俩悄没声地走出家门，下。

杨 婶 一起过了几十年，我头回见你使性子……（转换话题）他金大说书打不开场子，够难的啊！（掏出两沓钞票）你把这钱还给他，人家待我们不薄，我们也不能亏待人家。（又拿出一沓钞票）还有他潘大的钱，你顺带送去，有借有还，再借不难。（送杨十二出门，进内屋）

［杨、潘二家灯暗。

［小镇三杰，相聚金家。不邀不请，坐下同饮一杯“以茶代酒”，各有心事，饮而不知其味。

杨十二 （笨笨拙拙地拿出三沓钞票，先给潘诸葛一沓）耽误你使啦。（另两沓送到金嗓门面前）谁没有遭难的时候，心放宽些，花完了，说一声……

［金嗓门拒收。

潘诸葛 （取过桌上两沓钞票，连同自己的一沓，塞入金嗓门袋中）篱笆三根桩，好汉众人帮。拿着！

［金嗓门叹了一口气，既惭愧又激动地收下钞票。

［管仁怀里揣着酒瓶，略带醉意，上。

管 仁 （走进金家）玩意老的好，不怕……不怕……识货少……老金！我特意来听你说书的……（见潘诸葛、杨十二）老哥们都在……你们喝酒叙旧，好啊！衣裳新的好，朋友旧的亲，我也算一个。（端过杯子喝了一口）这……这哪是酒呀……（顺手泼于地上）来！喝……喝我的。（取出酒瓶）洋河大曲，窖了十年了，越陈越香。（泻酒，泻毕将酒瓶放于桌上）喝！

杨十二　（拿过杯子喝了一口酒）诸葛兄！你见多识广，脑子好使，你说说，我由上海回来，还没到半年，又跟不上趟了吗？

［潘诸葛缄默不语。

杨十二　你说啊！

潘诸葛　（拿过杯子喝了一口酒）怎么说呢？我没法说。真的跟不上趟了吗？（像是问自己，又像问别人）

管　仁　好，跟不上趟好！干吗去赶时髦，我们走我们的老道。来！为跟不上趟干杯！为我们共同走老道干杯！

［舞台一角亮起光圈，三对年轻人聚于光圈下，各执罐头啤酒。

蓝光明　百次宣讲不如一次实干。我有体会，爸妈的权威靠嘴巴是攻不破的。

二　凤　说的是。我提醒哥儿们、姐儿们，你们做了爸妈，可不能权威至上啊！

小　巧　你自己呢？

二　凤　当然给孩子一切自由。

小　巧　没结婚就摆出当妈的架势，也不嫌害臊！

二　凤　这叫提——前——量。

大　牛　说真的，我的脚板发痒了，恨不得立刻离家去学新本领……

凌　灵　是呀，等不得。地球是圆的，时刻在转动，脚步一停就落后。（对大牛）我给你写信，明天动身。

成　龙　好个“脚步一停就落后”！我提议：为我们永不停步而干杯。

［众人响应，举起啤酒罐，碰个“叮当”响。成龙扔掉空罐，弹起怀中吉他，二凤放声高歌：“小镇虽然小，风光这边好……”圈中人情不自禁地随着节奏扭动起来。

金嗓门　（喝干杯中酒）难道我家祖传的古书，就这样扳掉不成！？……（尤觉酒瘾未过，索性拿起酒瓶，对着嘴巴“嘟嘟嘟”灌了起来）

管　仁　老金……别喝醉哪，我还想听你……听你说段古书《大明英烈传》

哩……

[切光。落幕。

——全剧终

（原载1987年12月《剧本》月刊，后收入《1979—1989安徽优秀剧本选》）

遥指杏花村

（四场现代戏）

时　间　改革逐步深化的年代。

地　点　共和国的版图上还未来得及标名，但确确实实有这么个地方。

人　物　红　杏　　黑马棒　　白马驹　　石　钻　　桂　香

贾铁嘴　　黄　狼　　钱　罐　　钱罐娘　　小　杏

王主任　　煤工甲　　挖煤工若干

布　景　双乳山突兀隆起，犹如大地母亲一对浑圆的乳房。隐约可见东山头上的小煤窑，窑上设备简陋、落后，然而，毕竟赶走了寂寞和荒凉。“杏花村酒店”设在山脚下，乡间酒肆，独具风采，门前酒幌高挑，门内酒香扑鼻。店堂一明一暗，摆设井井有条；明间壁上挂着土布门帘，帘内是女老板的卧室，暗间设有雅座，兼容五味调和的红锅。全剧一景，唯东、西山头略有变化而已。若允许想象：天空是翠绿色的，月亮是紫绛色的，山头是鹅黄色的，云朵时有七彩变幻……色与色相接，形成明显界限，从而确立各自存在的位置。不协调的色彩组成协调的世界，并非无稽之谈。

一

［歌起：留不住清晨，

留不住黄昏。

晚霞尽，

月牙升，

夜深沉。

何处觅青春？

醉汉遥指杏花村。

[一弯新月，钩挂柳梢。

[“杏花村酒店”顾客如云，店堂里几张八仙桌，座无虚席。杯盘狼藉，烟雾缭绕。

[红杏迎来送往，应付裕如。

众煤工 （唱）海水漫盐滩，

白云撞大山。

风吹雨，

火烧烟，

雷打天。

百事抛一边，

酒杯在手赛神仙。

[众煤工起哄，邀女老板喝酒。红杏一甩肩上毛巾，佯怒走进暗间。

黄　狼 哥儿们！留点量，头儿在里边宴请贵客还没出来哩……（拍了拍腰中装着赌具的小布袋）钱罐，怎么样，先玩上几盘？

钱　罐 我发誓不赌哪！

[黄狼仍缠着钱罐。

石　钻 （对黄狼）你他妈的积积德，黄狼别咬病鸭子，钱罐要聚钱下南乡买老婆……（拉过贾铁嘴）你会看相算命，瞧瞧我今天的手气怎样？

贾铁嘴 （打量石钻）红光冲天庭，赌钱准能赢！

石　钻 好！托你的口福，我豁上了……黄狼，我和你赌！

黄　狼 （取下别在腰间的赌具袋）赌什么？

[几个挖煤工异口同声：“那还用问，钱呗。”

黄　狼 （再问石钻）你说赌什么？

石　钻 随你便。

黄　狼 我想赢你的老婆……

贾铁嘴 人家两口子不和，你小子没安好心，怪不道他老婆来探亲，你给打发走了！

黄　狼 那是照头儿意思办的。

贾铁嘴 若照你的意思呢？

黄　狼 离掉不如赌掉，抵上个娶老婆的本钱。我老婆就是……

石　钻 别唠叨哪！你说，作价多少？

黄　狼 兄弟我哪能让你吃亏，两千！

石　钻 （一横心）好，见点子吧！

［黄狼倒出袋中的牌九，坐庄，操牌。

［坐的坐，站的站，赌的赌，看的看，四方投下赌注。

石　钻 （伸出巴掌）五百。

［黄狼提起骰子欲掷，红杏由内间出。

红　杏 住手！我开的酒店，不是赌场……（一把拉过黄狼）你这个不要脸的东西，自己的媳妇赌输了，又想赢别人的媳妇……你把女人不当人！（挥起巴掌）

黄　狼 （急忙招架）女老板，你……

石　钻 红杏嫂，别打他，是我自己想赌……

红　杏 （狠狠啐了黄狼一口）呸！我非让头儿治治你。

黄　狼 （求告地）女老板，饶我一回吧！

红　杏 （松开黄狼，走近石钻）你媳妇长得丑？

石　钻 （摇头）……

红　杏 她手脚懒？

石　钻 （摇头）……

红　杏 性子不投？

石　钻 （摇头）……

红　杏 缺少恩爱？

石　钻 （摇头）……

红　杏 这不是，那不是，到底为什么不和呢？

石　钻 唉！只怨她肚皮不争气，头胎就生个闺女，我妈替她测了一卦，卦中说她命中无子，老人家担心石门绝后，硬要我跟她分开……

红 杏 媳妇没给你生儿子，你就不要人家，能占理吗？我倒听医院大夫说，生孩子就像耕地下种一样，是男是女，怨不得媳妇。

煤工甲 不错，我也听说过这个理，扁豆种结不出黄瓜，黄瓜种结不出扁豆。你看人家贾铁嘴，种瓜得瓜，一溜几个，个个腿裆里都有肉疙瘩。

贾铁嘴 别开味哪！我那小孩妈说，屋内人丁旺，门头势力壮，她就像母鸡下蛋似的，一个接着一个生。这不，大门卸走了，牲口牵跑了，“超生罚款”还没还清哩！

红 杏 谁让你“超生”，该罚。

黄 狼 （走近石钻）瞧贾铁嘴，功夫到家，光生男，不生女。你呀，自己没本事！

［石钻扬起酒杯，泼黄狼一脸酒水。

黄 狼 （狼狈地）你……

石 钻 哪儿痒，自己挠！

红 杏 （调和地）开玩笑，别板脸……黄狼，你巧哪！酒气解骚气，往后味就正了。石钻兄弟，瞒不过嫂子眼，你喜欢你媳妇……（石钻默认）你媳妇人有人样，品有品行……

石 钻 你见过她？

红 杏 见过。你不要她，她要你……男子汉得凭良心，你媳妇哪点亏待你了？（打趣地）少年夫妻正当时，说不定下胎是个男孩，你妈的疙瘩不就解开哪！（石钻笑了）回去吧。

［红杏送石钻出，二人边说边下。

黄 狼 （懊丧地）唉！到手的鸽子……飞了！

钱 罐 你别想得美！指望赢老婆，不如买老婆。有本事，你向头儿讨个美差，多挣票子，自会有女人……

煤工甲 他算老几？瞧人家白马驹，喝过墨水，见多识广，上窑没几天，就当上推销员，拿着奖金、补助、高工资，成天逛街遛码头。

黄 狼 你别捧他……他在家乡混不下去，到我们这里逞的什么能！

贾铁嘴 兄弟，不服气可不行。

黄 狼 （确实不服）他有什么丫不起的，还不是凭着一张小白脸，走的女老板后门。

[众人各持己见，议论此事……

[红杏复上。

红　杏　是的，是我替他开的后门。

（唱）一个好汉众人帮，
敲锣打鼓各一行。
头儿是个睁眼瞎，
斗大字不识半箩筐。
大老粗，开煤窝，
少计谋，欠思量。
猛力难挑长途担，
麦穰烧锅一时旺。
白马驹是个高中生，
走南闯北见识广。
能写会算笔一支，
能说会道嘴一张。
外乡能人从天降，
量体裁衣正相当。
煤窑缺少文化人，
谁想美差我帮忙。

煤工甲　黄狼！（唱）
女老板后门朝你开，
良机莫失有人帮。

黄　狼（唱）自幼念书头脑涨，
扁担“一”字用尺量。
不会打鱼常晒网，
提起笔杆心发慌。
心发慌，闲逛荡，
只有赌钱我在行。

贾铁嘴（唱）万事都由命相定，

命中没有别逞强。

（白）你呀，肚里只有“下水”，没有墨水。

红 杏 （对贾铁嘴）你从哪学来这套，还是看看自己的相吧！

贾铁嘴 早看过了。（伸出手掌）这条“子女纹”根上岔多，该摊一桌儿子……

红 杏 别傻生哪！贪多煮不熟，长大了像你一样，摸牛尾巴，受苦受累，连个盼头都没有。

［暗间传来一声“送客”，黑马棒和王主任上。

黑马棒 大伙认识认识，这位是财神爷——信用社的王主任！（王主任笑着向大伙点头致意）来！呱唧呱唧……（带头鼓掌，众人跟着发出一阵掌声）当初打井开窑，不是王主任帮忙借贷款，办出“开采证”，哪有我黑马棒的今天……

王主任 好说好说……分内事，理应支持。（对大伙摆手告别）

红 杏 王主任慢走！

王主任 谢谢你热情招待……（看红杏一眼）想不到在这荒郊野外，竟有你这样一位能干的女老板，“杏花村”名不虚传，酒香菜鲜人漂亮，别有风味。

红 杏 主任过奖哪！我那当家的腿一伸走了，孤儿寡母为了混口饭吃，撑起这个门面，还望你赏脸，常来指导。

黑马棒 那还用说！（对王主任）她的事就是我的事，今后有事求你，你可不能推辞。

王主任 有数，有数！……

［王主任下。

黑马棒 （唱）自从开办小煤窑，

成沓票子进腰包。

啃甘蔗，上楼梯，

节节甜，步步高。

财大气粗腰杆硬，

打个喷嚏山头摇。

酒色财气我占全，

自由自在乐逍遥。

(白)来!接着喝……今晚痛快,我跟弟兄们划几拳,热闹热闹!

黄 狼 (让座)头儿,你坐这儿摆擂台。(黑马棒入座)谁英雄,谁好汉,跳上台来比比看。

黑马棒 酒钱算我的。红杏,拿酒来!

红 杏 (拿来酒)瞧你威风的,划拳比酒量,算什么英雄好汉?!

黑马棒 (脱口而出)男人没酒量就像女人没气量一样,孬种!

红 杏 哼!我就是没气量的女人……你听着,营业时间已过,有酒也不卖,你给我滚出去!

黑马棒 哎哟!我的姑奶奶,你别多心,我敢说亲娘,也不敢说你啊!

红 杏 (慢声细语)"男人没酒量就像女人没气量一样,孬种!"

黑马棒 (忙不迭地赔礼)我是孬种,我是孬种……杀人不过头点地,行了吧!

[红杏嫣然一笑下,众人哄笑不止。

黑马棒 笑什么!……英雄难过美人关嘛。你们哪个有种,把手伸出来……

贾铁嘴 头儿,你的拳术高,酒量大,除了女老板,谁是你的对手!?

黑马棒 没有伸手的,我就点将……(手指贾铁嘴)你!

贾铁嘴 头儿高高手……(忙掏出新乳罩递上)这玩意给你买来了。

黑马棒 (接过乳罩放于胸前比试一下,收起)唔!跑腿有功,放你一马。黄狼,我俩比画比画。

黄 狼 斗大胆子也不敢和头儿划拳,我认输……(说着趴于地面,爬了一圈)

黑马棒 你小子乖巧,生怕喝醉了坐上赌桌脑袋不当家。我可警告你:小来小去赌着玩,大伙解解闷,那是可以的。若是大赌来真的,小心我撵你滚蛋!

[黄狼趴在地面连连称是。

黑马棒 (走近钱罐)我看你还能划两下。

钱 罐 我……我不会。

黑马棒 你不伸手就喝酒,喝!(不容分说,端过酒杯,猛灌钱罐)

[钱罐呛得咳嗽不止。

黑马棒 哈哈……钱罐响了，有赏！（扔过一包香烟）钱罐，你打算什么时候动身下南乡？提早说一声，买老婆的钱不够，我给你凑足数。

钱　罐 谢谢头儿！

黑马棒 （回到原位，巡视一周）看样子，这擂台没人敢打啰！

［白马驹拎着包，风尘仆仆地上，红杏首先发现，上前招呼，再送来茶水。

白马驹 （进店）头儿！（对大伙）弟兄们都在……

黑马棒 好个白马驹，你回来哪！这趟交易如何？

白马驹 （拍拍提包）满载而归！

（唱）脚板找门路，
舌头做广告，
好烟好酒来搭桥。
舍得银弹子，
打中金老雕，
吃喝之中好成交。
人情胜行情，
买卖藏奥妙，
价格加码出得高。
白纸写黑字，
双方守律条，
合同订了一提包。

［白马驹从包中取出一厚沓合同书，递上，黑马棒接过，很满意。

黑马棒 （唱）脚板勤，嘴皮巧，
应酬灵活见高招。
你搞推销挺合适，
初次出马立功劳。
（白）来！先赏你一杯酒。

白马驹 （唱）河面无风船难行，
手中无槌锣难敲。
小弟身单力又薄，

全仗头儿威望高。

（喝下杯中酒，白）头儿，煤的销路没问题，可产量得跟上。

黑马棒 那当然。

白马驹 我建议，井下干活，定额承包，超产分成……

黑马棒 （不以为然地）光腚勒裤带，何必多那一道！窑上干活我说了算，多出力，多给奖金，还不行吗！

黄 狼 是嘛，哪儿那么多花式点子。

［几个挖煤工附和："听头儿的。"

红 杏 （对黑马棒）你让大兄弟把话说完。

黑马棒 好好好……

白马驹 头儿，小弟蒙你不弃，我愿肝胆涂地……

黑马棒 别拽文，你直截了当地说。

白马驹 好。奖金要给，指标也要订。煤窑大小是个企业，要办就办出个样子，生产上要有规章制度，福利上要逐步配套，食堂、澡堂……

黑马棒 有钱花在刀刃上，磨刀背的事我可不干。办了食堂，谁再来这儿吃喝？（对红杏）你说可是？

红 杏 不是！"杏花村"靠的是天时、地利、人和……你办你的食堂，我开我的酒店，没人来吃喝，我不怨你。

黑马棒 （打马虎眼）这码事暂搁一搁……来！喝酒……（举杯相邀）

白马驹 还有一件当紧的事……

黑马棒 （扫兴地放下酒杯）啥事？

白马驹 井下的支柱有问题，坑木质量太差，排列过稀，我查过资料，问过专家，眼下就得停工加固，防止冒顶塌方。

黑马棒 "停工加固"？你别吓唬人，开窑年把，哪天出过事？（白马驹欲言，被挡回）等把这批合同的任务完成了，再说。

白马驹 防患于未然，出了事就晚哪！小弟的忠告是有科学依据的。

黑马棒 科学？科学是什么样的，我没见过。

红 杏 我觉得大兄弟说得在理，你不能拿大伙的性命当儿戏，哪个不是有老有小的一大家子。

黑马棒 你别跟着起哄！停工加固，说得轻巧，私人小煤窑怎么与公家大煤矿相比？我不能把钱白往井里扔。（红杏想说什么）小姑奶奶，这事你别掺和……

白马驹 头儿，全国小煤窑出事的不少，听说上边已有红头文件下达，要求各地加强管理，检查设备，确保安全生产。

黑马棒 上有政策，下有对策，上边来检查，我担着。朝后，你只管搞推销，我黑马棒赚了钱，亏不了你。（甩出一沓钞票）这是给你的奖金！别的事，少逞能，你来窑上才几天？一天不出煤，一日没进账，弟兄们向谁要吃要喝？贾铁嘴什么时候才能还清罚款？钱罐哪来钱买老婆？……

黄　狼 外乡人和弟兄们想的就是不一样。

［对“停工加固”众挖煤工议论纷纷……

贾铁嘴 （对白马驹）你怎么不识相？！

［白马驹将奖金塞入包中，悻然欲下。

黄　狼 推销员，别忙走嘛！刚才头儿划拳摆擂台，没人敢打，大伙全看你的哪！

众煤工 推销员，看你的哪！

白马驹 （驻足）看我的……

黄　狼 是呀，你的神通广大！

白马驹 （思索片刻）弟兄们如此看得起我，（走近黑马棒）那小弟就向头儿领教。

黑马棒 白马驹，你新来乍到，没尝过我的厉害，胆子不小哇！

白马驹 胆小的也不配跟着头儿干。

黑马棒 好，怎么划法？

白马驹 一拳一碗，谁输谁喝。

黑马棒 看不出，你还上过台面。请！

［二人伸出手，众目睽睽，相交一点，白马驹先胜一盘。

黑马棒 唔！出手不凡……（捧起酒碗喝干）不使真本领，还治不了这马驹子哩！

［第二盘，一锤定音，黑马棒赢了，打成平局。白马驹喝下一碗酒，略显头重脚轻。

[好拳！众人起哄凑热闹："一比一，平手。"

黑马棒 白马驹，你别癞蛤蟆垫床腿——硬撑。今天打平，下回再战……

白马驹 不！三盘定局，决一雌雄。

黑马棒 嚯！是条汉子。

[握拳伸指，一来一往，鏖战多个回合，黑马棒获胜。

[白马驹捧过酒碗。

红　杏 大兄弟，酒有去路，我替你喝。

白马驹 谢谢你的好意！（指碗中酒）它是"敌敌畏"，我也要喝下去。

[白马驹硬着头皮喝干碗中酒。

黄　狼 推销员，再战三盘怎样？

白马驹 行……再战……（心有余，力不足，瘫坐桌前，醉烂如泥）

[黑马棒得意洋洋地接受众人的哄抬。

[红杏端来半碗米醋，灌入白马驹口中。

红　杏（对黑马棒）还不叫大伙回工棚歇息，明天干不干活！？

黑马棒 对对对……（对众人）都回去睡觉！

[众挖煤工起身离座，煤工甲扶着白马驹，人走潮退，场上只留下黑马棒和红杏。

红　杏（感慨地）酒喝醉了伤身子……

黑马棒（解开衣扣，拍响胸脯）瞧！我这身子骨，铜打铁铸，醉不了……嘿嘿……你疼我，我知道……

红　杏 谁疼你！你是天生的盛酒料，可别人受不了，有文化的人，哪经得起折腾。

黑马棒 不知天高地厚，他自找的！

红　杏 有你这样当头儿的吗！整天带头吃喝玩乐，不顾手下人死活……

黑马棒 不图个痛快，人活在世上还有什么意思！

红　杏 你呀！……（气立一旁）

[黑马棒目不转睛地凝视红杏，心中欲火渐燃。

黑马棒 我就喜欢瞧你这生气的模样……

（唱）一瞪眼黑白分明流光彩，

一皱眉阴云重重雁飞来；

一撇嘴两个酒窝挂上腮，
一扦腰好似荷花水中开。
不胖不瘦巧个儿，
不高不矮好身材。
两个乳房争高低，
活像兔子怀里揣。
木雕神见了眨巴眼，
泥菩萨见了动心怀；
铁罗汉见了塌了架，
黑马棒见了步难抬。

［黑马棒按捺不住腾腾升起的欲火，上前搂住红杏。红杏未作退让，只是抬手挡住凑过来的毛茸茸嘴巴。

红　杏　（推开黑马棒）别急嘛！

黑马棒　不急……还有啥事，你尽管说。

红　杏　石钻的媳妇来了？

黑马棒　来了。

红　杏　人呢？

黑马棒　我叫黄狼把她打发走了。

红　杏　人家跑了那么远的路，来到窑上探亲，你这个当头儿的，没让住下，就这么打发走了！

黑马棒　唔！是我的不是，下回来，准安排。

红　杏　怎么安排？

黑马棒　让她和石钻住到一起。

红　杏　就住那大工棚？小两口睡觉，一群光棍围着……哼！人知羞不知足，畜生知足不知羞，亏你说得出口！

黑马棒　除了工棚，没有住的地方呀……

红　杏　你一发话，不就有了。

黑马棒　怎么发话？

红　杏　拾掇些木料、石棉瓦，盖个小单间。

黑马棒　行。小姑奶奶，我们到房间里细商量。（取出乳罩）我看城里卖的

光背美人像都戴这玩意，给你买来一个，我亲手给你戴上。（欲拉红杏进卧室）

红　杏　房间里有人!

黑马棒　别糊弄我。

红　杏　你自己去看看。

黑马棒　（掀开门帘，见一女子）她是谁?

红　杏　（对房内）桂香！出来见见头儿。（桂香低着头由卧室出）石钻的媳妇——“杏花村”新雇的合同工。白天帮我干活，晚黑没处住，跟我同床。

黑马棒　（对桂香）怪我照顾不周，明儿白天就盖单间，晚黑不误你两口子团圆。我黑马棒说话算话……

[红杏投来妩媚的一瞥。

黑马棒　（依依不舍地）你俩睡吧！明儿，明儿，明儿见！（下）

[切光。

二

[歌起:门前鸟鸣树，
　　窗下花含露。
　　风入户，
　　人移步，
　　醉乡路，
　　不知通何处?
　　迷迷茫茫一团雾。

[朝霞似锦，缠绕山头。

[桂香肩挎布包上，见店里无动静，遂解开布包，露出一尊“送子观音”瓷像，双手合十，顶礼膜拜，口中念念有词。

桂　香　（唱）观音菩萨立上苍，
　　脚踩莲花面慈祥。
　　佛法无边救众生，

凡女求你事三桩：

一求你保佑婆母永安康，

回心转意改主张；

二求你保佑石钻身健壮，

夫妻和睦恩爱长；

三求你保佑桂香得一子，

石门有后我脸有光。

三件大事遂心愿，

凡女还愿烧高香。

［红杏悄悄走上。

红　杏　桂香！

桂　香　（秘密被发现，欲藏佛像）红杏嫂……

红　杏　瞧你鬼的，我都好几回见你这样哪！（学桂香拜佛的样子）我说呀，你就将观音菩萨供在房里，大模大样地求呗，干吗带来带去的，你不嫌烦神，神可嫌你烦她哩！

桂　香　我瞒着石钻，怕他不愿意……红杏嫂，你可信神？

红　杏　信过。死鬼在世时想儿子，和我一起求菩萨，他走了，我也没什么求的了。

桂　香　有……

红　杏　你看我，酒店生意红火，事事如意称心，还有什么求的？

桂　香　有，还有一件。（红杏未动声色）你不求，我替你求，求菩萨保佑你和头儿……（说着欲求）

红　杏　（一把拉住桂香）

（唱）休得往下讲，

莫为我说谎。

头顶一方天，

菩萨有灵光。

此事暗自常掂量，

轻轻重重心底装。

桂　香　（唱）女人缺少当家的，

好似房屋断大梁。
头儿爱你情意柔，
你爱头儿性子刚。
一个柔，一个刚，
刚柔相济配成双。
从此不用暗来往，
正大光明过时光。

（白）我看头儿服你管，成家后，谅他不会变心……

［两个女人在店堂里，一边打扫，一边啦呱。

红　杏　唉！服我管有什么用，我也是个没见过大世面的女人。

桂　香　红杏嫂，我们做女人的，不就是出门嫁汉，穿衣吃饭嘛。

红　杏　这年把，我嚼出点味来，女人到世上只求温饱，岂不白来一趟。

桂　香　那该怎样？

红　杏　出门嫁汉，得看嫁个什么样的男子汉。

桂　香　你说，石钻他……

红　杏　世上最好的男人被你嫁着了。

桂　香（反唇相讥）我不像你，挑肥拣瘦，头儿那么疼你，可你……

红　杏　可我觉得他缺些什么……

桂　香　缺什么？你不能跟头儿明说吗！他那么有钱，你要什么，他准会给你买什么……

红　杏　我也说不清楚，他也买不着……不瞒你说，自从相识白马驹，这种感觉愈来愈旺。

桂　香（非同小可地）啊！红杏嫂，你千万别三心二意……（红杏“咯咯咯”地笑了起来）女人的名誉比什么都金贵！

红　杏　瞧你急的……我被窝里除了黑马棒，不就是你嘛！

桂　香　我劝你趁早嫁给头儿，省得小白脸搅和。

红　杏　说了半天，你不明白……这么讲吧，目前我还不想嫁给他。

桂　香　为什么？

红　杏　什么也不为……我爱他，也恨他。

桂　香（不解地）恨他？

红　杏 （唱）我恨他头脑简单眼光浅，
　　　　　　我恨他一块生铁难成钢。
　　　　　　我恨他目不识丁胡乱闯，
　　　　　　我恨他野马放蹄难收缰。
　　　　　　恨五分爱五分有收有放，
　　　　　　火一阵水一阵忽热忽凉。
　　　　　　进半步退半步欲前欲后，
　　　　　　思改嫁怕改嫁时弱时强。
　　　　　　当寡妇全不想竖立牌坊，
　　　　　　我心中却有堵无形高墙。
　　　　　　由他推由他敲由他摇晃，
　　　　　　我有板我有眼我有主张。
　　　　　　不顾迎面雨，
　　　　　　不顾背后霜；
　　　　　　不顾蜚语短，
　　　　　　不顾流言长。
　　　　　　敢作风流敢承当，
　　　　　　不到时候不拆墙。

桂　香 这么一说，我真不能替你求神保佑哩。

红　杏 谁让你多事的。

桂　香 你呀，存心让头儿尝着买不着，绕着你的围裙转。

红　杏 没办法，明知是个折磨……可当寡妇的不能不多长个心眼。

桂　香 折磨到什么时候为止？

红　杏 皇帝不急太监急！你别多操心，到哪山，砍哪柴，说不定明儿我就和黑马棒登记结婚。咯咯咯……

［店外传来脚步声。

桂　香 来人哪！

红　杏 快把菩萨请到房里去。

［桂香将“送子观音”藏入卧室，复出，进暗间忙活。

［小杏搀钱罐娘上。

小　杏　妈！（扑向红杏）

红　杏　我的个小乖乖，你来啦！

小　杏　钱奶奶也来了。

红　杏　大妈！快坐下。（奉茶）这么大年纪，跑了一二十里路，累不？喝口茶歇息。

钱罐娘（边喝茶边说）不累不累……

红　杏　不累是假，想儿子是真。

钱罐娘　唉！我那钱罐儿，不知何年何月才能成家啊！

红　杏　这不是急的事，大妈。

钱罐娘　我都六十好几哪！今晚脱了鞋，不知明早来不来，怎能不急哟！

红　杏　钱罐兄弟也急，买媳妇的钱还没挣够数。

钱罐娘　听说南乡的媳妇又涨价了。（掏出一卷钞票，递到红杏面前）

红　杏　哟！这么多钱，是你余的？

钱罐娘（摇头）是头儿给的。他担心钱罐手紧亏待我，硬让我收下当生活费。

红　杏　难得头儿一番好心，您老就收下花。

钱罐娘　儿子每月没少给，这么多钱，哪花得了。

红　杏　花不了就留着，百年之后当“棺材本”。

钱罐娘　只要活着见到儿媳，死后挨火烧，我也心甘情愿。（将钱交于红杏手中）等钱罐出门买媳妇，你让他带上。

［钱罐上。

钱　罐　妈！你怎么来了？

红　杏　还不是来看看你这个宝贝儿子。

钱　罐　妈！我不是好好的，没病没灾……

钱罐娘　为你买媳妇的事，妈的头发都愁白了。瞧你这窝囊样，“年过二十五，衣破无人补”，什么时候成家噢？

红　杏（打趣地）“要得有人补，再过二十五”。

钱　罐（急了）“再过二十五，半截入黄土”，我……我得加劲干活，提早挣够钱，买来媳妇，再生个儿子。妈！让您老人家抱上孙子，高兴高兴！

钱罐娘 真是那样，妈在梦里笑醒。罐儿，领妈上山看看。

钱　罐 哎！（搀娘出门）

小　杏 钱奶奶，我也去。

钱罐娘 你在这等着，奶奶一会就来。

［钱罐母子下，小杏再次扑进娘怀。

红　杏 （盯着小杏瞧不够）可想妈?

小　杏 想。一星期才见一次面，怎么不想？！

红　杏 （抚摸小杏项上的红领巾）真漂亮!

小　杏 校长亲自给我戴上的。

红　杏 （端详女儿臂上的“队标”）两道杠!

小　杏 中队长，同学们选的。

红　杏 老祖坟上冒烟，我家小杏当官哪!

小　杏 （撒娇地）妈……

红　杏 好好地念书，念完小学上中学，高中毕业考大学。

小　杏 考不上呢?

红　杏 考不上，就到城里开酒店，你当经理，妈给你掌勺。

小　杏 我不进城，爷爷奶奶在家没人陪。

［红杏紧搂小杏亲了一下。

红　杏 妈给你做好吃的，带回去和爷爷奶奶一起尝。

小　杏 上回带的鸡大腿，爷爷奶奶啃不动，尽让我吃了。这回炆烂些。（红杏点头）妈，你去做吧，我到山上找钱奶奶去。

［小杏走出店外，碰上黑马棒。

黑马棒 呵！小杏。

［小杏扑入黑马棒怀中，他抱起小杏欲亲……

小　杏 （挣脱）你的胡子扎人！我要上山……

黑马棒 （张开双臂挡住去路）山上煤窑是我开的，你上山，得我点头。

小　杏 你点头?

黑马棒 是呀。

小　杏 那你快点头啊!

黑马棒 点头不难，先喊我一声……

小　杏　黑大伯！

黑马棒　（摇头）唔……

小　杏　那喊什么？

黑马棒　爸，喊声爸！

小　杏　（不吱声）……

黑马棒　喊呀！你喊声爸，（掏出一支钢笔）这笔就送给你。

小　杏　钢笔！（高兴地上前欲取）

黑马棒　（将钢笔举过头顶）喊声爸，就归你。

小　杏　真的？

黑马棒　说话算话。

小　杏　（先犹豫，后欲喊）……

［红杏在店内咳了一声。

小　杏　你让我过去，我再喊。

黑马棒　行。（收拢双臂）

小　杏　（走了过去）黑大伯！（喊罢飞身跑下）

黑马棒　（举笔高呼）回来，给你！

［小杏内应："我不要！"

黑马棒　这丫头，比她妈还能。

［黑马棒进店，红杏欲倒茶。

黑马棒　茶不过瘾，我想喝酒。

红　杏　酒！你刚从城里回来，还能少喝吗？

黑马棒　酒跟酒，不一样味，宴会上没喝到"杏花村"的酒，怪想得慌。

红　杏　那好办，今后出门、赴宴带上酒……

黑马棒　再带上卖酒的人，就更称心哪！

（唱）丢了魄，散了魂，

出门想念卖酒人。

红　杏　（唱）卖酒人在"杏花村"，

忙内忙外难抽身。

黑马棒　（唱）梦中与你拜天地，

几番醒来一场空。

红　杏 （唱）同床异梦云遮日，
一半阴天一半晴。

黑马棒 （唱）说你有情却无情，
为何不与我结婚？

红　杏 （唱）休得多次将我问，
其中原因说不清。

黑马棒 （唱）你的心思腹中藏，
我能猜到八九分。

红　杏 （唱）你能猜到八九分，
不妨说来与我听。

［红杏发现黑马棒上衣被刮破，帮他脱下，拿过来缝补。

黑马棒 你上有老，下有小，生怕连累我，是吧？（红杏边缝衣边摇头）我有的是钱，连累不了……噢！是怕结婚后，我待你不好？（红杏摇头）哪能哩……那是，那是……咳！我猜不透，小姑奶奶，你自己说吧！

红　杏 我没说的，听你说。

黑马棒 我说的又不对你心思。

红　杏 对我心思的，你又不说。

黑马棒 什么话对你心思呢？

红　杏 那人命关天的大事，你怎么打算的？

黑马棒 很简单，暂不停工加固，用户等着要煤，合同兑不了现得赔款。（红杏想说什么）咳！你别打岔……
（唱）日夜琢磨你心思，
朝思暮想成夫妻。

红　杏 （唱）常言道相好应相知，
莫怨我不作你的妻。
我盼你雄心永不衰，
我盼你改掉犟脾气。
我盼你领好穷兄弟，
我盼你步步上天梯。

当头儿粗中要有细，
关键时一言见高低。

黑马棒 （唱）煤窑正是兴旺时，
井上井下我有底。
白马驹虽然很能干，
偏偏他与我出难题。
没事找事弄玄虚，
蚊子说成大飞机。
黄狼跑到磨道里，
冒充什么大尾驴。

红　杏 （唱）勿拂他的好心意，
一片赤诚受委屈。
良药苦口利于病，
出了事故后悔迟。

黑马棒 （唱）说一千，道一万，
这件事情我不依。

红　杏 （唱）铁打江山容易改，
生成秉性实难移。

黑马棒 你别听白马驹噘弄！

红　杏 我又不是三岁小孩子！

黑马棒 那小子这几天到处扇小扇子，动摇人心，我正要找他算账哩！

[白马驹上。

白马驹 头儿……

黑马棒 明人不做暗事，姓白的，你少在背后瞎嘀咕，嫌我庙小，容不了你这个大菩萨，那就请便！从此后，你不是我的人哪！（说罢拂袖而去）

白马驹 头儿，头儿……

[黑马棒头也不回。

红　杏 大兄弟，你是有文化的人，别跟头儿一般见识。

白马驹 （感慨地）天地虽大，却无我立足之处……

［白马驹摸出打火机点烟，但未打着，随手将打火机甩至桌上。红杏拿过，打亮火苗，为白马驹点烟。

白马驹（吐出一团烟雾）唉！……

红　杏（唱）男儿失意头不垂，

白马驹（唱）鸿鹄之志化成灰。

红　杏（唱）岩石不转磨儿转，

白马驹（唱）来日方长无意追。

红　杏（唱）黄河九曲十八弯，

白马驹（唱）波浪受阻难迂回。

红　杏（唱）骏马失蹄力不亏，

白马驹（唱）报效无门自惭愧。

红　杏（唱）自古忠言难入耳，

白马驹（唱）寄人篱下无作为。

红　杏（唱）往事如烟莫自悲，

白马驹（唱）前程渺茫依靠谁？

红　杏（捧来酒菜）大兄弟，莫往心里去，我陪你喝两杯。（斟酒）

［二人对饮。

白马驹（唱）山穷水尽路切断，
柳暗花明少村圩。
举酒杯，浇块垒，
且借“杜康”扫愁眉。

红　杏（唱）以酒解愁愁难解，
君子有量不贪杯。
东方不亮西方亮，
起步自有人相随。

［白马驹几杯酒下肚，想入非非。

白马驹（唱）她那里柳拂湖水似有意，
不由我叠浪层层拍心扉。
锁不住红杏枝头春意闹，
禁不了蜂飞蝶舞钻花蕊。

荒芜之地得知音，
秋草陡照三春晖。
情动佯装几分醉，
欲生尚须探细微。
嫂嫂你——
一双慧眼识英雄，
英雄不谈当年威。
韩信甘忍胯下耻，
萧何爱才月下追。
项羽得志称霸王，
垓下被困美人陪。

（握住红杏手，白）我俩喝……喝它个一醉方休……

红　杏　你醉了！

白马驹　没醉……我清醒得很。（贪婪地注视着红杏）

红　杏　你看什么？

白马驹　（唱）我看碧玉胜闺秀，
好朵鲜花插粪堆。

红　杏　（避开白马驹）大兄弟，谁是鲜花？

白马驹　当然你是鲜花。

红　杏　谁是粪堆？（白马驹未答）说呀，你是个有学问的人。

白马驹　可我也是个有血有肉的男人！

红　杏　哼！有血有肉，却没有骨头！我问你，成家了吗？（白马驹摇头）没成家倒学会调戏女人的本领。

白马驹　不不……令我动心的女人不多，嫂嫂……

红　杏　嫂比母，你要分清大小高低，在这山上山下，谁不知我与黑马棒相好！你就不怕我告诉他么？

白马驹　不怕！黑马棒算什么？充其量是个蠢夫莽汉，我白马驹强过他百倍。嫂嫂，难道你看不出来吗？！你的相好应该是我，而不是他！

红　杏　（放声大笑，笑后问道）他有一座煤窑，你有吗？他有一班人马，你有吗？他有成捆票子，你有吗？他有……

［白马驹被问得无地自容，疾步走出。

红 杏 站住！

白马驹 （转身）刚才酒后失言，请恕我冒犯。

红 杏 你若有骨气，别在女人身上花功夫，要和男人比高低。

白马驹 马陷淤泥，无路可走啊。

红 杏 路有千条，起步脚下。

白马驹 脚下？……

红 杏 对！抬起你的头，朝那儿看。

白马驹 （顺着红杏手指望去）西山头！

红 杏 东山头有煤，西山头也有煤，母亲的两个乳房都有奶水喂孩子，你可有胆量上西山开窑？

白马驹 两手空空，谈何容易？

红 杏 贷款。

白马驹 一个外乡人，谁能信得过。

红 杏 我扶你一把，为你具保贷款。

白马驹 （激动地）真能如此……

红 杏 （点头）别婆婆妈妈的。

白马驹 贷款到手，说干就干，只是头儿那里……

红 杏 船多不碍道，我就想让你干出个样子给头儿看看。

白马驹 不至于使嫂嫂失望。告辞！（下）

［红杏见桌上的打火机，拿过，追出门外，人已走远。她回到店中，取过黑马棒上衣，打亮火苗，凝视出神……俄顷，悄然打盹。

［灯光扑朔迷离，出现梦幻境界。

［《醉汉歌》声中，东西山头的挖煤工，分别拥着黑马棒和白马驹上。

（唱）我有一腔血，

何惧酒性烈。

酒性烈，

不痛饮，

非豪杰。

胆壮无所怯，

阎王见我矮半截。

［红杏恍惚入梦。

红　杏（唱）酸甜苦辣尝个遍，

善恶美丑分得清。

红杏仰慕领头雁，

带领雁群奔前程。

蓝天无边任鸟飞，

长空大写一个“人”。

［一伙醉汉簇拥着黑马棒：“头儿，喝！”

黑马棒　今朝有酒今朝醉，喝！

红　杏（唱）有武少文难行路，

［一伙醉汉簇拥着白马驹：“窑主，喝！”

白马驹　好酒须留三分量，喝！

红　杏（唱）有文少武路难行。

黑马棒　白窑主，你头脑灵，点子多，东山头向你学习！

白马驹　黑窑主，你性子直，讲义气，西山头向你学习！

［黑马棒、白马驹同声：“哈哈哈……来，干杯！”二人碰杯，众汉造型。

红　杏（唱）黑白并肩手携手，

犹见二人合一身。

有勇有谋得众望，

亦文亦武称我心。

［众醉汉欢腾雀跃。黑马棒、白马驹同声：“来，摆场子！”

［黄狼来了精神，朝桌面上倒下赌具袋内的“牌九”。

红　杏（大声）慢着！

黄　狼　嘿嘿！赌钱是爷儿们的事，娘儿们可沾不上边。

红　杏　放屁！什么“爷儿们”“娘儿们”，看我的！

［红杏负气走近赌桌，洗牌，垒牌，分牌，俨然是个庄主。众醉汉围拢下赌注。庄主手气特好，一连三盘统吃，第四盘无人下注。

红　杏 （提起骰子）下钱呀！爷儿们。（没反应）哈哈……都没钱哪！（拥着胸前钞票，放声大笑）

贾铁嘴 （醉眼惺忪地打量红杏）女老板，你别高兴得太早……这可不是好兆头。

红　杏 怎么哪？

贾铁嘴 赌场上得意，那……那情场上……

红　杏 情场上我也不会失意！

[红杏自觉“双得意”，将胸前钞票朝两边抛撒，飘忽的钞票宛如纷飞的纸钱，醉汉们争先恐后地去捡、去抢，同时隐去。唯黑马棒和白马驹未动步。

红　杏 怎么，你俩不服输？

黑马棒　白马驹（同声）一忽河东，一忽河西，输赢本是常事。

红　杏 那请下注吧！

黑马棒 一座煤窑。

白马驹 煤窑一座。

红　杏 煤窑？

黑马棒　白马驹（同声）煤窑作注赢美人。

黑马棒 你是我的。

白马驹 你是我的。

黑马棒 我的！

白马驹 我的！

红　杏 你俩都想赢我，姑奶奶可没有分身术。

黑马棒 先跟我来！

白马驹 先跟我来！

黑马棒 你应是我的老婆！

白马驹 你该是我的相好！

黑马棒 我的！

白马驹 我的！

红　杏 （取出一枚硬币）别争，由上苍决定。

黑马棒 （指硬币）我要正面。

白马驹 （指硬币）我要反面。

[红杏将硬币抛向半空，落于地面，用脚踩住。

黑马棒 （急切呼唤）正面!

白马驹 （急切呼唤）反面!

[黑马棒和白马驹同声祈求：美人，你开宝啊!

红 杏 不！不赌哪！（近于怒吼）我是人，我是堂堂正正的女人！（踢飞硬币，掉头就走）

[黑马棒和白马驹同步追出：红杏！红杏!

红 杏 滚！滚!

[灯光变化，梦境消失。"滚！滚!"红杏口中骂着，从梦中醒来。

红 杏 （自语）做了一个白日梦……

（伴唱）一个终身难以托，

一个终身托也难。

情丝难剪啊剪呀剪不断，

思绪难理啊理呀理还乱。

[切光。

三

[伴唱：读破无字书，

识得愁滋味。

春易老，

秋易深，

求一醉。

醉后床上睡，

梦外哪及梦内美。

[阴云积聚，山雨欲来。

[西山头井架耸立，似有与东山头试比高低之势。

[桂香在收拾店堂，不时呕吐。石钻捧着矿工帽上。

石 钻 桂香，昨晚你说想吃山里红，我高兴得一夜没合眼。喏！给你买来了。

桂 香 看你高兴的……生男生女我可没底。

石 钻 听我妈说，酸男甜女。上回你“有了”，尽想吃甜食，这回不一样……（从矿工帽中抓过一把山里红，放到桂香手中）吃吧！

桂 香 真像你妈说的那样就好哪！

石 钻 别担心，即使生个丫头，我也要你。

桂 香 真的？

石 钻 （点头）嗯。

桂 香 你妈逼你呢？

石 钻 我和她摆理嘛！生不出男孩，是她儿子种气不好，哪能怪儿媳呢？

桂 香 你真好！（投入石钻怀中）我听红杏嫂说，东山头井下不保险，头儿又不听劝告，你还不如到西山头干呐。

石 钻 头儿待我不薄，我怎能这样做！？（安慰桂香）井下坑木少了些，还能撑着，干到你坐月子，我们就回家。

桂 香 我有点怕……

石 钻 别怕，你只管放开胆子，给我生儿子，这胎不中再看下胎，下胎不中再看下下胎，……我就不信，（拉个架势）这么大个子，就生不出男孩！

桂 香 不怕罚款？

石 钻 我有的是力气，到哪都能挣到钱。

桂 香 你呀！……（将一粒山里红，填入石钻口中）你尝尝，怪有味。

石 钻 （咬了一口）哎唷！酸倒牙哪……（吐出山里红，手捂腮帮，龇牙咧嘴）

［桂香心疼地凑上去细瞧石钻牙齿。

［贾铁嘴、钱罐上。

贾铁嘴 哟！小两口子够亲热的。

［桂香闻声疾步入暗间。

钱 罐 （捡起地上的山里红）好吃的东西不买，两口子啃这玩意。

贾铁嘴 你懂啥！腹中小毛孩坐胎，单想山里红酸腮。这玩意比什么都好吃。

钱　罐　（对石钻）哎！你老婆怀孕哪？

贾铁嘴　那还用问，秃子头上的虱子——明摆着。

钱　罐　（对贾铁嘴）过来人，有经验，你倒说说，这回桂香嫂怀的是男是女？

贾铁嘴　孕妇让我看上一眼，便知是女是男。

钱　罐　（对石钻）快把你老婆拉出来让他看看，是男的，就留着；是女的，到医院打掉。“超生罚款”吃不消。

石　钻　（对贾铁嘴）你真有这本事？

贾铁嘴　高山不是堆的，火车不是推的。孕妇怀女孩，肚皮圆而扁；孕妇怀男孩，肚皮圆而尖。我老婆回回一个样，都是这形状……（用手在腹前比拟）

［石钻进暗间拉出桂香，三个男人的目光集中于桂香的腹部。桂香莫名其妙，挣脱逃下。

钱　罐　（怀疑自己的眼睛）啧……

石　钻　（对贾铁嘴）你看出是男是女？

贾铁嘴　咳！还没出怀，神仙来了也看不出。

石　钻　还有别的法儿吗？

贾铁嘴　有哇！看孕妇鼻梁两边，有没有蝴蝶斑。

石　钻　有呢？

贾铁嘴　女孩打扮娘。

石　钻　没呢？

贾铁嘴　男孩不化妆。

钱　罐　（对石钻）快，再拉出来看看。

［石钻进暗间拉桂香复上。

钱　罐　（看后）没有！这回看清哪，没有。

石　钻　（欣喜地）真的没有！男的，男的……（异常激动）

桂　香　你们说什么？

石　钻　你脸上没生蝴蝶斑，怀的是男孩。

桂　香　啐！（羞涩地跑下）

石　钻　（对贾铁嘴）这法儿可准？

贾铁嘴 （胸脯拍得咚咚响）万无一失。喜事，该请客！

石 钻 没说的。（遂向暗间打招呼）

［红杏端酒菜上。

红 杏 （放下酒菜）石钻，啥事拉扯桂香？男人家粗手笨脚，好不容易"有了"，万一有个闪失，那可不是闹着玩的！

石 钻 没事。

红 杏 你们的头儿呢？

石 钻 他这几天心神不定，好像有什么心事……

红 杏 什么心事，不就是西山头开了窑，他手上人走了几个嘛！西山头法儿好，干活承包，下井安全，谁不想往高处去？你们开导开导他，叫他向白马驹学学，让大伙多挣钱又不出事。

石 钻 头儿脾气暴，别人的话听不进。

［贾铁嘴、钱罐附和："是呀，是呀。"

红 杏 听不进，你们都走，让他自己干，砸死活该！

石 钻 哪能这样不讲交情……白马驹那小子说得有些过分了吧！

钱 罐 也许不会出事……我再干一阵子，挣够钱，就下南乡买老婆，犯不着挪窝了。贾铁嘴，你想不想过去？

贾铁嘴 我……我怎么说哩……

钱 罐 怎么想的就怎么说。

贾铁嘴 不提不怕，一提还真有点……那个……

（数板）东山头井下似险坡，
提心吊胆往前挪。
西山头井下如平地，
稳稳当当好干活。
东山头挖煤大锅饭，
西山头承包挣钱多。
不怕不识货，
就怕货比货……

石 钻 不愧是张铁嘴，翻米翻去挺利索。

［黄狼上，与西山头一伙挖煤工相遇于店前。黄狼进店后，挨着钱罐坐

下，西山挖煤工坐于另一张八仙桌，自然形成东西对垒的阵势。

煤工甲 红杏嫂，好酒好菜尽管往上端。（将手中收录机放至桌上）人活一世，草活一春，该痛快的时候就得痛快！来段小曲……（揿下收录机按钮，传出悦耳动听的歌声："月亮走，我也走，我送阿哥到村口……"）西山头和东山头就不一样，饿了有食堂，脏了有澡堂，想看个什么，有电视机，想听个什么，有"双喇叭"……出一样力，得加倍钱，我说哥儿们，虫儿都往亮处飞，你们就不动心啊？

石　钻 （跑过去关掉收录机）是白马驹派你来宣传的？

煤工甲 别管谁派的，出力干活，认钱不认人。黄狼，你还迷个啥？

黄　狼 （起身）只要你们头儿不嫌弃……

煤工甲 我们头儿没问题，来者不拒，就看你能不能戒赌？

黄　狼 戒赌……

煤工甲 贾铁嘴，你可想过来？

贾铁嘴 好鸟拣树做窝……

石　钻 你这家伙，东倒吃羊肉，西倒喝羊汤。

贾铁嘴 你别死心眼啦！连女老板都要蹬掉黑马棒，你还恋什么？

石　钻 闭嘴！

贾铁嘴 我说的大实话，西山比东山强，小白脸比大黑脸俊……（石钻欲揍贾铁嘴）哎哎！别打人，刚才我还替你预测生儿子哩……

［红杏送酒菜上。

［白马驹和王主任也由店外信步踱来。

王主任 白窑主，够意思，有企业家气派……好好干，我给你撑腰……当然哪，少不了女老板保驾。

红　杏 我是女流之辈，你主任伸出大拇指也比我的腰粗。

王主任 （果然伸出拇指比细腰）夸张，夸张！哈哈哈……

［白马驹、红杏送王主任出门。黑马棒上。

王主任 哎呀，老黑！我来了怎么没见你人影？（黑马棒未作解释）女老板找我借贷款，我可当着你的事办的。怎么样？信用社讲信用吧！（黑马棒仍未吭声）老黑，听说你那井下不安全……出了事，认法不认人，谁也挡不了。

黑马棒 没那么严重，你听谁说的？

王主任 不必追问哪，不出事就好。我先走一步了……（下）

［黑马棒满脸阴云，入座后，掏出电动剃须刀，在黑脸上磨来磨去。

白马驹 今天我做东，不分东西山头，酒钱算在我头上。

［酒菜上齐，白马驹端过一杯酒，走近红杏。

白马驹 红杏嫂，当初我马陷淤泥，你请我喝酒；如今我走出困境，该我请你喝酒。

（唱）小弟本是外乡人，
立足宝地难扎根。
幸亏嫂嫂来相助，
点明一盏指路灯。
我是禾苗你是雨，
我是树木你是春。
敬杯水酒表心意，
毕生铭记知遇恩。

红　杏 看你说到哪去啦！西山煤窑办得好，那是你的能耐……

（唱）穷如绳索捆农民，
而今政策松绑绳。
我愿青山春常在，
我愿晴空无阴云。
我愿东山学西山，
并肩向前共生存。

黑马棒 （唱）他二人言来语去格外亲，
好似烈火烤我身。

白马驹 （敬罢红杏酒，又举杯）大家喝！黑窑主请！

黑马棒 没见我忙着嘛！这可恶的络腮胡子，一天刮三遍，它不让我露脸，我也不让它出头。

白马驹 （捧过酒杯）小弟敬你一杯！

黑马棒 我从不喝窝囊酒……（收起剃须刀）有种的，划拳较量！

白马驹 小弟不敢。

黑马棒　孬种！

白马驹　非来不可喽！

［黑马棒藐视地从鼻孔中“哼”出一声。

白马驹　好！舍命陪君子。

［半空滚动“隆隆”雷声，店堂里空气沉闷而凝重。

［泻下“划拳酒”，二人正欲伸手较量……

红　杏　（大喝一声）停下！（端过“划拳酒”，泼向地面）

黑马棒　（再提酒壶欲泻酒，壶中酒空）拿酒来！

红　杏　酒卖完了。

黑马棒　你……

红　杏　我怎么哪？！总不能拿水当酒卖吧！

黑马棒　（憋住火气）哼！……

［雷声愈来愈响，越来越密。一煤工上。

一煤工　头儿，客户发来电报……

黑马棒　怎么讲？

一煤工　急等用煤，误期按合同赔款。

黑马棒　……今晚加班！

黄　狼　天要下雨哪！

黑马棒　下雨怕个屌！

白马驹　黑窑主，做买卖信用第一，客户要煤，西山头可以支持你……雨天加班，危险极大。

黑马棒　谢谢你的“好心”！东山长青草，不养多嘴驴。（对黄狼）我和你们一起下井，加个夜班，算三天工资，你照人头记下名。

黄　狼　头儿，我……

黑马棒　你怎么哪？

黄　狼　我……我请假。

黑马棒　你不想跟我干了，想走，是吧？（黄狼点头）滚！三条腿蛤蟆难找，两条腿工人好寻。谁想过去就赶快走！

贾铁嘴　（顺阶而下）头儿，我也告辞……

黑马棒　（一挥手）滚！

[贾铁嘴和黄狼走向西山头一边。

黄　狼 （将赌具袋扔给白马驹）捧人碗，受人管，入乡随俗……

白马驹 好！愿意来的我都欢迎。

黑马棒 你小子欺人太甚，有意跟老子过不去！

白马驹 黑窑主，东山头井下迟早要出事，我不能眼睁睁地看着弟兄们……

黑马棒 住嘴！

红　杏 （抢过话头，下逐客令）酒完菜尽，明日请早！

[众人纷纷离去，白马驹也跟着迈步出门。

黑马棒 站住！（白马驹止步）我打的江山，你来坐天下，没那么便宜的事。

白马驹 嘿！这明明是人民的江山，共产党的天下，你我……

黑马棒 （拍案而起）别唱高调！姓白的，你听着，这儿有我没你，有你没我，限你三天之内，滚出双乳山！

白马驹 谁下的命令？

黑马棒 你老子——我！

白马驹 姓黑的，就算你是“山大王”，可我不是你手下的喽啰。你是窑主，我也是窑主；你有“开采证”，我也有“开采证”。你凭什么叫我滚？

黑马棒 就凭这！（举起拳头）你他妈的做事太绝！煽风点火，我让了；动摇人心，我忍了；另立山头，我认了；谁知你得寸进尺，竟敢挖我的墙角，掏我的心肝……

白马驹 黑马棒！你冷静点……我在你手下尽心竭力，出谋划策，你充耳不闻，拒之千里。我另立山头，一没抢你生意，二没挡你财路，算够朋友的哪！弟兄们投奔西山，那是他们的自由。至于“心肝”嘛……请你尊重她的选择。

黑马棒 够了！（一把抓住白马驹衣领）你……

白马驹 怎么，要动武？打人犯法！

黑马棒 我的拳头不认法！（挥拳）

[眼看白马驹要吃亏，红杏疾步上前一把托住黑马棒手腕。

红　杏 放开他！（黑马棒稍一松手，白马驹趁势挣脱，夺门而出，隐于墙外）双乳山的煤，你挖得，别人也挖得，有本领比着干，动拳头，算什么英雄好汉？！

黑马棒 （迁怒于红杏）我问你，西山打井挖煤谁出的主意？

红 杏 我。

黑马棒 信用社贷款谁担的保？

红 杏 我。

黑马棒 你护他？

红 杏 护他。

黑马棒 你疼他？

红 杏 疼他。

黑马棒 你爱他？

红 杏 爱他。

黑马棒 你和他睡了？

红 杏 睡了又怎么样？！

黑马棒 你！……你这没良心的女人！（举起拳头）

红 杏 住手！（黑马棒的拳头停在半空中）我没良心？！黑马棒，你手捂胸口想想……我男人死了，你帮我料理了后事，又借钱给我开了这个酒店。不错，我欠你的情，可我一时一刻也没忘记，为了报答你，姑奶奶我还清了你的钱，又给了你多少深情，多少厚意，连身子都给了你哪……实指望遇上一个真正男子汉，撑起一方天，领着大伙干出个样子来。哪知你，光长胡子，不长心眼，不灌浆的空麦穗，不进油的空核桃，既不识字，又不识人，只图一时痛快！你……呵呵……咯咯……哈哈……好悔啊！黑马棒呀黑马棒，人生在世，除了吃喝玩乐，难道就没有别的了吗？（步步逼近）咳！你的力气大，你的拳头硬，打吧！（黑马棒节节后退）打呀！你是我男人？（黑马棒摇头）我是你老婆？（黑马棒摇头）你不是我男人，我不是你女人，你凭什么管我？凭什么管我？！

黑马棒 咳！（一拳擂在自己胸脯上）

红 杏 （唱）没有婚约在你手，

疼谁爱谁我自由。

说什么情，道什么意，
往日情意脑后丢。
道分两岔各自走，
休管他人怎风流。
天下何处无美酒，
从此莫进我店门口。

黑马棒
白马驹（同唱）这女人心摸不透，
好似秋云变化稠。

黑马棒（唱）水性波动一河浪，
杨花轻飘半空游。

白马驹（唱）怀抱琵琶犹遮面，
欲擒故纵有计谋。

黑马棒（唱）有了新欢忘旧友，
沙子朝我眼中揉。

白马驹（唱）明里不从原是假，
暗地对我早相投。

黑马棒
白马驹（同唱）一语把那天机漏，
反目无/有情失/得温柔。

黑马棒（唱）嫉火中烧强压下，

白马驹（唱）喜气飞扬上眉头。

黑马棒
白马驹（同唱）白马驹呀你不仁不义。
黑马棒呀你自作自受。

红　杏（唱）滚滚滚！

黑马棒（唱）无意留。

白马驹（唱）悄悄走。

［白马驹下。

黑马棒（唱）恩爱一场总算了，
今世无缘不强求。

（取出钢笔，白）这是给小杏的，请你交给孩子。

[红杏未接，黑马棒将钢笔放入袋中，大步流星地下。

[红杏心绪不宁，失落、凄凉、怅惘、孤独一齐袭来。

[伴唱：人对孤灯影作伴，
胸中塞入麻一团。
剪呀剪不断，
理呀理还乱。

[灯光渐暗，空中电闪雷鸣，风雨大作。俄顷，传来声嘶力竭的呼喊声："冒顶啦！出事喽！救人啊！"

[红杏从卧室取出雨伞，撑起，出门。

[合唱队（由众煤工组成）登场，排列不同队形，似山路，似树林……红杏执伞穿行其间。

红　杏（唱）　一道闪——
（合唱）一道闪照亮山路弯又弯，

红　杏（唱）　一声雷——
（合唱）一声雷震得山头直打颤。

红　杏（唱）　情急不容缓，
大祸在眼前。
风莫阻，雨莫拦，
让我飞上双乳山。
（合唱）风莫阻，雨莫拦，
让她飞上双乳山。

[救护车的警笛声划破夜空，撕人心肺。

[井下众煤工抢险救人，钱罐高喊："救命哪！"……造型。

[切光。

四

[歌起：望断檐下雨，
静听山谷风。
来匆匆，

去匆匆，
壶未空。
斟下酒一盅，
相思未了恨未穷。

[时近傍晚，暮色苍茫。

[红杏伫立窗前。

红　杏（唱）日西沉近黄昏夜色渐浓，
似轻纱似薄雾扯满空中。
山宁静水宁静一片宁静，
树朦胧草朦胧思绪朦胧。
心问口口问心无以解答，
不思量自难忘惆怅填胸。
看窗外双乳山半明半暗，
热腾腾冷清清大不相同。
实指望东西山展翅齐飞，
岂料那黑马棒一意孤行。
风雨夜出事故塌方冒顶，
洗劫后人未还忧心忡忡。
钱罐他遭不幸丧了性命，
撇下了老母亲无人照应。
可怜她年高迈思盼儿媳，
无奈何对老人隐瞒真情。
石钻他受重伤卧床不起，
黑马棒砸断腿死里逃生。
当头儿理不该固执偏见，
只落得祸临头地陷天崩。
常自责女人家心肠太软，
为他忧为他愁不得安宁。
入夜间绣枕边暗自流泪，
天色明开店门强作笑容。

怨秋风怨秋雨不解人意，
路草黄枝条瘦落叶纷纷。
白马驹带来了几许春意，
心潮起涌细流投下绿荫。
祛不得扫不掉心神不定，
红杏我却为何苦恋旧情。

[红杏出神凝视。西服革履的白马驹手提公文包上。

白马驹 （兴奋地）红杏！

红　杏 哟！来啦，请坐，给你倒茶……

白马驹 我不渴。

红　杏 那给你上酒。

白马驹 “杏花村”的酒醉人，喝了会胡言乱语。

红　杏 不喝茶，不吃酒，你来……

白马驹 我是怕你孤单，来跟你说说话的。嫂嫂，你怎么不去医院看看？

红　杏 没得闲。你去哪？

白马驹 哪能不去哩！不管怎么说，我在他手下干过，现在他倒霉了，该去看他，拉他一把。

红　杏 噢？……

白马驹 不看金刚看佛面，冲着你，我也应该这样做。

红　杏 大兄弟，你是怎么拉他一把的？

白马驹 东山窑的设备我照原价买下了，没让他吃亏，连井下的破烂都算钱了。

红　杏 （心儿猛一沉）啊！他把设备都卖了……

白马驹 是呀，他等钱花。

红　杏 公家作过处理，该付的费用都付了，还有哪儿要花钱？

白马驹 一个愿卖，一个愿买，我问不了那么多。

红　杏 （自语）真浑啊！设备卖了怎么办？

白马驹 设备不卖，他也不能干哪！
（唱）黑马棒不是这块料，
胸无点墨妄自高。

管理无方乱了套，
经营不善一团糟。
当初不听我劝告，
落得破产卖煤窑。
一摊破烂没人要，
逆境之中见深交。

红 杏 这么说来，还是你够朋友唠！

白马驹 怎么说哩……经商就是这么一回事，国家都立了《破产法》……我做交易蚀了本，被别人吞了；我开煤窑赚了钱，又吞了别人。天经地义。

（唱）大起大落大江潮，
时来运转在今朝。
未敢忘嫂嫂给我情和意，
未敢忘嫂嫂替我撑过腰。
未敢忘嫂嫂为我受委屈，
未敢忘嫂嫂对我另眼瞧。
受人好处当图报，
过河之后不折桥。

[白马驹解开公文包。

红 杏 你拿什么？

白马驹 我要送你一样东西。

红 杏 送我东西？（白马驹点头）你已敬酒表达过心意了……

白马驹 那是人前，这是背后。

红 杏 人前、背后各一套，噢！我明白了……你的意思是买下黑马棒的煤窑，又来买他的相好的……

白马驹 别说得那么难听……当然唠！从现在起，说他的一切都属于我的，也不过分。

红 杏 若是他相好的不答应呢？

白马驹 不可能。

红 杏 记得她曾教训过你……

白马驹 那是违心之言。

红 杏 是吗？

白马驹 怎么不是的！

红 杏 何见得？

白马驹 她说过“护我”吗？

[红杏听了愕然，愤然，遂加以克制。

红 杏 说过。

白马驹 她说过“疼我”吗？

红 杏 说过。

白马驹 她说过“爱我”吗？

红 杏 说过。她真的和你睡过吗？

白马驹 我用她的话回答：“睡过又怎么样？”（抽出包中契约）这是我买下东山窑设备的契约，上面有黑马棒的签字画押。喏！送给你。（塞入红杏手中）

[红杏拿着契约的手在发抖。

[伴唱：破产纸一张，

薄刀断寸肠。

一场美梦被击碎，

一番苦心付汪洋。

[红杏的情绪逐渐平静，镇定。

白马驹 我有煤窑，我有人马，我有票子……你所要的，我都有了！

红 杏 是呀，你什么都有了……可我更需要的一样东西，当初和现在你都没有。

白马驹 什么东西？

红 杏 良心！良心！良心！我问你：你落魄离乡，来到窑上，是谁收留你？（自答）是黑马棒。你立足西山，当上窑主，是谁扶持你？（自答）是红杏我。如今东西山头都归你了，你阔了！想买我——你姑奶奶。呸！我倒要教训教训你这个没良心的东西！（举手欲打）

白马驹 （一把托住红杏手腕）良心！什么是良心？同情、怜悯是良心吗？

我没伤谁、没损谁……如果黑马棒采纳我的忠告，东山窑会塌吗？钱罐会死吗？他自己会丢掉一条腿吗？东山窑的设备，他卖，我买，两厢情愿，公平交易，谁也不欠谁。告诉你：当今社会是个竞争的社会，竞争无情而残酷。你不应该拒绝我，也没有理由拒绝我。

红　杏　哼！你以为有了钱就有了一切……不，不不！（气不可耐，将手中契约揉成一团，扔于脚下）

白马驹　何必如此激动呢……（弯腰捡起契约）

［桂香挟行李上，她已大腹便便，行动不便了。

红　杏　桂香！

桂　香　红杏嫂！白窑主，你也在……（白马驹点点头）

红　杏　你怎么挟着行李来哪？

桂　香　头儿把煤窑卖了，石钻的被窝还在山上，我来拾掇拾掇拿回家。

红　杏　石钻的伤好些吗？

桂　香　好些了，就是头晕下不了床，出院后在家调养哩。

红　杏　保住命就好，可怜钱罐他……

桂　香　晌午，钱罐娘来找石钻，问起钱罐……

红　杏　石钻怎么说的？

桂　香　石钻说，东山头没出事的时候，钱罐就下南乡买老婆哪！

红　杏　老人信吗？

桂　香　不知道，她说她还要来问你……石钻瞒她时，我在一边直想哭……

红　杏　别难过……你自己得留神点，快足月了吧？

桂　香　还差十来天……谁知是男是女……

［桂香从卧室里取出装有“送子观音”的布包。

桂　香　红杏嫂，白窑主，你俩慢慢谈，我走啦！

红　杏　（拿过桂香手中布包，双手捧起，虔诚祷告）送子观音，求您哪，求您送桂香一子！

［红杏送桂香出店外。

桂　香　红杏嫂，头儿残废了，你就按自己的心路走吧！（下）

［白马驹点烟无火，红杏将藏于身边的打火机交给他。白马驹接过，打

火点烟，然而未着。

红　杏　熄了，打不着哪！

[小杏搀扶着钱罐娘上。

小　杏　妈！钱奶奶找你有事。

红　杏　大妈！（扶老人进店坐下）

钱罐娘　他嫂子！我信得过你，你告诉我，钱罐到底去没去南乡买媳妇？

红　杏　去了，早去了。

钱罐娘　走了这么多日子，就是到天边，媳妇也该买回来哪！

红　杏　（一时想不出确当的“谎言”）……不信，你问他。（指白马驹）

白马驹　是去买媳妇了，他人没回来，信来了。

红　杏　对！来信了。

钱罐娘　噢！给你来信了，信上怎么讲的？

红　杏　向您老人家问好……

钱罐娘　好，妈好……媳妇可买到？

红　杏　买到……不……没买到。

钱罐娘　买到买不到，也该回来呀！

白马驹　大妈！他在南乡招女婿啦！

钱罐娘　（对红杏）是吗？

红　杏　是的，大妈！（顺着白马驹的“谎言”，编织出一个美好故事）

（唱）南乡有家独生女，

长得标致美无比。

钱罐交了桃花运，

绣球打中招女婿。

披红戴彩作新人，

恩恩爱爱甜如蜜。

甜如蜜，妻有喜，

大妈呀，

不久你可抱孙子。

（白）钱罐兄弟在那里，没有烦恼，没有忧愁，也没有痛苦……

（不禁泪珠夺眶而出）

钱罐娘　他嫂子，你怎么流泪哪？

红　杏　（忙掩饰）我是高兴的。

钱罐娘　这小子总算有了媳妇哪！小喜鹊，尾巴长，招了女婿忘了娘……

红　杏　大妈！他也很想你。

钱罐娘　媳妇有喜，想妈也不能回来。他嫂子，请你带个话给他，有个盼头，妈就能活着，等他添了娃娃，一家三口一齐回来。（红杏点头应允）大妈我多少夜没合眼，今儿回家准能睡个好觉。（欲走）

红　杏　你等等！（取出“棺材本”）

钱罐娘　这孩子，怎么没带去？

红　杏　他身上的钱够了，临走时，让我把这钱交还给你，要你多买些好吃的，补补身子。

钱罐娘　（收下“棺材本”）这份孝心妈领哪！

［钱罐娘告辞，白马驹、红杏和小杏送至门外，迎面相遇劫后余生的黑马棒。他拄着双拐，右腿截肢。

小　杏　黑大伯！你出院哪……

钱罐娘　是头儿！

黑马棒　大妈！

钱罐娘　孩子，你受苦啦……

黑马棒　大妈！我有罪……对不起你呀……

钱罐娘　（拂去的疑云又笼罩过来）你有罪？……对不起我？……

红　杏　（又圆一谎）头儿脾气不好，平时好灌钱罐的酒，都灌醉好几回……他请你原谅。

钱罐娘　年轻人，醉了几回不碍事，别搁在心里。钱罐常跟我说，头儿是个硬汉子，软心人……

黑马棒　钱罐兄弟，他……

红　杏　（抢过话茬）你住院还不知道，他现在可好啦！离开他娘，也有个家哪……

黑马棒　（奉上一包钞票）大妈！请收下。

钱罐娘　我有钱花。

［一个要给，一个拒收，二人推来推去。

黑马棒　大妈！请收下，我心里……

红　杏　（再次遮掩）这钱是钱罐兄弟带来的，你不收下，头儿为难。

钱罐娘　是吗？

黑马棒　（点头）是的，是你儿子的钱。

钱罐娘　（半信半疑）好！你别为难，是儿子的钱，我就收下。你们谈谈心，我回家哪！

小　杏　钱奶奶，我陪你回家。

钱罐娘　你和你妈好好亲亲，不用陪我了。

红　杏　大妈，走好！

钱罐娘　唔！总算宽心了……这一阵心惊肉颤眼皮跳，我觉得钱罐要出什么事……

红　杏　不会的，大妈！

钱罐娘　（走几步又回头）他嫂子！你回信时替我代上一笔，儿子的钱，我都收下了，叫他有了媳妇要好好疼媳妇啊！（下）

黑马棒　（朝着老人背影"噗通"一声跪下）妈！

［静场片刻。

［红杏和白马驹扶起黑马棒，走入店内。

小　杏　黑大伯！你的腿……

黑马棒　锯了。

小　杏　疼吗？

黑马棒　当时不疼，后来疼。

红　杏　杏！小孩别问大人的事，进房去吧！

黑马棒　（对小杏）去！和你妈一起去，我有话要对白窑主讲。

［小杏进卧室，红杏则入暗间。

黑马棒　白窑主，你赢哪！可我家败人还在，有一事相求……

白马驹　什么事，尽管说，小弟尽力而为。

［红杏端酒悄悄立于暗间窥听。

黑马棒　黑某来此，为的是了却旧情，望你好生照看红杏母女，倘有半点怠慢，请别忘了我黑马棒还活在世上。拜托哪！（起身）

白马驹　这……

［黑马棒的托词，字字句句撞入红杏心中，她急忙奉上手中酒碗。

黑马棒　（以为碗中是水，端起欲饮）酒！

［红、黑、白三人各怀心思。

黑马棒　（二人　端起这碗酒，
红　杏　重唱）奉上这碗酒，
黑马棒　（二人　心儿在颤抖。
红　杏　重唱）无从起话头。

白马驹　（唱）托言如同风乍起，
一泓池水被吹皱。

黑马棒　（唱）道不尽的愧，
说不尽的羞。
美酒捧在手，
点滴难入喉。

红　杏　（唱）未见他的面，
旧情一笔勾，
见了他的面，
方知不能够。

白马驹　（唱）我见他——
他泼油灭火火更旺，
我见她——
她提刀断水水更流。

黑马棒　（唱）她有话本该多责备，
她无言胜似鞭子抽。

红　杏　（唱）他铁打汉子人消瘦，
他满腹忧虑满面愁。

白马驹　（唱）幸福虽在咫尺间，
进退维谷费运筹。

黑马棒　（唱）自觉身残如敝帚，
拖累红杏没来由。

红　杏　（唱）人生道路铺脚下，

多少截子走到头。

白马驹 （唱）底牌握在她的手，
是黑是白且等候。

黑马棒 （唱）好汉失足当挺立，
三寸气在千般有。

红 杏 （唱）有心留他意彷徨，
话到舌尖吞回头。

白马驹 （唱）莫学春蚕无知觉，
吐丝结茧自作囚。

黑马棒 （唱）天下自有养爷处，
远走他乡生计谋。

红 杏 （唱）举步艰难他欲走，
怎忍天涯荡孤舟。

白马驹 （唱）孤舟入水难补漏，
但愿前方有绿洲。

黑马棒 （唱）相见时难别亦难，
往日恩爱实难丢。

红 杏 （唱）欲借旧情作缆绳，
拴住孤舟将他留。

白马驹 （唱）这根缆绳谁来收？

黑马棒 （唱）实难丢，也得丢。

红 杏 （唱）将他留，难开口。

白马驹 （唱）收？

黑马棒 （唱）走！

红 杏 （唱）留？

白马驹 （唱）谁来收？

黑马棒 （唱）我得走！

红 杏 （唱）留不留？

［伴唱：是收是走还是留？
情丝难剪啊，

思绪难理啊
剪不断，
理还乱，
无意丢……

［黑马棒拄动双拐欲走。

红　杏　（捧过酒碗）把酒喝了吧！

黑马棒　（沉思片刻）羞见双乳山。

［红杏将碗中酒泼向双乳山，又泻满一碗酒。

红　杏　喝吧！

黑马棒　愧对家乡土。

［红杏将碗中酒洒向脚下土地，第三次泻下一碗酒。

红　杏　这是你时刻想喝的“杏花村”酒！

黑马棒　（接过酒碗，一饮而尽）谢谢！（说罢向门外移动双拐）

红　杏　**白马驹**　（同声问道）哪里去？

黑马棒　到该去的地方去。

红　杏　你的性子还是那么拗！

黑马棒　在你面前就拗这一回哪！

红　杏　你在跟我憋气？

黑马棒　男人没这口气，还不如死掉好。

红　杏　（饮泣）……

黑马棒　别流泪，多保重。

［黑马棒拄动双拐，艰难地移步。

［小杏自卧室追出。

小　杏　黑大伯！你怎么走哪？……黑大伯！我不让你走！

［黑马棒将那支钢笔交于小杏手中，深情地亲了她一下，然后，拄拐走出。

［红杏对小杏示意。

小　杏　（举起手中的笔，喊）爸！

［正在移步的黑马棒，怀疑自己的耳朵，未应，只是驻足。

小　杏　爸！！

[黑马棒似乎听清楚了，但不知喊谁，不敢贸然答应，只缓缓转过身来。

小　杏　爸！！！

[黑马棒顿时激动异常，热泪盈眶……无限欣慰又无限痛苦地看了小杏一眼，又拄动双拐，朝前走去。

[白马驹提起公文包，将揉皱的契约塞入包里，怀着似失似得的心情，局促地下。

[朦胧夜色中，隐约显现待圆的月亮。

[切光。

——全剧终

（原载1989年第5期《安徽新戏》，获第二届安徽省艺术节优秀编剧奖、第五届“田汉戏剧奖”剧本一等奖）

三代婆媳

（小戏曲）

时　代　穿清朝服装，即为清代；穿近代服装，即为近代；反正是解放前发生的故事。

地　点　农村。

人　物　太婆，78岁。

婆婆，50岁。

玉琴，20多岁。

丁当，40多岁。（婆婆的亲弟弟）

［布景：农家客堂，条桌贴墙而放，门帘内，有卧室，右侧通厨房。

［玉琴、丁当搀扶太婆上。

太　婆　（举步欲进家门，又迟疑地退回……）

玉　琴　太婆，到了自己窝里，进去呀！

丁　当　老人家，进去呀！

太　婆　（摇头叹息，唱）

人留后代草留根，
养儿防老盼孝顺。
哪知娶来个恶媳妇，
横行霸道像凶神。
儿子经商常在外，
儿媳是个不孝人：
骂我打我是常事，

翻脸将我赶出门。

我年高体弱无奈何，

瓜棚之下暂栖身。

亏得孙媳心肠好，

送吃送喝多照应。

今朝回到家门前，

不由胆战心又惊。

玉　琴　太婆！不要吓，我婆婆去搓麻将不在窝里。今朝娘舅来了，即使伊回来，量伊不敢再对侬……

丁　当　（唱）我阿姐忤逆无情份，

不该将你赶出门。

做弟弟替她赔礼又道歉，

请您老人家不必太伤心。

今朝我登门不为别的事，

专找阿姐把理论。

我与玉琴计谋已商定，

教训她这个不孝人。

［三人进家门，扶太婆入座。

［玉琴下，进厨房，端鸡汤复上。

玉　琴　（唱）瓜棚接回年迈人，

她受虐待我心疼。

只怨婆婆心太狠，

风烛残年遭欺凌。

端来一碗热鸡汤，

太婆喝了补补身。

玉　琴　（将鸡汤奉上，太婆接过）太婆！迭个是老母鸡汤，快喝吧！碗里还有鸡腿，我怕侬吃不动，炖得老烂咯。

太　婆　（颇为激动）我的好孙媳妇……

玉　琴　我是小辈，应该的。

［太婆喝鸡汤。玉琴从窗口看看偏西的太阳。

玉　琴　（拉过丁当）舅舅！辰光差不多了，侬阿姐——我婆婆快要回来哪！

丁　当　格末先扶太婆进侬房间里休息。

［玉琴扶太婆进卧室，复出。

玉　琴　舅舅！侬的计谋灵不灵？

丁　当　灵不灵，就看侬个苗头咪。

玉　琴　（有些为难）可我……

丁　当　侬要有决心，有信心，更要下得了狠心！

玉　琴　恶媳妇难当，我从来……

丁　当　哪能不好当？我阿姐平常怎样对待婆婆的，侬就照着葫芦画瓢，还不容易！

玉　琴　（点头）试试看……

［传来脚步声。玉琴与丁当互相会意，扶太婆入卧室。婆婆上。

婆　婆　（沮丧地唱）

我到邻村把牌打，
背时倒运手气差；
想来啥它不来啥，
喝口凉水也塞牙。
好不容易听了牌，
对门自摸杠头开了花。
铜钿输脱三吊八，
自认晦气转回家。

（白）我呀……（对观众）啥？侬讲我是丑老太婆……咳！侬也不打听打听，我是四乡八里出了名的大美人，人称“辣椒花”。十八岁出嫁，来到婆家，没哪能发威，那婆婆见了我就是怕。我男人外号叫“下山虎”，听听这“外号”蛮结棍，可不到三十天，我就像武松一样，把伊驯得服服帖帖，乖乖地出门做生意，赚来铜钿一分一厘都上交把我。三十年河东，三十年河西，如今我也当婆婆了，三年前，娶了个儿媳妇，倒也老实听话……哎哟！搓麻将输了钞票，已经触霉头了，这肚皮跟着不争气，饿得咕咕叫……（进家门，见到桌上的碗，拿过一看，是空的，拿碗进厨房，锅内也是空的，复出。）喃！碗空，锅空，我吃啥？！玉琴！玉琴！（听不到应声，火冒三丈）死到啥地方去哪？哼！侬不给我留吃的，我摆点颜色把你看看……（欲摔碗）

［玉琴自卧室出。

玉　琴　（旁白）来家就发火，甩手要掼碗。我就照舅舅计谋行事。（放开嗓门）是啥人咯大胆子，敢掼我家碗？！

婆　婆　是我！想掼就掼。

玉　琴　侬是啥人？

婆　婆　我是啥人侬都不认得啦？我是老娘！

玉　琴　哪来的"老狼"？钻进我窝里！

婆　婆　我是侬婆婆！

玉　琴　婆婆又不是老虎，凶的啥？

婆　婆　（诧异，上下打量玉琴，旁白）往日里老实听话，今朝那哪？房后拉礤子——改场（肠）哪！我说玉琴呀，侬拆污把胆子拆掉了！我问侬，今朝侬吃的啥？

玉　琴　老母鸡汤。

婆　婆　蛮乐胃！给我留了吧？

玉　琴　呒没。给太婆端去一大碗。

婆　婆　给"老不死"端去一大碗！剩下来吧？

玉　琴　剩下来，被我吃光了。

婆　婆　胃口蛮大！"老不死"吃，侬吃，唯独我呒没吃！侬这样做，就是忤逆不孝。

玉　琴　跟侬学的。

婆　婆　跟我学的？我啥时教过侬？真呒没看出，侬原来是个坏媳妇！

玉　琴　我坏在啥地方？

婆　婆　侬听好！

（唱）侬不是个好媳妇，

　　坏的地方交关多。

　　记得新春大拜年，

见了长辈把头磕；
东也磕，西也磕，
为啥不给我来磕?

玉 琴 噢！侬记得蛮牢咯。呒没给侬磕头，说起来也不能怪我。

婆 婆 不怪侬，怪啥人?

玉 琴 我本打算磕咯……迭个辰光有人叫侬搓麻将，侬急吼吼跑脱了。

婆 婆 后来，我回来了，侬啥体不补磕?

玉 琴 后来听讲……

婆 婆 听讲啥?

玉 琴 阿拉迭家人家，不作兴给婆婆磕头。

婆 婆 啥人讲咯?

玉 琴 听说是侬讲的。

婆 婆 （抵赖）瞎话三千！作兴，作兴……

玉 琴 既然作兴，侬为啥不到瓜棚里给侬婆婆——我太婆——磕头?（婆婆语塞）侬去磕了吗?

婆 婆 呒没。要我给“老不死”磕头呀，泥菩萨的屁股——没门！

玉 琴 侬不给婆婆磕头，那哪叫我给你磕头?！

婆 婆 哎哟！这记促狭咯……

玉 琴 我再问侬，太婆那哪会住到瓜棚里去?

婆 婆 那“老不死”是个“败家星”，伊不住出去，窝里不太平。

玉 琴 我看，阿拉窝里是有一个“败家星”。

婆 婆 对！侬也看出来了……

玉 琴 不是太婆而是侬！

（唱）太婆年高七十八，
耳不聋来眼不花。
那天老人去做生活，
你大门一锁回娘家。

婆 婆 （唱）娘家有事我牵挂，
回去一趟犯啥法?

玉 琴 （唱）回娘家，不犯法，

钥匙不该不丢下。

铁将军，来把门，

不让太婆转回家。

婆　婆　老太婆就是笨，门锁上了，伊不会爬窗口吗！

玉　琴　窗口老高，太婆能爬上去吗？

婆　婆　只怪伊呒没用。我回娘家，碰着锁门，我就爬窗进去的。

玉　琴　看不出，侬还是“爬窗口”老手。

婆　婆　“老手”不敢当，熟能生巧……

玉　琴（唱）太婆被关在大门外，

没吃没喝急坏了她；

气得寻死要上吊，

多亏乡邻救下她。

侬从娘家回转来，

凶得好像母夜叉。

婆　婆　侬敢骂我“母夜叉”！

玉　琴（唱）骂你不解心头恨，

我要把你赶出家。

婆　婆　反啦！反啦！不教训侬一顿，侬不认得马王爷三只眼！（脱下鞋，向玉琴打来。玉琴闪过，婆婆跌坐于地，挣扎立起。）侬这个忤逆不孝媳妇……我讲不过侬，骂不过侬，打不过侬……（整整衣襟）我去寻伲子，让伊回来休掉侬！（欲下）

玉　琴（大声）回来！

婆　婆（不由自主地驻足不前）回来就回来……

玉　琴　我行得正，做得端，一不偷人，二不养汉，凭啥叫侬伲子休掉我？我看侬是嘴上抹石灰……

婆　婆　哪能讲？

玉　琴　白说！

婆　婆　伲子是我生的，是我养的，我的闲话伊得听，非休掉侬不可！（又欲下）

玉　琴　站住！

婆 婆 站住就站住。侬不让我找伲子休掉侬，我是跟侬过不下去了。分家！

玉 琴 啥？侬讲啥？

婆 婆 跟侬分家！

玉 琴 “分家”！这是侬讲咯。

婆 婆 我讲的，我讲的！

玉 琴 好！那哪分？

婆 婆 侬讲那哪分？

玉 琴 好分，来得咯好分！前有车，后有辙，侬到瓜棚里，跟太婆住到一起去！

婆 婆 啊！让我跟死老太婆住在一道？！我不去。

玉 琴 （虎下脸）去不去由不得你，不去也得去！

婆 婆 我不去。

玉 琴 非得去！

婆 婆 不去……

玉 琴 （逼近）侬不去，别怪我学侬个样子……

婆 婆 （胆怯地）侬要做啥？

玉 琴 挖菜不拿铲，我可连根拔！（上前一步，将婆婆推出门外，随手紧闭大门）

婆 婆 （一回头，头碰门）哎唷……碰个大疙瘩……（自语）玉琴年轻力壮，我掰不过她，来硬的，要吃亏……（转而使用软腔）玉琴，乖孩子，我的好儿媳，让我进去吧……

玉 琴 侬进来啊！

婆 婆 侬把大门关上了，我进不去。

玉 琴 侬是爬窗口老手，爬呀！爬呀！

婆 婆 老胳膊老腿，我爬不动了……好儿媳，阿拉不分家，也不休掉侬，让我进家吧……

玉 琴 侬反悔哪！木匠做枷——自作自受。侬想想，啥叫报应！（进卧室）

婆 婆 唉！（唱）儿媳把我赶出门，

轮回报应怨自身。

世上没有后悔药，

打脱牙齿腹中吞。

［婆婆扶墙而泣。玉琴、丁当自卧室出。

玉　琴　娘舅！该侬出面收场哪！

［玉琴进卧室。丁当开门走出。

丁　当　（拍拍婆婆肩头）……

婆　婆　（没好气地头也不抬）啥人？

丁　当　我是丁当。

婆　婆　侬是"窝囊"，我比侬还窝囊！

丁　当　我是侬伲子的娘舅。

婆　婆　侬"难受"，我比侬更加难受！

丁　当　阿姐！我是侬弟弟——丁当。

婆　婆　（抬头转身）哎哟！兄弟啊……侬来得正是时候……

丁　当　啥事体使侬介伤心？

婆　婆　咳！马尾拴豆腐——别提哪！

丁　当　我是侬亲弟弟，说出来，也许能帮你一把。

婆　婆　儿媳妇跟我吵相骂唻！

丁　当　看样子，侬呒没占上风，吃亏了吧？

婆　婆　吃大亏了！又骂又打，还把我赶出家门。

丁　当　阿姐！侬教导有方，培养出接班人了。

婆　婆　（不解）培养接班人？

丁　当　是呀！侬对婆婆不孝敬，玉琴学了侬个样。

婆　婆　别挖苦我了，快给阿姐出出点子，帮我一把。

丁　当　好！我帮侬一把。

（唱）丁当开口笑呵呵，

我把"点子"对你说：

快快去见你婆婆，

见面就把头来磕；

叫侬起来就起来，

不叫侬起就跪着。

你把婆婆请回家，
保你全家得调和。

婆 婆 侬要我去瓜棚向婆婆赔礼道歉，请伊回来？

丁 当 对！这可是个“金点子”。

婆 婆 对个啥！我搭儿媳吵相骂，跟伊不搭界。

丁 当 咳！哪能不搭界？！玉琴聪明好学，侬改正错误，孝敬婆婆，伊自然会学侬样，孝敬侬的。

婆 婆 （思考）……

丁 当 那哪？想通吧？我不强迫侬。

婆 婆 好！……就照侬个意思办……（欲下）

丁 当 阿姐！侬到啥地方？

婆 婆 到瓜棚赔礼道歉，请婆婆回家。

丁 当 用不着跑远路，跟我进来吧！

［姐弟俩进门，玉琴扶太婆走出卧室。

婆 婆 （意外见到太婆，走近）这不是婆母娘嘛！

太 婆 （习惯性地胆怯）侬又来打我……

婆 婆 不不不！我向你老人家赔礼道歉，（羞愧地跪下）从今往后，不骂侬，不打侬，不赶侬出门，天天服侍侬。

太 婆 （惊喜地）好哇！太阳从西边出来了！（扶起婆婆）

玉 琴 （向婆婆赔礼道歉）刚刚多有得罪，请婆婆原谅。今后，侬做太婆好儿媳，我做侬的好儿媳。

婆 婆 变得比我还快……我的好儿媳，侬虐待婆婆，比我还结棍。

玉 琴 都是舅舅教我的……

婆 婆 原来是丁当的点子！

玉 琴 这个点子好不好？

婆婆 太婆 （齐声）好好好！金点子！

［三婆媳造型，感谢丁当。

［剧终。

（原载2004年12月《剧本》月刊）

第三卷　乱　弹

朱家湾往事

小　引

朱家湾小街原是一个小村落，位于中山北路四号桥西堍，贴近沪杭铁路线，离光复西路也不过百米之遥。上海人俗称这儿是“下只角”。苏州河支流——真如港——穿街而过，小街东西两侧是大片撂荒地。20世纪30年代后，抗日战争爆发，流离失所的外乡人纷纷拥到上海来谋生，见荒地无主，便在此盖房搭屋，日复一日，越建越多，直至上海解放前夕，已成为著名“三湾一弄（朱家湾、潘家湾、潭子湾、药水弄）棚户区”之一。

20世纪50年代，继曹杨新村之后，又建甘泉新村，为方便工人上下班，增设68路公交车，起初路线很短（江宁路桥至甘泉新村），全线车票一个价，首创“无人售票车”，一时传为新闻。为适应通车，新辟一条马路，由光复西路直通甘泉新村，取名“光新路”。从此，新版的《上海地图》上朱家湾销声匿迹，不复存在，那座架在真如港上的小木桥，也被钢筋水泥结构的“光新路桥”所代替。笔者所叙述的故事，就是发生在日寇侵占上海后的朱家湾。

1. 荒地冒出棚户区

不知在什么时候，朱家湾已是一条小街，很窄很窄，街两旁住有30多户人家，临街房屋极不整齐，犬牙交错，因而，小街走向弯弯曲曲。苏州河潮起潮落，自黄浦江汇合口向西流来，流过闹猛的市区，到了下只角发了岔，一脉支流穿过朱家湾街心，通向真如古镇，得名“真如港”。港南岸称前浜，港北岸叫后浜，一架小木桥如纽带，系着前浜和后浜。水道过街心50米处，拐了一个弯，拐弯处设有粪码头，风雨无阻，每日上午不断有粪车来此卸粪，河道里早有菜农的小木船顺序在等候，粪便卸进粪池，流入船舱，一船一船地运至乡间作肥料。据说，一朱姓人家驻守在此，看管粪池，“朱家湾”地名由此而来。

前浜和后浜都有大片荒地，后浜荒地的面积较大，荒草丛生，散落多座无主的老坟茔，像是地皮上凸起的“热疖头”。开春，荒草泛绿，天气转暖，小街上调皮孩子常到老坟茔顶上放风筝，太阳落山，收线回家，时而在荒草中发现骷髅头。他们听大人说，放入七粒黄豆，撒上一泡尿，骷髅头会滚动起来。黄豆放了，尿也撒了，可骷髅头纹丝未动，于是，你一脚，我一脚，当着皮球踢来踢去，一直踢得裂成碎片为止。

不知哪位胆大妄为的勇士，敢与坟茔为邻，首先在此盖房搭屋，那时这块不毛之地无人过问，更没有“违章搭建”一说。既然有人先吃螃蟹，而且安然无恙，于是，众人相继尝鲜，人烟与日俱增，“新居”似雨后春笋，一户一户地冒了出来。所谓“新居”，无砖无瓦，无庭无院，搭建速度快得惊人，户主和帮忙者一齐动手，挖出几个坑，埋下粗毛竹作支柱，四周用毛竹片围成篱笆墙，留门留窗，细竹竿上覆盖芦席作顶，苫上稻草，墙面糊上泥巴，成了。若数户连体搭建，合用山墙，省时省力又省钱。有的更为简陋，长毛竹片两头埋入土中，圈成数道拱门似的半圆形，两张芦席夹着一层油毛毡，将一张张夹着油毛毡的芦席，用细铅丝连在半圆形的竹片上，这就是棚户区最具有特色、最快捷搭建的住宅——“滚地龙”。屋主无心讲究什么建筑风格，更无力考虑什么美观雅致，只求有个挡风遮雨的住所。立于高处望去，栉比鳞次，参差不齐，酷似龙卧浅滩躬腰曲背挣扎状。也不过年把光景，这儿已形成具有相当规模的棚户区。

棚户区的居民，清一色是外地人，有的因战乱而流离失所，有的因灾荒而背井离乡，更多的是因贫困而出来混饭吃，男的挣钱或靠手艺修洋伞，补套鞋，配钥匙，扎扫帚，吹糖人；或做小买卖摆菜摊，收旧货，卖烧饼；或干苦力活，扛大包，打短工，拉黄包车，拉流亡车（一根车轴两端装着橡皮轮，一块由木板拼成带手柄的车面，可以拆卸的简易人力运输工具，上海人称之为“流亡车”）；女的少数在家一边劳作、边带孩子，多数与丈夫同进同出，其中还有不少是日商内外棉厂的纺织女工，出嫁了，原单身群居的工房被收掉，随丈夫入住棚户区。男男女女都很勤劳，可是，生活水平很低，一日三餐能吃到细粮，算是“富裕人家”，一般家庭逢年过节，才能吃上米面，平时以杂粮为主食，棒豆面（即玉米面）贴饼打糊子，手中拿的、碗里盛的均是黄橙色，嚼得香，喝得响，孬孬好好填饱肚皮。一入夜，棚户区黑窟窿洞，屋里点起蜡烛或油灯，灯花如豆，像是坟茔里冒出来的磷火。朱家湾街头贴近中山北路，那儿通电，灯火明亮，两处一对比，活脱阴阳界。毋庸讳言，棚户区就是道道地地的“贫民窟”。

东方刚泛鱼肚白，宁静的棚户区被一声“拎出来”的吼叫惊醒，门户洞开，每家拎出一只只马桶放至门前，随后劈引火柴爿，生煤球炉，霎时弄堂里烟雾弥漫，马桶车过后，烟雾中，“哗啦啦啦”刷马桶声响此起彼落。那年代有首流行歌曲，开头两句：“粪车是我们的报晓鸡，多少人儿跟着它起。”倒是生活中的真实写照。

有人说，棚户区住的全是江北人。此言不准确，其实，各地方人都有，仅比率差异而已。朱家湾棚户区，江北人约近百分之八十，日常邻里相处交流，少数服从多数，那百分之二十的非江北人被同化了，也跟着说江北话，久而久之，到了第二代，说出口的江北话，比江北人说的江北话还“江北话”。江北话成为“棚户区语”，但，说江北话不一定是江北人。江北人干的行当上不了“台面”，因而社会地位极低，为数不少的上海人，尤为有钱人，眼睛长在额骨头上，瞧不起他们。每年入冬，江北的商人用木船运来咸猪肉、咸猪头、咸猪爪，停靠在苏州河边光复西路段，高声叫卖：“江北咸肉！”价廉物美，买者众多，上海人吃了江北出产的腌货，受到启发，背地里送给江北人一个统称的雅号：“江北猪猡！”

棚户区拥挤不堪，欠整洁，少文明，居民整体文化素质较差，然而，邻里间却不缺和谐，一家有事，大伙相助，一人有难，众人相帮。当然，口角龃龉那是难免的，大吵三六九，小吵天天有，可贵的是彼此都不往心里去，今朝红过脸，明日见面依旧打招呼，双方脸上写着“近邻胜远亲嘛”，胸无城府是棚户区人一大特点。

谁家未完婚的儿媳初次登门，不请不邀，四邻必来掌眼轧闹猛，一边看，一边悄声品头论足，一直看到那姑娘面红耳赤地离去；谁家老人过世，四邻必来吊唁，磕上四个响头，烧上一沓毛昌纸（即纸钱），陪着丧家哭几声，算作送别；哪家迎亲办喜事，弄堂里一户不少前来“出人情”，道吉言，喝罢喜酒闹洞房，不分辈分老少，一起起哄，逼着老公公、伯叔辈肩扛“掏灰耙”，脸上抹着锅底灰，让新娘点燃他们口噙的烟卷，做出亲昵的动作，洋相百出，逗得众人大叫狂笑，热闹非常，声浪一阵高过一阵，差点冲破屋顶。闹洞房不闹新郎而闹长辈，这是江北人的乡俗，长辈与新娘有染，俗称“耙灰”，暗中事，公开演，打趣之余，似有告诫的内涵。闹洞房的牵头人，运筹帷幄，喝喜酒时已派员盯牢新郎的长辈，唯恐他们“临阵脱逃”。

到了夏秋季节，晚饭时刻，小方桌摆在家门口，左右邻人端着饭碗串门子，互相品尝菜蔬，评价主妇厨艺；饭后，铺开席子，盘腿而坐，侃大山，吹大牛，荤的、素的毫无忌讳地往外端，谈兴过罢，仰身睡下，面对天空星月，打着“呼噜”迎晨曦……总之，棚户区的市井世象，五花八门，丰富多彩，俗中有乐趣，俗中见真情。

随着棚户区不断壮大，原本冷冷清清的朱家湾小街，也跟着兴旺起来，商家不失时机，新开的店铺日益增多，有粮行、酒店、面馆、菜市、诊所、浴室、茶舍、老虎灶，还有一座江淮大戏院（后改名光新剧场）和一家印度“红头阿三”兴办的“奶牛场”。其中“老虎灶”最贴近居民，灶头用砖砌成，灶前的趸水案板用木棒支撑着，好似虎腿，灶口跃动着火舌，如同虎嘴，灶后的烟囱冲出屋顶，颇像虎尾，整个灶头近似“老虎”。灶旁有几只大水缸，半截埋入土中，储水备用，灶面置七只汤罐，后设一口大铁锅，火头煮沸汤罐里水，余热使得大铁锅里水温乎乎的，不时向汤罐里输送，这罐不开那罐开，时刻都有开水供应。之外，老虎灶还兼营“盆汤”，堂屋扯起帷布，内放七八只带有坐板的长木盆，供顾客淴浴，天气转暖，悬起灯笼，灯笼上书有“盆汤”二字，广而告之，业务开始；时入深秋，收下灯笼，宣告结束。盆汤收费低廉，老虎灶离家又近，棚户区居民劳作归来，乐于在此洗去一身疲劳。

2. 小孩生日一只蛋

棚户区的陈年往事杂乱纷纭，说不尽，道不完，不妨先从老杨家谈起：

老杨属猪，与妻子同庚，生了三个崽，贱名好养活，依次取名大猪、二猪和三猪，用他自己的话来说，一窝“奶憨子”，专等别人喂食。（后来入塾馆读书，先生为之改名：大珠、二珠、三珠）这天晚黑，一家五口围坐小桌前，桌中一盘咸菜和一筐箩玉米饼，四周五碗玉米糊。动箸前，老杨从兜里摸出一只熟鸡蛋。

“有钱人家一桌饭，没钱人家一只蛋。”父亲对长子说，“今天是你的生日，十六岁成‘丁’哪！下学吧，跟爸去拉黄包车！”

老杨妻听了迫不及待地说：“孩他爸，大珠的身子骨还没长硬实……”

丈夫打断她的话头：“不吃苦，一辈子不硬实！”

老杨老家在苏北建湖县，务农为生，不幸父母相继病故，卖了二亩薄地，办完双亲的丧事，空握两拳，带领妻儿来上海谋生，与一同乡向车行合租一辆黄包车，上午、下午对班倒。多年来，风雨无阻，不让一日闲过，拼死拼活，从牙缝里省下几文，盖起两间茅屋，一家五口，柴米油盐，吃饭当紧，肩上担子重啊！两条腿跑得再快，也跟不上物价飞涨，自觉上了年纪，有些力不从心，要大珠去拉黄包车，实属无奈之举。

大珠“蹭”地一下，立到母亲面前：“妈！你看我这身架，挺硬实，就让我去拉黄包车吧！”

“那你不想念书哪？”母亲问道。

“不是不想。”大珠说，“你看，爸爸年纪大，弟弟年纪小，我是长子，在家白吃饭，不干活，闷头念书心不安哪！”

“哎呀！孩子妈，你咋这般糊涂哩……大珠跟着沈夫子念了两年书，能认识自己的姓名，就行哪，草窝里出不了状元郎！”

二珠也帮哥哥说话：“我大哥力气大得很，一担水上肩，不摇不晃，一口气挑到家。”

三珠年幼，跟着起哄：“就是的，我妈小看人，大哥身子骨早硬实哪，常常把我举过头顶。”

四比一，母亲孤立无援，沉默不语……

大珠身板确实硬实，身高五尺多，葫芦头，浓眉大眼方脸盘，个子像大人，但稚气未脱尽，皮肤随娘，白津津的，两颊透红，一副聪慧相。这孩子，懂事早，家境窘迫，看入眼，记在心。早在10岁时候，就瞒着父母，偷偷跑到造币厂桥（现今江宁路桥）“推桥头”，见到载着乘客的黄包车过来，赶忙来到车后助一把力，推上桥，这样，乘客不用下车，转过头来赏些零票给推桥头的。大珠回到家中，将挣来的零票交给母亲。母亲问，哪来的钱？他推说是拾荒换得的。母亲并未追究，只是再三关照，别做犯法的事，儿子点点头。

晚饭后，老杨领着大珠来到塾馆，见到沈夫子，学生跪下朝先生磕了三个响头。

沈夫子一时未明来意，扶起大珠，问道："起来说话，磕头为何？"

“先生，我明天不来上学了……”

“嫌我教学无方？”

“不不不！”老杨赶紧说明来意，“家里张嘴的多，挣钱的少，日子过得熬人，是我让他下学的。先生！您教学没啥可说的，今晚特来感谢恩师栽培，磕个‘下学头’。”

沈夫子很喜爱这个学生，虽启蒙晚了些，但他天资聪颖，进步神速，不用扬鞭自奋蹄，在他心目中，大珠是个“秀才苗子”。可是，民以食为天，想留也没法留呀！无奈点头应允。父子二人礼毕告辞，沈夫子送至门外，望着背影小声叹息："可惜啊可惜！"

第二天，大珠听从父命，不再上塾馆，二人同往车行，承租了一辆黄包车，仍然上、下午轮流出车。下午时间长，乘客多，大珠主动担重任，不让父亲出下午车。起初一阶段，不熟悉路名，拉了不少冤枉路，好在年轻力壮，父子俩挣的钱差不多。日子一长，大珠把经过的路名、弄堂名牢牢记住，心中有了一张“交通图”，实力显示出来了，挣钱每每超过父亲的一半。小伙子节俭呀！一分一厘不乱花，子夜时分归来，除了两碗阳春面的开销，苦来的钱全数交给母亲。母亲心疼儿子，接钱的手抖抖豁豁。父亲人前背后赞不绝口：小家伙，比我能吃苦。

大珠觉得自己成人了，能为家庭出份力，很开心，上午不摊班，得闲拿过那把自制的二胡，自拉自唱，来上一段淮剧名角马麟童的《辕门斩子》，徐桂芳的《岳母刺字》，母亲一边听着家乡戏，一边为他做午饭。饭后，他穿起背有号码的马甲，手提玻璃小方灯，精神抖擞地走出弄堂……

3. 鼾声如雷吓死狗

甘家又吵架哪！

当家户主甘打雷，腿粗臂粗脖子粗，胖胖墩墩，五短身材；老婆陈招娣，细手细脚细腰身，高过丈夫半个头，一肥一瘦，一矮一高，对比鲜明。

老甘是清洁工人，司职推粪车，倒马桶，妻子当助手。这份工作的特点是不怕脏、不嫌臭，起身早，天蒙蒙亮，推出粪车，甘打雷高叫一声“拎出来”，如雷贯耳。夫妻二人拎起各家门前的马桶，将粪便倒入车里，再推动粪车，“咯噔咯噔”碾过凹凸不平的路面，转向另一条弄堂。

棚户区人多半有诨号，往往与职业有关，而“打雷”这称呼是个例外。老甘身体壮实，肺活量特大，嗓门洪亮，声若铜钟，入睡时，鼾声如雷，热天睡在户外，一条弄堂皆可耳闻，因而得此诨号。他对此诨号甚感骄傲，男子汉，呼噜打得响，身强力气壮嘛！他曾自诩地夸耀：“不是吹的，我打呼噜吓死过一条狗！”

听者半信半疑，有人向他老婆求证，陈招娣慢声细语地说：“有那么一回事……”她如实道出“吓死狗”的始末：

> 老甘来上海谋生前，那年的夏天，曾在县城一家单位食堂里做帮工，午饭后，打扫揩洗完毕，挪过两张八仙桌，拼拢，准备午睡。为了图凉快，将食堂的弹簧大门敞开少许，两扇门中间放一小凳，几寸宽的门缝，灌进来“飕飕”的穿堂风，好不惬意呀！在他熟睡时，一条狗寻食而来，顶掉门缝间的小凳，伸头欲进。真是无巧不成故事，这时，老甘一声“呼噜”，惊天动地，吓得狗儿回头逃遁，哪知两扇大门随之收拢，夹住它的头颈，屋内人的鼾声不断传来，门口狗的四爪挣扎后退，殊不知，越后退，门缝越窄；愈挣扎，夹得愈紧，连吠声也发不出来。不需几分钟，狗命呜呼！

狗的死因，确与鼾声有关，至于说是“被打呼噜吓死”，未免言过其实耶。

甘打雷年过不惑，成婚多年，未得子女，“不孝有三，无后为大”，这种传统观念，在他思想里根深蒂固。早先年轻没觉着，岁数上身了，不时担心会成为“绝户头”，碍于妻子与自己同甘共苦的情分，平日里很少提及。其实他的心思妻子明白八九，心中也暗暗着急，只是光急不淌汗。

倒马桶工作虽辛苦，但时间很宽余，粪便送至紧挨河边的粪码头，放入粪池，流进菜农的运粪船舱后，取河水把粪车清洗干净，便收工回家，从起床到收工，不过四五个小时，半日忙碌半日闲。忙碌时，夫妻俩同心协力；空闲时，夫妻俩常常拌嘴。究其原因，不外乎丈夫的不良嗜好。甘打雷一是香烟不离嘴，每天至少三包“老刀牌”，那时烟卷不带过滤嘴，两支连接，叼于嘴角，抽完，再接，很少用火柴，上、下嘴唇烙出两片褐色的茧疤。老婆没好气地责问，抽烟有啥好处？他说，干活时解臭气，不干活解厌气，横竖有理；二是下午不出车，赌桌天天坐，小麻将输赢不大，可他牌术欠佳，输多赢少，时而把老婆藏于枕下、箱底的余钱，翻出来输个精光。为此事，两口子没少吵架：

“你干吗偷偷摸摸地拿我的钱？”

“说话不怕闪舌头，明明是我苦来的，怎么成了你的钱哪？！”

“我哪天不跟你一道出车？摊份有我一半，你那一半，早被你抽烟、赌博花光啦！”

“什么你一半我一半的！我的是你的，你的也是我的，哪有夫妻俩分得这么清？”

“那好，明早我不跟你出车啦！”

“不跟我出车！你干啥？”

“啥也不干，你挣钱养活我。”

“这不行！”

“不行也得行！”

“……”

甘打雷一时语塞，可他无理也不服软，吵急了，香烟一甩眼一瞪，食指点近老婆的鼻梁，说：“嚷嚷个啥！母鸡趴窝不下蛋，你还有脸管我。有能耐，给我甘家生个孩子，我就戒烟戒赌。”戒烟、戒赌与生孩子，不搭界的两码事，老甘偏偏硬往一起连，而且连得气壮如牛。

陈招娣听后理屈词穷，像是犯了天大的错误，期期艾艾地抹眼泪……

老杨妻疾步赶来劝架，见此情景，上前劝说双方少说两句。甘打雷就坡下驴，点烟，不语；陈招娣抽抽噎噎，止不住泪水直流……好说歹说，老杨妻把陈招娣拉到自己家中。

4. 只怪肚皮不争气

老杨妻姓陈名根娣，她和陈招娣是亲姊妹。爹娘已故，二老生前有个共同迫切的愿望，生个男孩，继承陈氏门头的香火，哪料第一胎来个女娃，取名“根娣”（跟弟），第二胎又来个女娃，取名“招娣”（招弟），跟“弟”没跟来，招“弟”没招着，陈氏夫妇没等到第三胎降生，患了不治之症，相继抱憾离开人世。姊妹俩相依为命，吃百家饭，穿百家衣，后来经邻人撮合，姐姐嫁给老实巴交的老杨。陈根娣嫁夫后，为母亲争了一口气，接连生出三个男孩，似乎弥补了父母的遗憾，可惜不姓陈。

妹妹陈招娣小她三岁，跟随姐姐到杨家，老杨性格随和，为人敦厚，一个锅里抹勺子，视小姨子为亲妹。几年后，姐姐作主，为妹妹谈婚论嫁，不攀高门，不贪富贵，陈根娣偏偏选中同村的甘打雷。甘打雷虽无田地家产，却有一身蛮劲，到哪儿都能混口饭吃，妹妹身体瘦弱，气单力薄，嫁个可依靠的汉子，不愁饿肚子。主意拿定，陈根娣开诚布公，一不要妆奁，二不要彩礼，她只提出一个条件：婚后过日子，难免拌嘴，只许动口，不许动手。

甘打雷自小是个孤儿，艰苦的岁月造就他能吃苦耐劳，壮实的身子骨藏着使不完的力气。农忙时，到有田地人家打短工，农闲时，进县城做帮工。由于干活卖力，雇主十分愿意接纳他，一年到头倒也闲不着，至于成婚的事，有这个念头，但不敢多想，谁家姑娘愿意跟打短工的守一辈子穷啊！哪知天上竟会掉馅饼，无巧不巧地落在他嘴里。他听了陈根娣提出的条件，朦朦胧胧像在梦中，以至怀疑自己的耳朵，问道：“大姐，你说的啥，我没听清。”

陈根娣重复了一遍，甘打雷仍不敢相信：“不是开玩笑吧？”

“没开玩笑，我是认真的。”

这回，甘打雷听得真切，点头好似鸡啄米，说：“保证一辈子不打她，我若弹她半个手指头，就不是人养的！”

移位合铺，“裸婚”成亲，陈根娣成全了这对姻缘。

老杨夫妇来到上海谋生，在棚户区有了安身之处，首先想到的是妹妹和妹婿，捎信去要他们来上海。陈根娣眼光怪准，甘打雷到了上海没几天，凭着这副身架，干上了别人不愿意干的清洁工——推粪车倒马桶，有了固定的收入，且月有结余，夫妻俩小日子过得顺当，唯有一件事不遂心，结婚二十多年，老婆不生孩子，年龄不饶人啊！丈夫越急，妻子越愧，生男育女是女人义不容辞的事情，生不出，算什么女人？！甘打雷指责的那句话，“母鸡趴窝不下蛋”，她听了，哑口无言，刺心哪！趴了这多年的窝，连个蛋壳都未见着，还有什么话可对答哩！她暗自责备，自己的肚皮太不争气，十分羡慕姐姐，接二连三地生男孩，哪怕像妈妈那样，生个女娃也算得上半个女人……陈根娣没少操心，姊妹俩瞒着甘打雷，到真如寺拜过佛，求过签；去城隍庙算过命，卜过卦，就是不灵验；也曾用过偏方就过医，药吃了，钱花了，仍然不见效，肚皮就是挺不起来。

陈招娣坐在姐姐的床沿，双眼红肿，愣愣地望着窗外西斜的夕阳……陈根娣递过热毛巾：“瞧你，眼肿得像桃子似的，快揩一把。”妹妹接过，捂在脸上，拭去泪痕，姐姐挨肩坐下，二人拉起知心话。

“朝后别跟打雷斗嘴呐！”

“由着他？”陈招娣说，“省吃俭用抠下的钱，他可不疼惜。”

“那就别省、别俭，该吃的吃，该用的用，别亏待自己。”

“我没亏待自己，可老天亏待我，我前世作了什么孽，害得甘家绝后。”

“瞧你说的……这不是急的事，你还年轻……”

“三十好几岁了，年轻个啥！你在这年纪都生过三个孩子哪。”

“开了怀，想挡也挡不住。你呀，再耐着性子等一阵。”

“姐！听说浜南（棚户区人对苏州河以南市中心的概称）大医院的医生有本事，我不死心，想去瞧瞧。”

“唔……姐陪你去。”陈根娣说，“不过，大医院的费用挺高。”

“可不是嘛！我积攒下的一些钱，全被死鬼翻去输光了。”

“再攒，攒下来，放在我这儿，他再能也翻不去。到时候，不够数，姐给你添上。只要能生个小把戏（江北人对小孩的称呼），封住他的嘴，花多少钱也值得。”

“你家嘴多，怎能花你的钱。”

“瞧你说的……自打大珠拉上黄包车，这两年，我手头宽松多哪！”

5. 夫妻没有隔宿仇

提到大珠，转了话题。

“大珠真是个好孩子，被你养着啦！”陈招娣说，“姐！男大当婚，大珠不小了……”

“十八，属牛的。”

“也该成家哪！”

“唉！哪家姑娘能相中他？”

陈招娣莞尔一笑，卖了个关子，说：“人有人品，相有相貌，树高自有鸟做窝……”

“看你这个当姨妈把他夸的，你瞧见了什么？”

“我几回见他帮个姑娘挑水，亲亲热热的。”

“谁？谁家姑娘？”

“瞧你急的……”

“快说给我听听。”

“江豆干家独苗闺女——巧云。”

“可是真的！？”

“不是什么的。”

陈根娣有些兴奋，说，“那丫头不错，长得标致，人又乖巧……”

“趁热打铁，抓紧订下来。”

“怎么订？”

“请梳子嫂保媒呗。”

“江家能同口吗？”

“柴门对柴门，笆门对笆门，挺合适。”

陈根娣喜滋滋地点点头。

日头落山，炊烟袅袅，碗筷叮当，老杨在她俩啦呱时，已在灶披间把晚饭做就，尽管手头宽松，仍然是玉米饼子玉米糊，一碗咸菜，外加一盆切成片的咸鸭蛋。

主人还未入座，甘打雷一脚跨进门，喊了一声姐夫，转脸对陈根娣说："大姐！我光吵嘴，可没弹老婆半个手指头。"声明自己守信，未违婚前规定。

陈招娣见丈夫进门，扭过身子不理睬他。

甘打雷跟着过去，对老婆说："我说了几句混账话，别往心里去……"

陈招娣一时转不过弯，仍然不理不睬。陈根娣佯装生气，说："吃的灯草，说话轻巧。你把老婆欺侮得痛哭流涕，就这样敷衍了事啦？"

"大姐，那不是混账话嘛，下回我不说了。"

"下回！？没有下回哪。往后，我妹妹单独过，她不会再和你拌嘴了。你挣的钱你作主，想怎么花就怎么花！"

"别，别别……别单独过，我向她赔礼认错还不行嘛！"说着，对老婆深深一鞠躬，"全怪我嘴巴没上锁，乱喷混账话……"

姐夫老杨打圆场："好哪好哪！天上下雨地上流，两口子拌嘴没有隔宿仇。"

屋里气氛霎时缓和下来……

甘打雷再次上前，欲拉陈招娣回家做晚饭。

"你看看天色，现在什么辰光了？回家做晚饭，要到半夜动筷子，明天起早还得干活。"老杨对甘打雷说，"我料你会来，给你俩份额带下锅，坐下，将就将就凑乎一顿吧。"

甘打雷咧嘴说声叨扰，应命，一屁股坐下。

6. 小草暗地在盘根

陈根娣夸赞巧云"标致"，巧云确实标致，二斤半鲤鱼巧个子，细柔的黑发，梳成一根独辫拖在脑后，蛋形脸，柳叶眉，见人面带笑，嘴角挑起一对酒窝，两只黑白分明的眸子会说话。有得必有失，嘴巴的功能多半被眼睛代替了。

巧云勤劳，小小年纪，整天手不闲，上午，帮父亲做些出挑前的准备事宜；下午，母女俩埋头搓草绳。前浜有家草帘厂，老板娘“一枝花”带着伙计，隔几天就来到门前收草绳。棚户区的妇女，几乎人人会这手艺，坐在板凳上，先起个绳头，压在臀下，面前放着一捆用水洒湿的稻草，抽出一根根稻草接于绳头，放在掌心，双手合拢搓捻，搓一截朝后移一截，不消两三个小时，身后摞成一堆，起身，用手臂将草绳绕成圈状，等候收绳人来过秤，换些钞票，贴补家用。

巧云属虎，小大珠一岁，年幼时，无忧无虑，有说有笑，常在一起玩耍，“大珠哥！大珠哥！”巧云跟在身边叫个不停。自打大珠拉上黄包车，二人在弄堂里相遇，不言语了，只是用目光和微笑打招呼。

人，离不开水，棚户区居民吃水、用水，全靠那条小河浜——真如港，大伙凑钱，筑起一个码头，宽厚的石板铺成十多级，下河取水很便当。小河浜里水混浊，担来倒入缸里，用一只带孔的竹管筒不停地搅动，让竹管筒里明矾溶于水中，澄清后使用。那天清晨，大珠担着空桶来到码头，见巧云也来挑水，二人目光相接，微笑相对，大珠打破沉默，问道：

“怎么，你来挑水？”

巧云点点头，笑答：“我爸有点发烧，不舒服。”

“瞧你这架势，一挑水会把你压趴下。”

“门缝里看人！你能帮你爸一起去拉黄包车，我就不能帮我爸……”

没等她说完，大珠上前几步，不容分说，解下她的扁担上水桶，下码头，提来水，担上肩，大步流星地挑到她家门口。巧云不说客套话，只是报以灼热的目光，一对酒窝盛满感激之情。

数日后清晨，巧云爸热退了，欲去挑水，巧云抢过扁担，说：“爸！你歇着，我去。”

父亲犹豫未决，母亲说：“姑娘长大了，有这份孝心，让她去吧！”

夫妇望着闺女担着空桶，欢快地走出家门，不禁会意一笑。是呀，姑娘长大哪……他俩明知近几日的用水，全是大珠挑来的，小伙子在自己眼皮底下长大成人，品行周正，长相出众，为人诚实，是个可靠的后生，与闺女挺般配，何不顺水推舟，让两棵小草自由自在地盘根哩！

从此，雷打不动，风雨无阻，“清晨担水”成了大珠和巧云“约会时辰”。

春天的花朵是香的，秋天的果实是甜的，年轻人的心思又香又甜。日复一日，心儿越贴越近；月复一月，感情愈来愈深。

时序入冬，“约会”照常，大珠双手各拎一只盛满水的木桶，从河心提至岸边，拿过扁担，欲上肩挑走……这时，巧云将亲手缝制的一副棉手套，悄没声地塞到大珠手中，说：“天气冷了，戴上它拉车，不生冻疮。”大珠颇为激动，将手套戴在手上，端详一会，然后脱下，揣入怀中，暖洋洋的，像是热水袋，转身挑起水桶，身轻如燕。

7. 学说沪语“奶奶爬”

巧云父亲，姓江名德华，江苏如皋人，木木讷讷，不善交流，用他老婆的话说：“三拳打不出个闷屁！”一家三口，靠卖臭豆腐干度日。

卖臭豆腐干下午出挑，看是半天交易，可老江全日以赴，全家以赴，做足准备事项，讲究得很：一大早，从豆腐作坊批来臭豆腐干，不多不少，八板四百块。先从自家臭乳缸中取出昨日浸入的四百块豆腐干，旋而，再将新进的豆腐干浸入臭乳中，父女俩一齐动手，把取出的豆腐干一块一块地清洗过，汰掉豆腐干上臭乳黑汁；妻子作调料，一手拐动小石磨，一手朝磨眼里填入切碎的辣椒片，彤红的辣糊酱，顺着磨口流入瓦罐里，再加进一勺天厨味精，搅拌调匀；女儿巧云洗罢豆腐干，专心致志地剪麦管或抽稻草筋，然后一根一根装入细竹筒里，供吃客抽取。

挑子不重，一头是马口铁包裹的炉架，小煤球炉上放油锅，油锅罩着半圆形的金属漏油网，左右各有一竹筒，一边放筷子，一边放麦管或稻草筋，调料辣糊酱置于锅前一块小案板上；另一头是多层木架，八板臭豆腐干存放其中，为防灰尘，盖上一块干干净净的白布。

老江炸的臭豆腐干，方圆数里小有名气，豆干出锅，搛上漏油网，黄灿灿的，诱人食欲，咬一口，外脆内嫩，臭味犹存，入口喷香，醮上调料，更添几分鲜美味道。沈夫子总结出十二个字：“臭烘烘，香喷喷，辣乎乎，鲜咂咂。”围挑的顾客不吃上三五块不肯离去，离去时，还得用麦管或稻草筋串上三五块，醮上调料，带给家人尝尝。

每天下午二时左右，江豆干担着挑子出门，左右邻居来买，一律八折，这是一条不成文的规矩。遇上雨雪天气，老婆打着伞，跟他一起出挑，那雨伞主要遮住油锅，因为雨点、雪花落入油锅中，会溅起油珠，极易烫伤手背和面孔；用伞遮住，油珠不溅了，可老江的后背湿透湿透。好在出挑的辰光不长，吃客众多，移过七八条弄堂，一炉煤球火力燃尽，臭豆腐干也卖光了。

江氏夫妇，年过半百，原有一子一女，十年前，儿子患了脑膜炎，未及时就医，不幸夭殁，因而对独苗闺女，含在嘴里怕化了，顶在头上怕吓着，疼爱有加。江豆干的老家那地方，地势较凹，离水源又远，地薄灾多，无雨旱，有雨涝，十年九灾，他不打算让闺女再回到那穷乡僻壤，一心要她融入上海，叫她平日里多与本地人接触，学会说上海话，便于交流，听得懂，说得像，为立足上海打根基。巧云很少出门，再说，一个女孩家怎么与陌生人接触？那不羞煞人呀！她明白父亲的心意，有时关起门来，学说两句，“阿拉阿拉”的，语感欠佳，佶屈聱牙，别别扭扭，自己听了都觉好笑。

五月端午节，也是巧云的生日，为让女儿高兴，母亲买来一张筱文艳主演的淮剧《白蛇传》戏票，座位是22排22号。巧云来到戏院入场门，把门的是本地人，撕下票根，对她说：“念伲排，念伲座。”“22”沪语发音为“念伲”，她入场后，转了一圈未寻着，于是，用浓重乡音仿说上海话，求助一观众：“请问奶奶爬、奶奶坐在啥地方？”对方听不懂，莫名其妙，摇头三不知；再问别人，得到回答仍是摇头。观众席是长条椅，席间有空位，她也不敢坐，只得靠墙站着看完《白蛇传》。看戏时没知没觉，回到家腰酸腿酸，母亲见状问其原因，巧云说：“别人坐着看戏，我是站着的。”

“不对！”母亲说，“那戏票上有排号，你咋没坐呢？”

“找不到座位。”

“鼻子底下是嘴巴，你问呀！”

“问了。”

“咋问的？”

巧云答：“奶奶爬、奶奶坐，人家都不知道。”

母亲听了忍俊不禁地笑出声，方知“夹生沪语”惹的祸，害得女儿立壁看完一场戏。后来这则笑话在棚户区流传开来，若有人说不准上海话，便以“奶奶爬、奶奶坐”戏谑之。

乡音难改，老江出挑，吆喝一声“臭豆腐干”，总也脱不掉江北腔，棚户区人依照他的吆喝，送个绰号谓“江臭豆腐干”。沈夫子提出异议:“绰号太长，叫起来拗口，那‘臭’更不可取。”有人问，哪该怎么叫？夫子说，去掉“臭”字，减去“腐”字，就叫“江豆干”吧。沈夫子的意见具有权威性，他的话一锤定音。

8. 举人甘当孩子王

沈夫子何许人也？

清末科举制最后一次乡试的举人，面容清癯，精神矍铄，三绺胡须，合体的长衫外罩马褂，瓜皮帽盖着齐耳的华发，一派遗老装束。他老家在苏北如皋，原是富家子弟，龆龀从师，寒窗苦读，遗憾的是生不逢时，中举之后，清朝已日暮途穷，烽烟四起，未能如愿为皇家效力，晚年家道中落，膝下无子女，老伴病故后，只身来到上海投亲。

他有两门亲属：一个是同宗堂侄沈继先，原在上海某大学读书，学的法律专业，毕业后，上海已沦陷为孤岛，经老师介绍，谋得在一家私人法律事务所当见习律师；另一个就是外甥卖臭豆腐干的江德华。

沈夫子熟读“经史子集”，满腹经纶，落脚上海，不甘寂寞，一心想办座塾馆，传道授业解惑，小辈尊重他，唯命是从，于是堂侄出资，外甥出力，在棚户区盖起三间茅屋，当了孩子王。

20世纪30年代末，上海的教育事业，与外地相比，已相当发达，大、中、小学校齐全，然而，远离市中心的朱家湾，只有一所建在5里开外的私立小学，且学费昂贵。棚户区子弟入学者凤毛麟角，绝大多数孩子，该入学而进不了学校门，成天聚在一起玩耍，打菱角，打弹子，掼香烟牌子，或者以坟茔为山头，一群孩子分成“敌对”两个阵营，双方对垒，占山为王……傍晚回到家中，灰头土脸。“有子不读书，赛如养头猪”，家长也盼望孩子能识文断字，写个家信什么的，不用求人哪！口渴来个送水的，塾馆办得正是时候，半桩高的孩子纷纷入馆，一下子，把三间茅屋挤得满满当当。

作为塾师，沈夫子教学严谨，管教严格，学生入馆前，他必向家长声明："教不严，师之惰。我有责任管教学生，你们不得护短。"咸菜炒毛豆——有言（盐）在先，家长果然不干涉他对学生的种种体罚。

夫子极有责任心，为学生订下许多"塾规"，不准迟到、早退、逃学，有事请假，必须由家长写条，或家长亲自来说明，学生自己请假，一律不准。到了夏季，为防止学生下真如港游泳发生意外，放学前，他用浓墨逐个在学生手腕上写下"一身清洁"或"平安回家"，四字成团，像是一朵黑花，并叮嘱："家长未看，不得洗掉。"用意不言自明：回家后再出意外，那就怪不得塾馆了。

入馆的学生，大多只有"贱名"（乡间流传小鬼不缠贱名，好养活），什么"小狗子""猫宰子""粪勺子""尿舀子"，夫子甚觉不雅，于是捻着飘飘逸逸的三绺胡须，冥思苦想，引经据典，为贱名学生重起"大名和字号"。譬如大猪，改为"大珠"，字为"玉盘"，"名"有出处，"字"有来历，取意白居易诗句"大珠小珠落玉盘"。夫子很看好大珠，小家伙聪慧过人，过目不忘，入馆年把，已当上"学长"，是个读书料。

沈夫子办塾馆，开宗明义，传播国学，不图钱财，他深知棚户区人家经济窘困，因而修金随意，给多少，收多少，不给也不要。家长亦十分感激，有时手头紧，难免拖延，但每月多多少少要给一些。好在夫子不抽烟，不喝酒，袋内也不缺零花钱。

塾馆内靠墙处设一条几，供奉着"至圣先师孔夫子"牌位，每逢农历初一清晨，沈夫子率领学生点香燃烛，顶礼膜拜，十分虔诚。

除端午、中秋、春节外，塾馆无放假日，360天，周而复始，刻板而单调。

入馆的学生，不分年级、班次，各人按照指定的课本，循序渐进。课目不多，以国文为主，初学启蒙读物"人、手、足、刀、尺"；进而《百家姓》《三字经》《千字文》；然后读孔孟的"四书"：《大学》《中庸》《论语》《孟子》；再进一步便是"唐诗""宋词"、《幼学琼林》《古文观止》《春秋》《左传》，等等。

塾馆一日二上学：

早晨最为紧张，背书好似"过关"，点到谁，谁就将书本放至夫子案前，转身背诵，不但背新课文，还要背“代书”。所谓“代书”，即凡是往日读完的课本，按顺序，每册重温背出一段。入馆较早的学生，日积月累，“代书”堆叠如山，仿佛提醒学子：“书山有路勤为径。”可是，勤者毕竟无几，大多数需在夫子的“提句”下，断断续续，勉强“过关”，少数贪玩者即便“提句”再三，也背不上来，无奈勾头偷窥，为此，少不了手心挨戒尺。大珠的邻座李小虎，生性散漫，无心求学，多次受罚，不知他从哪得来一对策，预先在手心涂抹一层姜汁，书未背出又挨了戒尺，大珠问他疼不疼？他张开红肿的手掌，连呼“上当”。背罢书，夫子用红笔圈点授业，讲解新课，教念生字。学生囫囵吞枣，是否理解课文，并不重要，而对生字却非识得不可，因为念“白”了，亦会招来戒尺。未“过关”的学生，挨过揍，照样领新课，隔日，两天的新课和代书一同背来，犹如雨天扛盐袋，苦不堪言。个别学生怕挨戒尺，逃学，沈夫子找上门，家长知晓后，拉过孩子，又是一顿打骂。李小虎父亲中蛇毒身亡，母亲在草帘厂打工，缺少家教，经受不住沈夫子的戒尺，索性离开塾馆，踏入社会瞎混了。

上午较为宽松，以写毛笔字为主，学生可以离座走动，取水研墨，裁纸订簿。初学描红，“上大人，孔乙己……”，描到能熟练地掭墨、运笔、盖红，再改“写仿”。“写仿”，即用半透明的仿纸，裁后，装订成一尺见方的簿本，把夫子亲笔写就的“字样”，衬于仿纸下，依样书写。“写仿”的过程较长，直到写得与“字样”近似，得到夫子认可，才能步入临摹碑帖的阶段。学生写的字，夫子提红笔一一批阅，满意的加“○”，不满意的打“×”。沈夫子通晓古文，熟谙书谱，他的书法融汇颜柳，有筋有骨，朱家湾小街上有几家店面招牌即出自他手。学生和家人经过时，总要指着落款处“沈秉衡”三字，十分自豪地说道：“是我先生写的！”

下午极为沉闷，学生不得擅自离座，须遵照夫子所提倡的读书姿态，摇头晃脑、左右摆动朗读新课和“代书”，一遍一遍又一遍，读熟了，自己试背。琅琅读书声，茅屋关不住，直往外漫溢……读着，读着，声音愈来愈弱，学生在摇晃摆动中，情不自禁地眼皮往下耷拉。倘先生也在打瞌睡，便听之任之；若夫子无睡意，则会用戒尺拍响案桌，于是，渐弱的读书声立刻又强了起来。遇有拍案唤不醒的学生，夫子轻步走到他身旁，伸手揪起他的眼皮，一拧，霎时疼痛把“瞌睡虫”赶得无影无踪，随之又摇晃摆动、放开嗓门念出声来。兴许怕拧眼皮，要求解溲的学生特多。解溲立有规矩，必须从夫子手中领来唯一的竹签，方可出门，一个接着一个，川流不息……

就这样，熬到日头西坠，结束了一天的学习生活。好在没有回家作业，学生出了馆门，犹如小鸟出笼。

9. 草包开设草包厂

“兴旺草帘厂”设在前浜，厂房是一溜20间草屋，紧挨着中山北路，离苏州河很近。

老板姓包名兴旺，40来岁，板刷头，铜盆帽罩着，长衫裹身，穿着挺像绅士，遗憾的是斗大字不识一筐，人送外号“草包”。蠢人有蠢福，娶个老婆怪精明，能得像盆景，头发一丝不乱，油光水滑，绾成发髻，像是巨大田螺伏在脑后，发髻上终年别着一支栀子花或白兰花，得来雅号“一枝花”。夫妻俩同是绍兴人，30年代初闯上海，在十六铺摆水果摊头，本小利薄，混了多年没起色，直到30年代末，终于时来运转。一枝花在上海有个姓祁的表叔，会说日语，与日本商人有交往。一天，爷叔蓦然光临水果摊，包氏夫妇奉茶敬烟，热情待客。落座后，爷叔对包兴旺说：“有个发财机会，挑挑侬，看侬能不能捉牢。”

包兴旺听说有“发财机会”很兴奋，问道：“啥发财机会？爷叔，只要你讲出来，我肯定捉牢。”

“拆摊当老板，开办草包厂。”

“当老板”，当然欣喜，不过仔细一掂量，愁上眉梢，包兴旺说：“拆摊的本钱呒没几铜，不够开办草包厂。”

一枝花一旁帮腔：“听爷叔的没错，既然要侬当老板，伊会帮衬咯。”

爷叔成竹在胸，佯装思量后，说：“看在亲戚面上，写张借条，开办费用我借把侬，至于草包销路侬放心，包在我身上。”

爷叔所说的“发财机会”，拆穿讲，就是发“国难财”。1937年，“八一三”日寇占领上海滩，侵略战争仍在继续，从上海不断向战场输送粮食等军需物资，利用中国粮食，喂饱鬼子兵，践踏中国国土，屠杀中国百姓，手段无所不用其极。输送粮食、物资，麻袋紧俏，供不应求。日商鬼点子多，用草包代替麻袋，既省事，又省钱。包兴旺一心想发财，唯命是从，压根儿没顾及什么民族气节，从爷叔那儿拿到借款，以最快的速度，在棚户区盖起一溜厂房，当上老板，并得意洋洋地起名“兴旺草包厂”。

一枝花听了这厂名，连连摇头……

“咋话？”包兴旺问道，“这厂名不好？”

“‘兴旺’两个字蛮好，‘草包厂’不好听。难怪别人叫你‘草包’，你也不忌讳。”

“不叫‘草包厂’，格末叫啥呢？”

“你真是个草包脑袋，叫‘草帘厂’不就来势哪！”

草包由草帘缝成，“草帘厂”既符合产品，又避开绰号，包兴旺竖起拇指夸赞老婆有智慧。

“兴旺草帘厂”挂牌，招收工人，只收女工和童工，棚户区内女工和童工有的是，工钿极为低廉。“草帘厂”美其名曰“厂”，一无电源，二无机器，充其量是个手工作坊，操作工具很简陋，两边各支一人字形“木架”，横档高低，依据草帘长度来定位，草绳作“经”，稻草作“纬”，一柄“木扣”钻有一排孔眼，草绳穿过孔眼连于横档上，这就是织草帘的机杼。木扣由女工执掌，不停上下翻动，童工立于一边，双腿挟着一小捆稻草，抽出三五根，折于竹片“帘剑”的顶端，帘剑如梭，沿着木扣，穿过经绳，随之木扣将纬草压下。草根与草尾粗细不一，因此帘剑必须两边穿梭，使之保持两边均匀。一张草帘织成后，再用“鱼贯针”牵引细草绳，缝成草包，然后打成捆运出。草包分两种，一种“粗包”，装运一般物资；另一种“细包”，装运粮食，做工精密，即便倒入一桶水，分把钟内也不会渗出。

草包生意十分兴隆，供不应求，一时在光复西路段兴起数家草包厂，厂址大多数靠近苏州河沿岸，因为草包主要原料是稻草，稻草从青浦、太仓、浏河等产粮区用船运来，就近上岸，减少运费，降低成本。包氏夫妇得天独厚，草包不愁销路，因此奉爷叔如财神爷。财神爷乐得开恩，把日商的订单全数交给包兴旺执掌，当然价格压低了两成，名利双收。包兴旺拿到订单后，若要货紧急，他先尽自己“吃饱”，余下的派给同行，当然再次压价，夹袄落入肉汤里——内外有油水。同行无门路得到订单，甘愿受此盘剥。他与同行们约定，每日下午二时在虹口三角地附近一家茶楼里碰头，包兴旺接到爷叔手上的订单，俨然像是同行的盟主，先自己“吃饱”，然后将剩余的订单，派发给下家，若无订单可派，便搓搓麻将，席间，免不了彼此交谈“包养外室”的艳事。

10. 不尽财源滚滚来

包氏夫妇做惯小生意，颇懂得“经营之道”。丈夫主外，到茶楼接订单、派订单；妻子主内，掌管经济，进料、收绳等事宜皆由她运筹。

一枝花门槛贼精，经她手，哪怕一点蝇头小利也不会从指缝漏掉。生产草包以稻草为主要原料，她进料从不在收割季节，而是在插秧后十天左右，亲临产粮区向农民预购稻草。青黄不接，农民缺钱用，她先付款，这样价格可以压得很低。到了收获季节，从产稻区运来一船船稻草，堆在厂房前，像似一座座小山，全年原料充足有余。若有同行缺料，上门求助，她落得“慷慨”支援，一转手，又得渔利，还赚个“人情”；她收购草绳也有“诀窍”，在钩秤上玩花头，明明十斤重，秤星上显出不足九斤半，而且挑挑剔剔，过秤前，必用手摸摸草绳是否干燥，稍有湿度，就毫不客气地压低价格，说一不二，任其宰割，那气势霸道得很，一边付钱，一边将过罢秤的草绳甩向伙计拉着的“老虎车”（一种木铁结构的小型人力运输工具），每回空车而来，满载而归。

既有赚钱行业，又有经营门道，包家发达了，还清爷叔的借款后（当然忘不了加利息），在靠近厂房的空地上盖起砖瓦结构的楼房，上下六间，前门有庭井，后门有小院，鹤立鸡群，成了棚户区的首富。腰里有了钱，就想摆阔气，特为订置一辆“包车”。私家包车与出租的黄包车在结构上大致相同，但比黄包车精致得多，漂亮得多，舒服得多，装饰豪华，坐套整洁，车况好，有气派。扶手两边各吊一盏美观的电池灯，座旁插着一根黑色鸡毛掸。船形的登车踏脚板设有按钮，连着踏脚板下的大铜铃，遇上行人挡路，坐车人踩动按钮，清脆的铃声，“叮咛叮咛”不绝于耳，替代车夫“让一让”的喊声。入冬，还备有毛毯护膝，遇上落雨天，扯开防雨篷，篷架上装有搭钩，可挂防雨帘，雨点打不湿坐车人。

包车买来数日，正在物色合意的车夫。

大珠每天下午出车，每每第一个乘客就是包兴旺。多次招应，熟悉了，坐上车不用问目的地，直奔虹口那家茶楼。这天，包老板如往常一样，坐上大珠的黄包车，专注地打量眼前的车夫，年轻力壮，肩宽腰圆，拉动车轮，虎虎生风，面相清秀，诚实可靠，这不正是他要寻找的车夫嘛！包老板越看越中意，坐在车上，攀谈起来：

“小伙子，你叫什么名字？”

“杨大珠。”

“多大岁数哪？”

“十八。”

“成家了没有？”

“混饱自己肚子就不错了，哪敢成家。”

“家里几口人？”

“父母，还有两个弟弟。”

“住哪儿？”

“后浜。”棚户区没有里弄名，没有门牌号。大珠莫名其妙，觉得老板追根问底，像是“黄帽箍”审小偷。（巡捕房的人员穿上制服，头上戴的帽子有一道寸把宽的黄色帽箍，百姓称之为“黄帽箍”）

包兴旺点燃一支香烟，继续问道：“你可愿意拉包车？”

大珠脚步未停，对这突如其来的问话，竟一时答不上来……

“如果你愿意，就到我家来拉包车。”

“噢，拉包车，我愿意，不过容我回家跟父母商量一下。”

话音刚落，已到茶楼门前，包老板付了车钱后，说：“来我家拉包车，不会亏待你。我等你的回音。”

当晚，大珠回到家，说出拉包车的事。父母听后未置可否，二珠一旁沉不住气，插嘴道：“哥！去，你去，拉包车多气派。”

“小孩家，懂什么？！”父亲给他一个白眼，说，“气派的是那坐车人，当了私家车夫，日夜都得听使唤。”

陈根娣听丈夫这么一说，亦觉得儿子拉私家包车行动不自由了。

大珠见父母未同口，说：“爸妈，这位老板是我的老乘客，每天只是去茶楼谈生意，用车不多。捧人碗，受人管，听人使唤也是应该的。他开的草帘厂就在前浜，好在不远，晚黑我仍回家住。”

“看来你是想去的喽？”

大珠点点头，说出想去的理由：“当私家车夫，不出租金，不用招揽乘客，不用披星戴月。车主出门，车夫出力，车主在家，车夫休息，按月取酬，逢年过节还有额外赏金，干吗不去哩！”

几句话说得父母动了心：“那你就去试试。不行，再回来拉出租车。”

11. 黄包车夫也跳槽

大珠不拉租来的黄包车，来到包老板家当车夫了。

东家五口人，夫妻俩，一子一女，另有一名年过半百的女佣工张妈。儿子年方十九，名唤德彪，西服革履，油头粉面，美乎其外，败絮其中，厌学，初中念了五年，连张毕业证书都没混到，麻袋上绣花，不是那块料。父母一斟酌，与其学费打水漂，不如退学另谋出路。高不成，低不就，出路一时难觅，包德彪乐得放荡不羁，摆出一副“小开”派头，一早开着摩托车出门，成天不归，与一帮酒肉朋友混在一起，吃饱喝足之后，候在纺织厂门前，对下班的女工逐一“打分”，仗着皮粗脸厚自来熟，上前“吊膀子”“吃豆腐”；女儿雯馨，长儿子两岁，文文静静，性格内向，齐耳短发，蓝色大襟褂，黑色长裙，一副“五四”时期的学生打扮，未出嫁，待字闺中，大门不出，二门不迈，三餐茶饭都是张妈送至闺房。

正如大珠所料，包家出车不多，每天午饭后送包老板到茶楼，晚饭前再把他拉回来，老板娘几乎不用车。半日空闲，可他不适闲，心中过意不去，拿了人家工钱，半日不干活，实在不像话。为求心态平衡，没事找事做：原本包家用水由挑水人送来，自大珠进门后，他主动挑满水缸，东家辞去挑水人，落得省下几文；原本劈引火柴、拖地板、买米面是佣工的重活，他也揽了过来，张妈感谢不尽……总之，不偷懒，不卖奸，车夫分外事抢着干，以此填满空闲。

老板娘看在眼里，喜在心里，对大珠的好感日胜一日，情不自禁地勾起自己的心事：闺女雯馨，患有暗疾羊癫风，四处求医，总不见效，三清观天师说是中邪了，戴上有着符咒的“避邪金戒指”，亦无济于事。这种毛病，不发作，无异于正常人，一旦发作，倒地不省人事，口吐白沫，须朝她口中填入一小把青草或青菜，任其咀嚼，两三个小时后，才能苏醒过来。年幼时曾发作过几次，那时忙于做生意挣钱，未及时治疗，进入初中，那日上体育课，突然昏倒在操场上，把老师和同学吓了一大跳，叫来救护车送往医院，随即又转告家长。包氏夫妇得知后，急忙赶到医院，这时，雯馨已苏醒过来，医生亦无良药根治，只得把女儿领回家。翌日，雯馨如往常一样进了学校门，同学们射过来异样目光，如针如刺，她接受不了，一赌气，跑回家，从此，躲在房中，少言寡语。父母苦口婆心地劝导她不要介意，可她固执己见，任你磨破嘴皮，也不愿再踏入学校门。一晃好几年，当娘的眼看女儿二十出头，早到了谈婚论嫁的年龄，可是，至今毫无头绪，女儿闷在房中不哼不哈，皇帝不急太监急，母亲心事日益沉重……

可怜天下父母心，夫妻俩交谈私房话：

“哎！你眼光蛮灵咯，寻来个车夫不错，蛮勤劳的……”一枝花不无赞赏地说。

“我一向眼光准足！苍蝇眼前飞过，能知公母。”

“哟！讲侬胖，侬就喘。”

“不是吗！我寻的车夫，卖相好，体力足，手脚勤快，人又老实。”

妻子连连点头称是。迟疑了一会，说：“你当初寻伊有啥想法？”

“除脱拉车，呒啥想法。”

“侬这个当爸的，难道就不为雯馨的终身大事考虑考虑！”

丈夫听后，连连摇头，“不来讪！我现在大小是个老板，女儿嫁给车夫，别人要笑话的！”

“哟！才当上老板几天，就看不起车夫哪！勿要忘记，侬也是小摊贩出身。”

“搿个不关！过去是过去，现在是现在。”

“真是草包脑袋，女儿有毛病，你不是不晓得！怕别人笑话，难道不怕她嫁不出去变成老姑娘！？”一枝花说，“再讲，假使大珠真咯成了包家门女婿，可以再寻别人当车夫，让伊做侬助手嘛！”

一句话，提醒了包老板。是呀，女儿患有暗疾羊癫风，整天闷在屋里，长久如此，无疑要成嫁不出去的老姑娘。他思忖片刻，觉得大珠尽管是个车夫，穷了些，可人长得有模有样，与女儿挺有夫妻相……想到此，说："问问雯馨可中意？若伊点头，大珠还没结过婚，趁早请梳子嫂出面，到杨家说媒。"

"看侬，一会怕别人笑话，一会又急吼吼地请媒。"

"格末你看哪能办？"

"先让伊拉两家头多接触，轧轧苗头，再请媒人不迟。"

12. 如意算盘暗中打

东家设局，车夫全然不知。

数日后的一个黄昏，大珠将包老板拉回家，像往常一样，包车送入车房，准备回家，老板娘亲切地叫了一声："大珠！"

大珠应声止步。

"今朝你留下来吃夜饭。"

车夫感到意外，事先讲明，主人只供应一顿午饭，问道："有事？"

"大小姐要出门。"

遵命留下，饭后，老板娘吩咐，大小姐要去看戏。大珠听后转身欲去车房拉车，老板娘阻止道："包车放在马路边上不牢靠。你陪她乘车去，一道看戏，一道回来，路上小心！"说着递过两张戏票和乘车费。大珠接过，低头一看是"老闸大戏院"。

老闸大戏院坐落于老闸桥（现今福建路桥）南堍，这家戏院专供"绍剧"演出。绍剧也叫"绍兴大班"，与时称"的笃班"的越剧同是浙江地方戏，但风格迥然不同：越剧唱腔柔软委婉，绍剧曲调激越高亢；越剧清一色女性担纲，绍剧男女同台。大珠听不懂绍兴语道白，唱腔更使他觉得刺耳，不由得心中嘀咕：绍兴大班不及淮剧中看中听，硬着头皮看罢一出大戏，连得剧情也没弄明白。之前，大小姐的天地在闺房，二人从未照过面，熟知的陌生人，从家到剧场，再从剧场到家，一路来去，主仆二人既没讲一句话。大珠和雯馨跨进家门，老板娘已在客堂等候，迎上来问道："戏阿好看哦？"

雯馨没吱声，大珠违心地回答："蛮好，蛮好。"

老板娘听后很焐心：蛮好，有戏，良好的开端……

从此，绍兴大班每上演一出新戏，大珠就当一次陪客。看戏本是件开心的事，可他觉得是个负担，高兴不起来，挨肩坐，并排走，雯馨旁若无人，他也不愿主动搭讪，似远似近，如同陌生人，似近似远，不尴不尬……大珠未敢忘记"捧人碗，受人管"自己是名车夫。

一日上午，一枝花提着一物件，来到大珠面前，说："听讲你会拉胡琴，老板特为买来一把。今后你用不着帮张妈做家务，呒没事体，就拉拉胡琴，大小姐咾欢喜音乐咯。"说罢递过胡琴。大珠虽感意外，但仍接过，脱下布套，哟！是一把制作精良的紫檀木二胡，沉甸甸，亮晶晶，比起他那把自制的二胡，不知好了多少倍，不由一阵惊喜。年幼时，经常见到一瞎子算命先生，穿着破长衫，胸前挂着一把二胡，身旁一女孩搀扶着，一边拉着不知名的曲子，一边行走在弄堂里。他尾随于后，那悦耳的琴声，听得入迷，很想买一把二胡，可是没钱，于是，找来一只竹筒，钻出两个洞眼，蒙上癞蛤蟆皮，配上杆、轴、弦、弓、码和千金，自制的二胡成功了，模样虽丑陋，但照样能拉出动听的悦音。大珠不但手巧，而且心灵，人说"百日笛，千日箫，二胡拉断腰"，也不过十来天，无师自通，他居然能奏出一曲完整的民间小调。虽不识谱，可乐感佳，记性好，听过的旋律，就能演奏出来，颇似当下的某些流行歌手，全然不懂乐理知识，不识谱，却能当上歌星。

大珠坐下，定准音，端起架子，左手按弦，右手运弓，奏起家乡小调《拔根芦柴花花》，音色纯厚，十分悦耳。正在闺房里闷坐的雯馨，听到琴声，感到惊奇，不禁走下楼来看个究竟，出乎意外，操琴者竟是车夫……她立在一旁侧耳静听。平日里，她自认是个无药可救的病人，关在房里，无所事事，翻翻张爱玲的小说，看倦了，就摆弄那架手摇留声机，听听唱片，刘天华的二胡曲，周璇、王人美、龚秋霞、陈燕燕等电影明星唱的歌子，耳熟能详，但她觉得都不如眼前的琴声新鲜而动听。一曲奏罢，雯馨破天荒地对大珠说："再拉一曲刘天华的《病中吟》吧！"

"我不会这曲子。"大珠摇摇头答道。

"电影插曲会哦？"她补上句，"喏！就是电影《渔家女》里唱的。"

大珠点点头，《渔家女》在莫斯科国际电影博览会获得荣誉奖后，插曲很快流行开来，他听过，能奏出，琴声再起，委婉哀切……雯馨情不自禁地跟着旋律，悄声哼出歌词："天上旭日初升，湖面好风和顺，摇荡着渔船，摇荡着渔船，做着我们的营生。手把网儿张，眼把鱼儿等，一家的温饱就靠这早晨。男的不洗脸，女的不搽粉，大家各自找前程。不管是夏是冬，不管是秋是春，摇荡着渔船，摇荡着渔船，做着我们的营生。"

插曲唱完，一枝花暗喜过望，拍响巴掌，兴奋地说："再来一个！唱那《马路天使》的'小妹妹唱歌郎奏琴'！"大珠听了霎时脸红到耳根，雯馨反应更强烈，板下面孔，瞪了一眼，给母亲一个难看，接着屁股一扭，"噔噔噔"转身返回闺房。

13. 寒冬腊月刮"秋风"

日本鬼子侵占上海后，对公共租界、法租界心存觊觎，然而无可奈何，而对非租界区域控制愈来愈严密，两种手段，双管齐下：1. 通过伪政府，建立乡、保、甲制，颁发"良民证"；2. 增岗设卡，检查来往路人。

朱家湾地处沪杭铁路与沪宁铁路分岔处，日寇分别在沪杭线道口（现今光新路）和沪宁线道口（现今交通路）设立关卡。关卡拉着铁丝网，仅留有两米宽的进出口，守卡鬼子兵荷枪实弹，胜过凶神，来去百姓经过这儿，必须脱帽鞠躬，稍一迟缓，便挨枪托。沦陷区的百姓受尽凌辱，无力公开反抗，只得饮恨于胸。

朱家湾棚户区，隶属伪市政府北新泾区太平桥乡，乡长已派定，正在筹划属下基层组织。包氏夫妇想找靠山，两口子一致认为良机来了，弄个保长当当，于是，去找爷叔活动。正巧，太平乡乡长袁祥卿是爷叔昔日的同窗，爷叔拍着胸脯满口应承。包兴旺备下一份厚礼，带着爷叔的推荐信，登门拜访乡长。袁祥卿近日正在琢磨朱家湾的保长位置由谁来坐，……棚户区无里弄名称、无门牌号码，居民来自四面八方，难缠户较多，得觅个有头有脸的人物……他看罢推荐信，正中下怀，来者又是草帘厂老板，落得卖个老同学情面，当场拍板，委以保长之职，管辖前浜和后浜。草包选择了这位置，这位置也选择了草包，二五一凑，便成十（实）。

包兴旺得到保长实位，尽管不属伪政府人员，但可算是“一方土地爷”。他领来开创经费，设立办公室，还从家乡聘来一位绍兴师爷后代孙一鸿当保干事，按人员定额，尚缺一名跑腿的保丁，此职务由谁来担当？一时拿不定主意，夫妻俩商来议去，肥水不流外人田，最后选中儿子包德彪。这位小开，游手好闲，拈花惹草，爷娘用心良苦，想把他箍在身边，免得在外惹是生非。

人手配齐，立马行动，首先为弄堂取名称、为住户编排门牌号，然后以20—30户人家为基数，编成“甲”，甲长由保长指定其中某一户主担任，不得推辞。登门入户，逐一登记填表每家的人口，登记时讲明：不得漏报，尤其16岁以上的居民，漏报了领不到“良民证”。这段时间，说来也够忙碌的，从着单衣忙到穿棉袄，保丁用摩托车载着保干事，走遍前、后浜每户人家，历时数月，登记手续告一段落。孙一鸿很卖力，将登记表格以“甲”为单元，装订成册。如果这些册本尚存，毫无疑问，那是棚户区最原始的户籍资料。

包氏夫妇铁算盘打得“噼啪”响，买卖人，说千道万，不做蚀本生意，谋得保长位置，送出厚礼；区长儿子结婚，乡长女儿出嫁，又连连奉上重金，这些都是投资成本。一枝花怎能放弃赚钱的机会，她出主意，要为新上任的保长做寿，连本带利捞回来。

包兴旺说：“我43岁，小生日不作兴做，外加生日已过脱哪。”

“侬真是个草包加笨蛋！缩脱3岁，不就是大生日啦。啥人还查侬啥辰光生咯。”

草包拍着笨脑袋，夸奖老婆头脑活络。二人选定日子，请孙一鸿照户口册本填写红帖，填后由儿子送至辖区内每户人家，并讲明“做寿”那天，同时发放“良民证”。

居民收到红帖，怨声载道，明知是保长变相勒索，仍不得不勒紧裤带前去出“人情”。腊月初五这一天，草帘厂歇工，厂房改作“流水席”场所，厂门口设一账桌，孙一鸿坐镇，一边收钱，一边发证，满十人，入席用餐，川流不息。席上四凉八热，统是廉价的家常菜，量不少，足够逮个饱。

沈老夫子胸藏愤慨，来到现场，与包兴旺碰面时说：“秀才人情纸一张，请笑纳。”说罢递给孙一鸿一张红纸。草包知他是棚户区有学问的教书先生，尽管没出钱，总算给了面子，想留他吃饭，可没留住，夫子领来“良民证”，拂袖而去。

孙一鸿打开红纸，上书十四个大字：“寒冬腊月刮秋风，百姓衣单不敢言。”草包问，写的啥？孙一鸿念了一遍，还赞上一句，字写得极有功力。草包笑着说：“有啥功力，冬天只有西北风，哪来的秋风？他是老糊涂啦！”

碍于保长面子，保干事不便当众解释“秋风”的含义。

14. 移情别恋生是非

沐猴而冠，包德彪顶着保丁帽子，甚感荣耀，没事也骑着摩托车，来后浜弄堂里抖威风，到了江家门前，蹿来蹿去。故意将喇叭揿得震耳响……那日，在江豆干家填表登记人口，见到了巧云，姑娘的美貌令他神魂颠倒，难以忘怀，穷追不舍，决心甩掉先前与他相好、已发生过两性关系的李大凤。

李大凤是李小虎的亲姐，苦女娃，父亲卖蛇药时失手，中毒而亡，弟弟弃学在外瞎混不来家，寡母在草帘厂打工，收入微薄，生活艰难，14岁进日商内外棉纱厂当包身工，在苦熬中成长，如今仍在24小时三班制中苦熬。她的性格泼辣火爆，口无遮拦，个子不高，一米五左右，圆面孔，大眼睛，双眼皮，厚嘴唇，高鼻梁，颇为性感，遗憾的是体形特胖，整个身子似大大小小球形组成。她的胃口特好，是个“吃货”，小姐妹劝她三餐少吃些，试了，不灵验，喝凉水都长肉，索性听之任之，想吃多少，就吃多少，不亏待自己。

她与包德彪相识在厂门口。那日落班，候在厂门口的包德彪主动上来搭讪，自我介绍是草帘厂的小开，一副阔少派头，初次见面就邀她下馆子，她虽嘴馋，但摇头婉拒了。隔日又来纠缠，说是认识认识谈谈心，别无他意，经不起三花两绕，她应邀了；二次相邀，她也去了；第三次，换了一家带住宿的饭馆，不仅点了丰盛的菜肴，还开了一瓶洋河大曲，二人对酌，几杯酒下肚，大凤脸飞红晕，头脑昏昏沉沉，稀里糊涂地被小开扶到房间里……等她酒醒过来，已知失身于他。

“流氓！流氓！”大凤怒火中烧，咬牙切齿地骂了起来……

小开嬉皮笑脸地一口一声：“别发火，胖美人，我爱你！”

“姑奶奶是黄花闺女，被你这个臭流氓糟蹋啦！我要告你……”

“告我！我犯什么罪？”

“强奸罪！”

“嘻嘻……我的胖美人，你听说过这么一句话吗？”

“什么话？”

“八字衙门朝南开，有理无钱莫进来。你有钱告状吗？”包德彪振振有词，“我爸是草帘厂老板，又是当地的保长，你能告赢吗？再说，你是自愿跟我来喝酒的……我没强迫你吧！”

李大凤听他这么一说，如皮球泄气，跌坐床沿抹眼泪……

“怎么伤心起来了？你应该高兴才是。”小开上前抚慰道，“等我回家，禀明父母，请人上你家说媒，娶你为妻，让你过上好日脚，不再干那三班倒的纺织工。”

事已如此，大凤静下心来思忖一番后，怒火平息了，觉得兴许这是一生中的转捩点，做了小开的老婆，不愁吃，不愁穿，再也不用干这三班倒、吃力不挣钱的挡车工哪！

“你说话算话吧？”

小开对天发誓：“算话，绝对算话！说话不算话，死后变王八。”

大凤信了。

之后，卿卿我我，大凤又随他开了几次房间，反正早晚是他的人了，防线早已崩溃，一门心思单等媒人上门保媒，下聘，结婚。哪知左等右等，非但未见媒人，连小开的踪影也消失了。大凤急不可耐，转弯抹角，从母亲那儿打听到小开的住址，壮着胆子，厚着脸皮，敲响包家的门。

一枝花打开门问道：“侬做啥？”

“找人。”

“寻啥人？”一枝花打开两扇大门，问道。

“包德彪，包小开。”

“伊不在屋里。侬是啥人？寻伊有啥事体？”

“我……”大凤一时不知如何回答是好，停顿一小会说，“我是他的对象，他在家没提起过我吗?”

“呵呵……”一枝花冷笑了两声，作自我介绍，“我是小开的姆妈，从未听伊讲起过侬。我伲子还吭没寻对象，即使寻，也不会寻着侬。走走走，勿要来冒充!”哐当一声，关紧黑漆大门。

美梦未醒就破灭了，这时大凤方才明白自己上当受骗，但，仍抱一丝希望，四处寻觅小开的行踪……一日，她在弄堂口拦住骑摩托车的小开，还没等她问话，包德彪推说有公务在身，车头掉转，“哧溜”一声，跑了。大凤追不上，冲着他的背影破口大骂：

“好哇!你这个杀千刀的!挨炮铳的!缩头活王八!”骂了几句，不见人影，暗自发狠，“占了姑奶奶的便宜，翻脸不认账，想甩掉我……哼!骑驴看唱本——走着瞧吧……”

大凤当然饶不过他，一场“好戏”在后头……

15. 瓜熟蒂落得逞时

数九天，时令有时会遭遇人为因素，使人产生不同的感受。百姓不堪“秋风”苦，而包氏夫妇办完“四十大寿”，满面“春风”，得意洋洋，收到的礼金，每份金额虽不高，但两千多户份额，积少成多，是一笔极为可观的数字，除去“流水席”的开支和寻找靠山的投资，绰绰有余。一枝花颇有经济头脑，点滴不漏，现钞放在家里不牢靠，悄没声地到了租界银楼，把现钞换成“黄鱼”保值（十两金条叫“大黄鱼”，五两以下的金条称“小黄鱼”）。尝到甜头，欲壑难填，接着又盘算起来，如果为女儿提亲成功，开春就举行婚礼，发红帖，再捞上一票。对这桩预谋的亲事，虽未征得女儿的同意，但她已有了八九成把握。不是嘛!“看戏”“拉琴”“唱歌”，这一切都表达了女儿的意愿，瓜熟蒂落，到了父母作主的时刻了。当她对丈夫和盘托出她的打算，包兴旺听后显出犹豫不决的神态……

“哪哪?侬嫌钞票太多了是吧!”

“不不不，钞票当然越多越好，发红帖，办喜事，我是赞成的，不过……”包兴旺委婉地说，“我觉得提亲前头，要问问雯馨，伊同意哦?”

“伊拉两个人一道看戏，大珠拉胡琴，伊还跟着唱歌，情投意合，苗头已经轧出来了，多问得咯！”

“万一伊不同意，脾气犟来西，惹得老毛病发出来，吃不消。还是问问吧！”

一枝花十分自信，说：“哪个小姑娘不怀春？只是闷在肚皮里不响吧！亲事父母说了算，当年不是我爷娘一句闲话，我就嫁把侬这个小摊贩哪！？”

包兴旺默认，不言语了。

清晨，梳子嫂提着刨花水罐，来到包家，为一枝花梳头，动作麻利，双手灵巧，一边梳头，一边交谈。一枝花邀她出面保媒，梳子嫂高兴地问道：“好哇！喜事，你为闺女选中哪家少爷？”

“不是啥少爷……是我伲车夫。”

“老杨儿子——大珠呀，这小子好福气！”梳子嫂知根知底，顺势附和，“哎哟！老板娘重人不重财，眼光准足，大珠聪明，卖相又好，日后在你调教下，定有出息！”

包德彪正对着穿衣镜着西装，打领带，准备出门，听了她俩的谈话，从中轧一脚：“阿娘，侬给阿姐说亲，我也想请梳子嫂做媒。”

“侬阿是看中那个胖得像猪猡一样的姑娘？！”

“不不，我搭伊早就断脱了。”

“先把你阿姐的婚事搞定，侬的事体朝后放放。”

“阿姐是侬生的，我也是侬生的，为啥我的事体朝后放？侬偏心！”

“偏心又哪哪呢！”一枝花白了儿子一眼。

梳子嫂一旁问道：“小开，你看中了谁哪？”

“后浜的巧云，江巧云。”

“噢！卖臭豆腐干老江的女儿……”

没等梳子嫂说完，一枝花抢过话头：“瞎七搭八！门不当，户不对，卖臭豆腐干的，穷得嗒嗒滴，把伊囡女娶到家，臭气也带来了……不来讪！”刚才赞她“重人不重财”，瞬息变了调门。

“巧云长得漂亮，我就是要娶她。”

“漂亮能当饭吃！？”一枝花埋怨儿子没出息，说，“书读不进，工作寻不着，整天骑着摩托闲逛荡，保丁吭没当几天，就想讨老婆……侬看中，不算数，儿女亲事该爷娘作主！”

“我不要倷作主，要自己看中咯！”

“侬看中的，我不答应。”

“侬不答应我寻阿爸讲。”儿子不领盆，另辟途径。

“哼哼！”母亲从鼻孔里哼出两声，“侬去寻呀！看看你阿爸听侬咯还是听我咯！”

“……”

“……”

母子争吵不休，梳头嫂夹在当中，两头劝说，总算把小开劝出门，骑上摩托，一溜烟开走了。

说着，讲着，吵着，梳子嫂双手未停息，发鬏已梳成，抹上刨花水，插上一朵栀子花后，赶紧收拾家什，朝门外走去。一枝花赶上一步，塞给她一沓钞票，说："说媒的事，劳你费心哪，事成，十八只蹄髈有你吃咯。"

“放心吧！这门亲事包在我身上啦！”

梳子嫂拍着胸脯，大包大揽，她揣起钞票，不敢怠慢，疾步走出，还有石库门两家主妇等着哩。梳头约定在起床后早餐前，必须在这时间段赶到，误了点，主妇不满意，得扣包月钱。唉！挣钱不容易啊。

16. 黄狼专咬病鸭子

梳子嫂，江苏淮安人，30岁出头，皮肤偏黑，身材偏高，体形偏胖，相貌不难看也不好看，很健壮，很能干，凭着生来一双巧手和一张巧嘴，兼干三个行当：梳头、做媒、接生。她在棚户区的知名度很高，几乎家喻户晓，妇孺皆知，不是因为梳头手艺高超，不是因为做媒能说会道，也不是因为接生动作麻利，而是由于她有个不同一般的奇异组合家庭。

梳子嫂原名王秀芝，出生在淮安农村，父亲务农，母亲是乡间的接生婆，日子过得富不了也饿不着，将将就就。可父亲染上恶习，嗜赌如命，昏天暗地不顾家，她从记事起，就在父母争吵声中长大成人。

父亲坐上赌桌，什么也不顾忌，上辈传下来的三亩田地，被赌输掉了，再赌，再输，无啥可变现，屁股抵墙墙倒塌，将18岁的女儿卖给一土地主家当儿媳，言明三日后送女上门。

母女俩得知此事，束手无策……母亲疼爱女儿，关心她的未来丈夫到底是个什么样的人？翌日清晨，跑了20里路，来到这家土地主的庄子，打听一番，回来后，母女俩抱头痛哭……原来土地主的儿子是个小矮人（侏儒），而且是个病秧子。要嫁人，瞎眼摸一个也比他强。做娘的当然不忍心坑害女儿一辈子，她为女儿拭干泪水，说："秀芝，走吧！趁早走，走得远远的，再也不要回来。"

"娘，我走了，你咋办？爹不会饶过你的……"

"别担心，我到了这把年纪，'今晚脱了鞋，不知明早来不来'，他又能拿我怎样？还能再把我卖啦！"

秀芝拜别母亲，母亲再三再四地叮咛：今后找男人，掂量再掂量，千万不要嫁赌鬼。当天，夜深人静，秀芝独自出了家门，走至村头，迟疑片刻，又转身回到村里，敲开符木匠家的门。符木匠是个年轻后生，父母双亡，单身，一人吃饱，全家不饿。他和秀芝是邻里，平日里相识，有所接触，交谈不多，相处不深，未到相恋的程度。这时，秀芝顾不了许多，把被卖身之事说了一遍后，主动提出与他结合，逃婚私奔。符木匠听后，二话没说，拾掇起木匠家什和一床被褥，随她离开家乡。

这对年轻人踏上艰难的路程……俗话说，逃难饿不死手艺人，靠揽些木匠零活，赖以些许工钱果腹，没余钱买车、船票，一路跋涉，风餐露宿，到了上海。人生地不熟，求爷爷，告奶奶，毛遂自荐，好不容易结识一私人营造业的包工头，跟着他干木匠活。两口子省吃俭用，一个铜板分成两爿花，积存一些钱，盖起两间茅屋，落脚在棚户区，总算安定下来。哪知没过上几天太平日子，就发生了塌天大祸。

那日，跟着包工头到前浜为包兴旺家盖楼房，登高上房梁时，不慎摔了下来，跌断股骨，包工头付了当日的工钱，用门板将符木匠抬回家。竖着出门，横着归来，黄狼专咬病鸭子，王秀芝欲哭无泪，手里余钱，盖房用光了，拿不出钞票将丈夫送到医院诊治，烧香找不到庙门，借债找不到债主，只得请来民间郎中为他敷药疗伤，百日后，疼痛虽减轻，可从此瘫痪在床，不能动弹，吃喝拉撒都要人侍候。

符木匠性格内向，少言寡语，躺在床上，急在心里，自怨自艾，自捶脑袋……妻子安慰他说:“别急，别急啊！过一阵，你会站起来的。”

“唉……”丈夫听了长叹一声，自知伤情严重，说:“没指望哪！活着不如死掉，免得连累你啊!”

“呸呸呸！瞎说个啥!”逃婚私奔是梳子嫂的主张，如今遭难，怎能离弃哩，她说，“你我夫妻，有难同当，我能养活你一辈子。”

梳子嫂确有能力养活丈夫，梳头，接生，做媒，三管齐下，力撑这个家庭。每日清晨，拎着一罐刨花水，赶到石库门，分别为四家主妇梳头窝鬏，可得微薄的包月钱；棚户区居民虽然穷得叮当响，可是繁衍生息的能力很旺，贫民窟缺少医疗机构，因此母亲传给她的老法接生方法，有了“用武之地”，收费不高，就近方便，不管白天黑夜，随叫随到，颇为兴隆，隔三岔五，总能迎来一条鲜活的小生命；至于做媒，有约请说亲的，也有主动撮合的，凭着三寸不烂之舌，成全了不少对婚姻，媒人总能获得或多或少的红包。三个行当，都是不费力气的活，但很忙碌，常常顾不了家，她出门时，安顿好一切，唯独担心丈夫会想不开，总是与住在隔壁滚地龙的“肉疙瘩”打声招呼，请他听到什么动静，过来照看一下。

“肉疙瘩”满口应承:“你放心吧！我会照看符大哥的。”

17. 窄肩挑起双扁担

肉疙瘩，江苏盐城人，光棍汉，说话结巴，懒得张嘴。他个头壮实，平日里，靠挑水挣钱，两爿老虎灶和一家小饭馆的用水，全由他承担，常年挑水，扁担磨炼，他的双肩隆起两团肌肉，得来绰号“肉疙瘩”，很少有人知道他原来的姓名：耿大牛。他对符木匠的不幸遭遇十分同情，对梳子嫂更多了几分怜悯，一个女人忙内忙外，挣钱养家多不容易啊！即使不打招呼，他也想帮一把，经济上帮不了，有的是力气，每日替梳子嫂把水缸担满，梳子嫂要给报酬，他结结巴巴地说:“力气……不用买，使完它……它又来。你给钱，这不是……看不起……我嘛!”他提前将老虎灶和小饭馆的水缸挑满，一得闲，就来陪伴符木匠。两个大男人，一个性格内向，一个懒得张嘴，相对无言抽闷烟，等候梳子嫂归来。

盛暑的一天，肉疙瘩挑来一担水，倒入梳子嫂家水缸里，弯腰用装有明矾的竹管筒在水中搅拌，梳子嫂见他汗流浃背，顺手拿过一条干毛巾，为他揩去背上的汗水。肉疙瘩从未享受过这般温情，猛转身，只见她穿着薄薄的夏布大襟上衣，乳房似一对小兔子在微微颤动，四目相对，目光中充满了一种渴望，渴望似火在燃烧，他伸手一把将她揽入怀中，她也紧紧抱住他，嘴巴轻咬他肩上那团肉疙瘩……就在这锅屋里，就在这水缸旁，一对性饥渴者，如火如荼、如痴如醉赤裸裸地饱餐性之欢愉……干柴烈火，莫怪其燃，毋庸责备凡夫俗子的行为这般肆无忌惮，荷尔蒙有时会令人失去理智，古哲人也曾说过，性生活犹如穿衣、吃饭那样重要而平常啊！

没有不透风的墙，瞒的过外人，瞒不过家人。符木匠双腿残废，听觉、视觉仍很正常，他对妻子的越轨行为心知肚明，并不怨恨，反而觉得正中下怀。躺在床上的他，不止一次地考虑他与妻子的未来，自打摔断股骨那天起，失去挣钱的能力，失去房事的功能，总之，已失去做丈夫的资格，未来的日子，不忍心让一个女人守着活寡养着他。他看肉疙瘩老实本分，与秀芝能过到一堆去，打定主意，自己告退……他把妻子和肉疙瘩叫到床前。

"藏藏掖掖不是个事，你俩一起过吧……"

没等符木匠说完，"扑通"一声，肉疙瘩双膝跪地，说："符大……大哥，我……我对不起你！"

"不，不不，起来！起来说话。"肉疙瘩立起，符木匠真挚地说，"你为我了却一桩心事，我当感激你。朝后你们就是两口子，秀芝脾气倔，你得多担待些。"

"不……不！符大……大哥，我……我下回再也不……不干这事啦！"

"你怎么不明白我的意思呢？我已不配做她男人哪！"

"那你……"

"别管我，我自有去路。"

"去哪？老家回不去，又没亲戚可投奔。"梳子嫂说，"你不跟我出来，就不会摔伤身子，老天不睁眼啊……你想寻死，明摆着是我作的孽，这罪名我顶不起呀。你若为我好，那就……"说到这儿，她难以启齿，迟迟疑疑。

"那就什么？你尽管说，别担心我没去处，说什么我都应允。"

“你什么都应允，我就说哪！”

“说！”

“两家并一家，我和肉疙瘩供养你到老。”

梳子嫂的提议未免荒唐，可是，除此还有什么两全的办法呢！？茅屋里静得出奇，可闻喘息的声音……两个大男人默认了。

同一屋檐下，一个妻子，两个丈夫，组成奇异家庭。北方人谓“拉偏套”，江北人叫“双扁担”。

好事不出门，丑事传百里，不几日，“双扁担”的新闻无胫自走，爆传整个棚户区，成为茶余饭后的新鲜话题，一致认为是件不可思议的事。尤其是沈夫子，大发感慨：道德败坏，有辱纲常。甚至有一长舌妇当面冷言冷语地开玩笑：“‘双扁担’压肩，你受得了吗？”

梳子嫂不甘示弱，还以颜色：“有啥受不了的，你眼馋，也可试试。”

“我才不干那丢人现眼的事。”长舌妇自讨一个没趣，说罢，一乜斜，一撇嘴，掉头就走。

其实梳子嫂嘴巴硬，骨头酥，胆寒心虚。逃婚私奔的事，已遭报应，这“双扁担”组合有悖人伦，伤风败俗，丢尽脸面，又作下大孽，难免天打雷劈。她之所以有勇气在棚户区走动，一是因为要维持家庭生计，二是因为母亲曾对她说过，接来一条小生命，撮合一对好姻缘，可以减轻罪孽、增添阳寿啊……

18. 城门失火殃池鱼

“双扁担”家庭遭到外界蔑视，可二夫一妻之间相处倒也平和，从未发生龃龉。第二年，梳子嫂生了个男娃，正逢羊年，取名“小羊子”，为这奇异的家庭带来些许欢乐……欢乐之余却为“小孩随谁姓”产生异议，肉疙瘩说，随大哥姓符；符木匠心知肚明，不是他的种，摇头说道：“不！随兄弟姓耿。”二人各持己见，互相谦让……“瞧你俩，都伤风感冒——客（咳）气来了。”梳子嫂出言调和，“我赞成小羊随木匠姓符，过两年，我再生一个，随肉疙瘩姓耿，不就成哪！”二比一，符木匠心存感激，点头同意。

没有人宣传，没有人鼓动，也说不清楚是什么原因，棚户区人在心理上与梳子嫂拉开距离，仿佛“双扁担”家庭使他们蒙受“奇耻大辱”，从小羊子呱呱坠地那刻起，就互通信息：“梳子嫂生了个‘小杂种’！”

只愁养，不愁长。小家伙长得像娘，两只眼睛滴溜圆，头毛浓浓的，一副聪明相，牙牙学语，蹒跚学步，不知不觉，已会独自玩耍，有时玩厌了，会跑到弄堂口等妈妈回来，这时总有大人拦着他问：

“小杂种，你妈和哪个爸睡一个被窝？”

“跟耿爸（肉疙瘩）睡一个被窝。”小孩天真无邪，如实回答。

“小杂种，你随哪个爸姓？”

“随符爸姓。”

“……”

一次凑巧，梳子嫂走到弄堂口，听到了这样对话，没好气地甩下一句双关语：“别乱嚼舌头啦！”说罢，扒开儿子开裆裤，狠狠打了几下，小屁股霎时血血红，她又感到心疼，跨进家门，搂过儿子，为他擦去泪水，说：“羊儿，朝后别出大门，在家等妈。”孩子挨了揍，不知犯啥错，唯命是从地点点头。

小羊到了七八岁，与一群半桩高小孩做“官兵捉强盗”游戏，领头的屡次派他当“强盗”，他不开心，提出要当“官兵”。

“嗐！你不够格当官兵。”

“是呀！小杂种只配当强盗。”一帮小孩跟着起哄，“小杂种，你不愿意当强盗，我们还不愿意和你一起玩哩。滚滚滚！”

落单的小羊，孤零零地被排斥在外……

左邻右舍的小孩，到了入学年龄，纷纷进沈夫子塾馆读书，梳子嫂也来为小羊子报名，没想到被婉言拒绝了。

“对不起！名额已满，候有空位，我再告知你。”

梳子嫂无可奈何，灰溜溜地领着儿子回来。其实，塾馆设的条桌，学生自带板凳，别说一个，即便再来三五个，挤一挤，也能容得下。沈夫子是个老学究，他对“一夫多妻”无异议，那是男人有能耐的体现，而对“双扁担”却有无端的诟病，认为这是伤风败俗的孽缘，孽缘的后代不可教，这是他拒绝入学的潜在理由。

日复一日，年复一年，符小羊的天地仅限于两间茅屋中，除了吃饭、睡觉，就是默坐，整日价不言不语，偶尔口中念念有词，不断重复着：“我有两个爸，我有两个爸……” 发音微弱且含糊，别人压根儿听不清他说的啥。爸妈和他交谈，他似听未听，不哼不哈，双目呆滞，精神恍惚，吃不知饱，睡不知醒……城门失火，殃及池鱼，好端端的一个孩子，成了戆头戆脑的憨大。梳子嫂不知儿子患上孤独症（或曰自闭症），一个劲地埋怨自己：“是我作的孽，报应啊！”

19. 甜男酸女测胎儿

陈招娣来到陈根娣家，进门就问：“姐！你怀孕有啥感觉？”

“怎么，你怀上哪？”

“谁知道哩，我扳着手指头数，50多天没来月经了。”

“咋不早说呢？” 当姐的有妊娠经验，“想呕吐啵？”

妹妹摇头答道：“没觉着。”

“走！姐陪你再找那位女医生断定断定。”

两个月前，姐妹俩不惜金钱，同去上海著名的广慈医院就诊，妇产科一位女医生，为陈招娣作了仔细地检查，说：“你的子宫后位，需刮宫。这虽是小手术，但很疼，今天住院休养一天，明日动手术。”

住院，要花更多的钱，陈招娣舍不得，推说：“医生，我明日不得闲，就今天做吧！”

女医生尊重患者意见，进了手术室。女医生征求患者意见，说：“要不要打麻药针？它可使你减轻疼痛。”

“我能挺得住，麻药针就不打了吧。”

陈招娣忍痛做完手术，女医生开了消炎止痛的处方，要她回家静养休息，并交代说：“久未怀孕，不单单是女方的问题，最好你丈夫也来医院，检查一下，化验精子，弄明白问题出在哪一方，便可有针对性治疗哪。”

陈招娣回到家，将诊治的情况向丈夫叙说一遍，甘打雷听到医生的交代，不禁笑出声，说：“笑话！母鸡不生蛋，怪到公鸡头上，我不去！”

老虎拉碾子——不听那一套，妻子无可奈何。

时光荏苒，自医院回来，一晃二十来天，该来月经了，可它没来，陈招娣暗自猜度，还能是怀上了吗？她不敢相信，也不想告诉丈夫，唯恐狗咬尿泡——空欢喜，又让他抓住个话柄；又隔一个月，月经仍没有来，她这才跑来向姐姐讨教。“该来的没来”“该有反应的没反应”，陈根娣估摸有两个可能，一是老天赐喜，一是月经失调。拿不准，最佳取向，请医生断定。姐姐陪着妹妹，揣着忐忑的心情，再次前来广慈医院就诊。

女医生取了陈招娣尿样送至化验室化验，不一会，回来面带喜色。

“恭喜呀！你要当妈妈了。”女医生又用听诊器在陈招娣腹部检查一遍，说，“胎位正常，不过你是高龄产妇，要注意保胎，按月检查。”

“医生，谢谢你哪！”陈招娣内心的喜悦直往上泛，迫不及待地想知道腹中孩子的性别，“医生！请你告诉我，我怀的是男孩还是女孩？”

“这个……我就说不准了，男孩女孩都一样嘛，怀上就好。”

姊妹俩走出医院，感到马路特别宽畅，阳光特别灿烂，迎面吹来三月的春风，柔柔的，好似婴儿嫩嫩的小手，抚摸着脸庞，路两旁梧桐树叶绿得滴翠，在风中微微摇曳，频频招手……一路上悄声交流，话题离不开夸奖医院的设备优良，医生的医术高明，花了大钱也值得！归来心情大逆转，面带喜色进弄堂，没料到梳子嫂早在家门口等候着哩。

“瞧你姐妹俩，啥事这样高兴？”

未约未请，媒人来了。陈根娣说：“讲出来，你也会替我妹妹高兴。来来来，进屋谈。”

进屋落座，梳子嫂听了陈招娣怀孕消息，果真高兴，满脸堆笑，说：“哟！奔40岁的人，怀上头胎，金贵啊！”

陈招娣急切地问道：“梳子嫂，你是接生老手，见多识广，看看我怀的是男是女？”

“还没出怀哩，哪能看得出。”梳子嫂对着她腹部端详一会，说，“不过，我有办法早知道。”说罢，将母亲传授给她一套预测男女的办法使了出来。

“立起，后退，站好，你听我的发令。”

陈招娣遵言而行，双腿并拢，立于远处。

梳子嫂俨然像个“行令官”，叫了一声：“起步！”陈招娣向前走了几步，梳子嫂拍响巴掌大声说:“哎哟!男的,男的。”

姐妹俩莫名其妙,梳子嫂解释道:“瞧见吗!刚才孕妇起步迈的左腿,男左女右呀!”

陈根娣要妹妹再走一遍给她看……

“哎呀!知道了底细,再走就不灵验哪!”梳子嫂连忙上前阻止,说着她又仔细观看孕妇的脸盘,拉过陈根娣,“你看,她脸上没生蝴蝶斑吧!”

“这也有讲究?”

“那是当然的啰!女孩打扮娘,男孩不化妆嘛。”梳子嫂摆出一副富有经验的架势,再进一步证实她的预见,“你的胃口怎样?近些日子想吃些啥?”

陈招娣答道:“胃口蛮好,就是想吃家乡的山楂果。”

“越说越发对茬,酸男甜女,准是个男孩。”

20. 媒婆碰壁一鼻灰

梳子嫂对腹中胎儿的一番预测,姐妹俩坚信不疑。陈招娣多年的夙愿乍现曙光,兴奋地说:“到时候足月临产,请你来接生,我给双份红蛋和喜钱。”

“那我就精心给你接个胖小子来。”预测解数使完,未忘自己使命,她是冲着那十八只蹄髈来的,梳子嫂话头一转,“今儿我无事不登三宝殿……”

“噢!你讲,什么事?”陈根娣问。

“好事,美事,我来讨杯喜酒喝。”

听说“讨杯喜酒喝”,陈招娣脱口而出:“好哇!你是为我大侄子保媒来的?”

梳子嫂点点头。陈根娣顿生疑惑,本打算请她向江家保媒,没请自来,难道是江家请的?她吃不准,于是问道:“是哪家姑娘?”

“说出来你也知道,草帘厂老板的闺女,当地保长家千金,是朱家湾头号人家。”

陈根娣听说是大珠东家的闺女,立刻犹豫起来:一是因为儿子已有意中人;二是贫富悬殊不合适。她思忖一下,婉转地说:“哎哟!梳子嫂,这门亲事，我家高攀不上啊！”

“不是你家高攀，而是包家自愿低就，老板娘主动请我来保媒的，东家相中你儿子，你就不必推辞哪！”梳子嫂说，“结下这门亲，大珠从糠箩跳到米箩里，再也不用拉包车啦！”

陈招娣心直口快：“哟！照你这么一说，秃子跟着月亮走——沾光哪！不过，我家大侄子已经有了对象了，正打算请你保媒哩！”

“是吗？”梳子嫂不知此言是否属实，遂向陈根娣问道。

“是的。还请你多费心。”陈根娣连连点头。

“大珠的对象是哪家姑娘？”包家保媒未允，杨家又请说媒，横竖不落空。

“江豆干的女儿——巧云。”

梳子嫂听了，那股热情的劲头顿时消失，头脑急速运转。小开和大珠相中同一个姑娘，这可为难了，说给哪家为好呢……宁可拒绝杨家，不可得罪包家，她权衡得失后，说：“这样吧！大珠的亲事，是包家还是江家，二选一，你们掂掂分量，斟酌斟酌。向江家提亲的事，暂时缓一缓，候我得闲再说。”委婉拒绝当杨家的媒人。

陈根娣不由心中嘀咕，说媒是她的饭碗，向来有请必说，怎么一下子屋后拉石滚——改场（肠）了……

托词说罢，梳子嫂起身告辞，路经江家门前，见巧云母女俩在埋头搓绳。她心里琢磨：若江家同意和包家结亲，杨家断了念想，大珠就会乖乖地做包家的女婿，岂不两全其美嘛！她觉得这事准行，一个是黄包车车夫，一个是草帘厂小开，孰贱孰贵，巧云和她的父母一定会选择后者。尽管一枝花未托她向江家说亲，她也要当这个媒人。

“母女俩忙着挣钱啦！”人未进门音先到，梳子嫂喜形于色，来到屋里。巧云母女俩见她来了，忙停下手中活，巧云妈搬来一矮凳，巧云奉上一杯水。

“噫唏！女大十八变，变得真标致呀……”梳子嫂拉过巧云端水的手，说，“一女百家求，难怪小伙子那么痴心看中你！”

巧云闻言双颊飞红，红到耳根……她以为大珠请人说媒来了，拉过自己的手臂，钻进卧室，侧耳细听。

巧云妈说:“模样好，不顶用，还不是跟着爸妈守穷。”

“穷人家也有时来运转的时候，巧云嫁个富人家，你们不就不守穷了嘛!”

“命中有的自会有，命中无的不强求。”巧云妈说，“有钱人，有文化，哪能看中卖臭豆腐干的闺女，大字不识一个。”

“那不一定，偏偏就有有钱人看中你闺女。”

“听话音，你是来保媒的?”梳子嫂点头，巧云妈接着问，“男孩是谁?”

“你搓草绳卖给哪家?”梳子嫂反问道。

“前浜草帘厂。”

“他就是草帘厂的小开……”

梳子嫂的话刚落音，巧云从卧室里蹿了出来:“他成天在我家门前磨来磨去，我一见他就恶心!”

梳子嫂不相信自己耳朵:“你说啥?”

巧云重复一句:“我一见他就恶心!”

霎时，梳子嫂的面孔拉长一截……

“这孩子年轻不懂事，你莫生气。”

“小孩家不知深浅，哪能和她一般见识，我不生气。”梳子嫂强装笑颜，对巧云妈说，“婚姻大事得父母拿主张。”

巧云妈说:“我就这么一个独生女，年纪还轻，提亲的事，暂时缓一缓。”

江家替杨家还了她一个“缓一缓”，今天好不吉利，两家说媒都未成，碰到“软钉子”，沮丧透顶，梳子嫂悻悻而归。

21. 好男不息曲木荫

当晚，甘、杨两家人聚在一起，商议两件大事:

首先宣布陈招娣怀孕啦! 大伙惊喜不已，甘打雷瞪眼问道:“是真的吗?”

陈根娣展开化验单，说:“大医院的医生诊断，还假得了!”

甘打雷乐得合不拢嘴，伸出大拇指，朝着妻子直摇晃……

“你别光顾高兴，十月怀胎，眼下刚怀上，朝后的事多着哩！”

“大姐，朝后啥事我都担着。”甘打雷胸脯拍得应天响，说，“说话作数，从此我戒烟戒赌。”

“除了戒烟戒赌，还能再让你老婆每天跟你去倒马桶？万一有个闪失，那不就空欢喜一场哪！”

“大姐说得对，保胎当紧。”甘打雷迟疑一会，说，“没啥……我自个一顶俩，让她在家歇着。”

“十来条弄堂的马桶经你一个人手，还要上坡越坎送到粪码头，你别逞能哪！”老杨对着甘打雷说，“这样吧！二珠暂时下学，跟你当个帮手，等你孩子出世，再去上学。”

老杨的提议，二珠同意，大伙赞成，第一件事就这么定了。

接着陈根娣把梳子嫂来为包家提亲的事说了一遍。

大珠如梦初醒，一下子明白东家精心设计的圈套，说：“怪不道老板娘那么大方，让我陪她闺女看戏，又买来一把胡琴，说什么‘小妹妹唱歌郎奏琴’，原来是这么回事！”

陈招娣不无调侃地说：“看戏，拉琴，唱歌……大珠，你交上桃花运哪！”

“小姨，别开味啦！我压根儿没往这方面想。”

“现在想也不迟，人家请媒人上门保媒，你同意啵？”

“不同意，说破天我也不同意！”

“哟！有钱有势的千金你不要，想必有了意中人……”大珠含笑点头，小姨一语道破，“是巧云姑娘吧！？”

大珠借此公开与巧云的恋情，斩钉截铁地说：“我这一辈子，除了巧云，玉皇大帝的公主都不要。”

二珠和三珠冲到他面前，拧着他左右耳朵，说：“好哇！哥，你和巧云姐好上了，瞒着我俩……真不够哥儿们！”

“别闹！别闹！”大珠掰开弟弟的手，作出果断的决定，“明天就去回断东家，不拉包车！”

四位长辈点头默允，两个弟弟拍掌欢腾，第二件事也达成一致。

隔日上午，大珠来到包家，张妈在做家务，包兴旺叼着烟卷在品茶，他直截了当地说："老板，从今天起，我不在你家干了。"说完，转身离去，连这月的3天工钱也没结算。

一枝花请媒的事还未来得及告诉丈夫，车夫不明不白地突然离去，弄得包兴旺丈二和尚摸不着头脑……

大珠离开包家，直奔车行，独自承租一辆黄包车。为了不让父母发愁，从明天开始，全日出车，挣钱不少于拉包车。他回到家中，已到午饭时刻。沈夫子单身独居，自己不开伙，三餐轮流到学生家吃"派饭"，今朝摊到杨家，他与三珠也一同来到。大珠见到夫子，深深一鞠躬。

吃派饭，同桌共餐，沈夫子情感自然而然地与家长融成一片，家长遇有疑难事，总乐意跟他商量，向他讨教。巧云父亲是沈夫子的外甥，陈根娣不失时机地求援："先生，我有一件事，想求您帮助……"

"啥事？尽管直言。"

"大珠和您外孙女——巧云相好上了，我请梳子嫂保媒，她说不得闲……"

"哎呀！怎么找那伤风败俗的女人说媒！"未等大珠妈说完，夫子用筷子点了一下桌面，说，"君子有成人之美，这桩婚事我来当红娘。"

二珠斗胆，出言纠偏："先生，这'娘'字，你给我讲解过，是指女性。你胡子拉碴怎能当'红娘'呢？"

陈根娣喝道："小孩家没规矩，怎能对先生这样无礼！"

"不要责备，他此说有理。"夫子转脸对三珠说，"元代戏曲家王实甫有部作品叫《崔莺莺待月西厢记》，戏中侍女红娘成全了崔莺莺和张珙一段姻缘。我意在借典故中人物之名，为你兄长做媒，有何不可啊？"沈夫子说罢，哈哈大笑，在他心目中，大珠是个"秀才苗子"，当初下学，惋惜了好一阵子，又听说大珠不屈富门，毅然辞断拉包车，大加赞赏：有骨气，好男儿，不饮浊泉水，不息曲木荫。他觉得心爱的学生与乖巧的外孙女，是天生一对的金童玉女，义不容辞理当成全他俩。

22. 小河浜里大闸蟹

包德彪如此绝情负义，李大凤岂能善罢甘休，她对弟弟大诉其苦，大诉其怨。李小虎听后不无责备地说："自找的，看不清人头，挡不住噱头，活该！"

"错在当初，我认了，还不行嘛！"大凤恳求弟弟，说，"看在一母所生的情分上，你一定要为姐姐报仇雪恨。"

小虎未置可否……

"姐姐受了屈辱，弟弟不敢出头，我坍台你也跟着坍台，这几年你不是白混了嘛！"大凤使出激将法。

此法果然灵验，小虎说："好吧！蜡烛不点不亮，我给这个小开一点'颜色'看看。"

这几年，李小虎混迹江湖，近来颇有起色。自从他怕挨戒尺远离塾馆后，每日里在造币厂桥桥头"干活"，当然不会像大珠当年那样，靠"推桥头"挣些零钱，他干的是"抛顶功"。所谓"抛顶功"，即瞄准黄包车上乘客头上戴的什么帽子，看到值钱的皮帽或礼帽，便尾随于后，趁黄包车上桥辰光，迅速摘来乘客的帽子，得手后飞快逃离，待乘客下车欲追赶，摘帽人已无影无踪……李小虎眼尖手快，动作敏捷，小小年纪，身手不凡，被青帮人物相中，收入门下。此人姓朱名贵，是江北大亨顾竹轩（弟兄排行老四，天生一张瘪嘴，外号"顾四瘪子"）的弟子，坐镇沪西一带，广收门徒，扩大帮系势力。

棚户区人穷，穷人的心态有两种：一是只求苦日子过得安安稳稳，处处小心翼翼，生怕树叶落下砸破头；另一是聋子不怕雷，瞎子不怕蛇，啥事都敢干。李小虎属于后一种，朱贵利用他的胆量，遇有与产生矛盾的团伙发生群殴械斗时，总是命他打先锋，小虎不辱使命，每每获胜而归。有一次，对手吃了大亏，受伤众多，斗不过，不服输，一张状纸，将朱贵告上法庭，要求赔偿。开庭前夕，朱贵与爱徒商量对策，李小虎心领神会，拔出腰间匕首，朝自己大腿猛力戳下，顿时鲜血直流……帮内话，这叫"做伤"。凭着"做伤"，这场官司扯平。朱贵为了褒奖他，把"码头事务"交给念过几天书的李小虎打理。当年苏州河畔光复西路段有两座大型粮食仓库，不时有驳船运来稻子、小麦和黄豆停靠码头，扛包人肩头披着蓝大布，将船上一包一包粮食扛入仓库，扛一包粮食，发一根竹签。扛完后，由李小虎向仓库结总账，领来工钱，扣下百分之三十，余款按竹签数分摊给扛包人。扣下的工人血汗钱如数缴给朱贵，当然他也能从中得赏。

李小虎在帮里得宠，小兄弟们既羡慕又嫉妒，称他是小河浜里爬出来的大闸蟹，尽管嫉妒，还是佩服他是个“讲义气”的硬汉子。李小虎会“做人”，不吝啬，隔个十日半月，善结人缘，邀小弟兄们到酒馆里聚一聚，狠吃海喝他做东。酒桌上好说事，一次聚首，小虎约请小弟兄们为姐姐“报仇雪恨”助力。小弟兄们满口应承，为朋友两肋插刀，没说的，随叫随到！

包德彪的脸皮厚得如城墙拐弯处，江家没人搭理他，巧云一听到摩托车声，就躲到房里。他不怕讨人嫌、讨人恶心，几乎每天都来江家门前转悠，找机会接近巧云。这天，他骑着摩托车刚进弄堂口，被三个汉子拦住。

“喂！让开，我有公务在身……”

话未说完，被李小虎伸手把他从摩托车上薅了下来，问：“认识我吗？”

“不认识。”包小开一头雾水。

“认识李大凤吗？”

“我……我也不认识。”提到李大凤，小开心虚了，但仍硬着头皮回答。

“好哇！不认账，今儿让你认识认识。”“啪啪”，左右开弓，两记耳光，打得小开嘴角流血，眼冒金星。李小虎说，“我是李大凤的弟弟——李小虎。”

他俩对话时，另一汉子拔出匕首，刺向倒在地上摩托车的轮胎，“嗤”放出一股气，轮胎瘪了。

“你听着！一，今后不许你再骚扰江巧云，她是我学长大珠的对象；二，三日后下午，我约你和你父母到小街菊生茶馆‘吃讲茶’，不得失约。”李小虎气盛词严，指着那瘪了气的车胎说，“瞧见嘛！你若违拗，那刀子刺进你的肚皮，流出来的就不是气啦！”

“决不违拗，决不违拗……”不许骚扰，不得失约，包小开捂着流血的嘴角，心惊胆战，连连说是。李小虎领着两个弟兄扬长而去，他灰溜溜地扶起瘪了轮胎的摩托车，一副狼狈相好似丧家之犬……

围观的人群不禁发出一阵哄笑。

23. 揪心事儿接踵来

福无双至，祸不单行，揪心的事儿接踵而来。

梳头时，一枝花听了梳子嫂把去大珠家提亲的事说了一遍，大出所料，肝火陡旺，像喝了鸡血似的，气得连栀子花还没插上发髻就起身离座，拍响桌面。“哼！这小子竟敢不识抬举。”接着问道，“他和哪家姑娘相好？”

“就是小开看中的那个——卖臭豆腐干老江的女儿江巧云。”

一枝花略作思忖，摒弃了原来“门不当，户不对”的观念，一心想争个高低，对梳子嫂说：“既然我伲子看中江巧云，那就请你向江家说媒。”

“哎呀！老板娘，我到江家探过口风了，那丫头不知好歹，她说……”梳子嫂吞吞吐吐不想讲明。

“伊说啥？”

追问下，实言相告：“她看到小开就恶心。”

堂堂小开及不上一个车夫，一枝花火冒三丈：“我倒要看看𠊎个狐狸精有多高贵……”

梳子嫂一见苗头不对，料定吃不上十八只蹄髈，赶紧收拾梳头工具，离开包家。

一枝花拉起还困在床上的包兴旺，欲和丈夫商量对策。包兴旺睡眼惺忪，问道：“做啥？做啥？”

“困杀侬个死人！侬也不怕坍台，阿有面孔当保长了？”

“哎哟！冤枉叽叫个啥，不就是杨家拒绝这门亲事嘛！”包兴旺旡介事地说，“侬叫我哪哪？人家不领情，算啦！”

“侬倒蛮大气……”一枝花气急败坏地说，“戏票白看，胡琴白买，我咽不下这口气！”

“格末侬讲哪能办？”

楼下，母亲大叫大嚷，楼上，女儿听得清清楚楚，包雯馨气鼓鼓地下得楼来，冲着爷娘大声吼道：“吵那个魂灵头！还不是倷自个寻出来的事体，骗子！瞒着我骗了人家！”

夫妻俩从未见过一直闷声不响女儿发如此大的火，气得面色格料丝白，一枝花连忙上前柔声柔气地安抚：“囡囡，爷娘也是为了侬好呀！”

“为我好？哼！不要说得好听……倷是为了掼包袱，把我掼把人家……”包雯馨说着说着，突然间羊癫风发作，倒在地板上不省人事。夫妇慌了手脚，急忙叫张妈拿来数根鸡毛菜，塞入女儿口中，任其咀嚼，一枝花俯身不停地揩拭她嘴角流出来的白沫。张妈欲扶起小姐，包老板阻止道：“勿要动伊，一息会醒来咯。”

约摸两小时，女儿醒来，父母把她扶入房中，包雯馨睁开眼，有气无力地说：“倷侪出去！”父母无奈退出，她胸中积怨在翻腾，羊癫风毛病给她带来苦恼非常，那回在学校里发作后，同学们带针带刺的目光，严重伤了一颗少女的自尊心，从此发誓再也不入学校门……当初年幼，爷娘只顾忙着做水果生意，失去了医治的最佳年龄段，长大成人，四处求医，不见效果，还弄来一枚什么“避邪金戒指”。她脱下戴在手指上的戒指，“邪”未避掉，不禁把“邪火”发在父母身上：不该生下一个不健全的我，明知我有暗疾，设下圈套，让大珠陪看戏，拉胡琴，又请人说媒遭拒，这不自找丢人现眼嘛！她对大珠印象不错，可压根儿没动过儿女之情，自认为是个不该出嫁的人，接触中，只是感到大珠目光无针无刺，充满敬意，自尊心得到满足，如今连这点满足也被剥夺了。她前思后想，厌倦了，人活一世，草活一秋，一门心思想提前结束这无滋无味的人生……

女儿闷在房间里不吃不喝，不理不睬，揪心啊！包兴旺和一枝花束手无措，相对无言，闷坐客厅。此时，儿子回来了，衣着不整，嘴角流血，一副狼狈相。母亲见状说：“哪能这副吞头势，惹祸哪？”

包德彪吞吞吐吐欲言又止……

“出了啥事体？侬讲呀！”

再三追问下，包德彪将挨揍的实情相告，说到李小虎约“吃讲茶”的事，包兴旺一听大光其火：“不去！不去！”

“卟嗵”一声，儿子双膝跪地：“侬不去‘吃讲茶’，我这条性命就保不牢啦！”

一枝花问道：“侬跟那个胖猪猡开过房间哪？”

包德彪点点头。

糟糕啊！开房间，旅馆登记在册，想赖也赖不脱。夫妻俩面对惹草拈花的儿子，打也不是，骂也不是，只有连声叹息，不断说着：前世作的啥个孽！前世作的啥个孽！愁肠百结，揪心事一件连着一件来……

24. 竹杠敲来“小黄鱼”

“吃讲茶”还有另一个说法，叫“吃钢茶”。

上海沦陷后，社会秩序很乱，流氓趁机群起，纷立帮系门头，各自拥有一股恶势力，尤为下只角，混迹者甚多，天高皇帝远，自称“三齐王”。若两个门头发生矛盾，或利益冲突，往往以“吃钢茶”来解决，地点约在茶馆里，数张八仙桌拼拢，门头的大小头目分坐两边，身后立着一群喽啰，腰间别着“钢器”，像是外交谈判一般。谈判顺利，双方举起茶杯，碰杯言和；如双方各执己见，互不相让，谈不拢，则掏出斧头、匕首，大打出手，火拼一场，霎时，桌翻凳倒，茶壶茶杯半空飞来飞去……茶馆老板最怕“吃钢茶”，然而慑于恶势力，又无法拒绝。这种“吃钢茶”事件，在下只角时有发生。

“吃讲茶”不同于“吃钢茶”，说白了，“吃讲茶”就是敲竹杠的手段。一方有恶势力，另一方是有钱户，依赖人多势众，震慑对方，掏出钱财了事。

包兴旺和一枝花这两天日脚难熬，满面忧愁挥之不去，四处求援。上门找爷叔周旋，爷叔说，我只是与商界做交易，和帮系无来往，烧香也寻不着庙门，还是倷自已去“吃讲茶”吧。

一枝花再三恳求：“爷叔，帮帮忙吧！”

“搿个忙，我实在呒没办法帮。”爷叔轻飘飘地说，“是倷不争气伲子惹出来的祸，勿要心痛钞票，花脱两钿，就会破财免灾哪！”

包氏夫妇又去求乡长袁祥卿出面调和，得到的回应与爷叔如出一辙：年纪轻轻，白相女人，家教不严啊……花脱两钿，买个教训！

求援无望，三日后下午，包家三人硬着头皮，如约准时来到小街菊生茶馆。茶馆里阵势已摆就，正中两张八仙桌，坐着以李小虎为首的八个彪形大汉，气势威严，旁边座椅上坐着李大凤。对面一张八仙桌空着，李小虎打个手势：“请坐！”

三人受宠若惊，坐入空位，一汉子过来，斟下三杯茶。包兴旺虽是每日到茶楼喝茶，但从未见过这样场面，早已心惊胆战，语不成句……还是一枝花略显沉着，立起说：“千错万错，都是我家小畜生的错，做下对不起你阿姐的事，我是他姆妈，向你们赔礼……”

李小虎没容她说完“道歉”两字，抢过话头，问道：“赔礼，怎么赔？”

一枝花很识相，回答：“那当然要经济赔偿，侬开个数目吧！”

“好，爽快！你儿子将我姐灌醉后，犯下奸淫罪，致使她已怀孕三个多月。”李小虎指指大凤微微凸起的小腹，接着说，“她是个未出嫁的黄花闺女，名誉遭到极大伤害，没脸再进厂做工。生育费用、生活费用和孩子生下后的扶养费用都得赔偿，当场一次付清，互不追究。”

“要赔偿多少？”

“八根‘小黄鱼’。”

“嘎许多啊！”一枝花对“破财免灾”已有思想准备，可没料到对方狮子大开口，带来的现钞远远不够数，吃惊之后，哭出乌拉笑嘻嘻地哀求，“能否高抬贵手少一些。”

沉默了一息，李小虎立起。“好吧！看在你夫妻俩面子上，减去三条，再要讨价还价，莫怪我翻脸无情！”说罢，抽出锃亮的匕首，“啪”一声，插在桌面上。

包家三口子吓呆了，儿子凑到母亲的耳边小声说：“阿娘，保命要紧，快点去挪吧！”

包家就这么一个儿子，再赖，再孬，将来要靠他撑门立户哩！一枝花起身离座，出了茶馆，好在离家不远，也不过抽完一支烟的工夫，她回来了。心痛啊！为了儿子不挨黑刀子，忍痛割舍，将取来的五条“小黄鱼”交到李小虎手中。

李小虎左手托着“小黄鱼”，右手端起茶杯，与包家三人相碰后，宣布：“茶也喝了，礼也赔了，散场！”

人散茶凉，李大凤抽掉垫在小腹上的棉背心，竖起大拇指，连声夸赞弟弟“有魄力”。

这记竹杠敲得结棍咯！李小虎早有盘算，隔日，从五条“小黄鱼”中取出三条兑换现款，派了三个用场：一、给母亲到码头边摆香烟摊作本钱，不让她再去草帘厂打工；二、还清父亲下葬时所欠的债务；三、余下一大笔钱，均分给助威架势的小弟兄们。还有两根“小黄鱼”，交给母亲保管，作老人辞世、姐姐出嫁备用。

25. 杨江联姻结秦晋

沈夫子甘当现成媒人，向外甥提出大珠和巧云的亲事，江豆干夫妇满口应允，巧云妈说得更利落："外孙女的亲事一切拜托你哪！你舅公说咋办就咋办。"

"行。那就按老规矩办，先订婚（旧时允婚的文约）过聘，以后捡个黄道吉日完婚。"

水到渠成，夫子回到塾馆，翻箱倒柜，寻出一本上辈传下来的《合查注》，此书算命人必备，内容是谈夫妻属相之间的关系、生辰八字与五行的关系：12地支配对，分为相谐、相安、相克三类，五行配对分为"水克火""土生金"等十种。按老规矩程序，订婚前须合婚，所谓"合婚"，即请算命人判断婚后的吉凶指数，这本《合查注》就是标杆依据。沈夫子是个有心人，早已掌握大珠和巧云的属相和生辰八字，既当"红娘"，又做"算命人"，打开《合查注》，按图索骥，翻阅对照。他俩属相归"相安"类，五行乃"土生金"。夫子捋着胡须赞道："天作之合！"随即展开红纸，用蝇头小楷写下一式两份订婚书：

杨锁柱之子杨大珠与江德华之女江巧云，经媒妁之言，父母之命，愿偕秦晋之好，过聘后择黄道吉日完婚，立此为证。

壬酉年孟秋立

见证人　沈秉衡

写"媒人"显得俗气，不如"见证人"时髦，老夫子总算赶了一趟潮流。当他考虑聘礼时，颇费踌躇。杨家的经济情况，了然于胸，礼金、妆奁哪里承担得起，若聘礼过薄，未免寒碜，作为娘家人的舅公也觉得亏待了外甥家。外甥媳妇说，由他做主，这个"主"难作啊……思之再三，落笔写下"聘礼单"：六套衣料（单、夹、棉各两套），公鸡（吉）配鲤（利）鱼三对，红枣六包，京果六斤。这份礼单有内涵："六六大顺""大吉大利"，图个好兆头。

翌日，夫子来到杨家，大珠父子出车不在。他先递过"订婚书"道喜，然后照"聘礼单"念了一遍，不要礼金，不要妆奁，陈根娣听了惊喜不已，说："感谢您老人家成全，一切照办，三日后过礼。"

当晚，听说江家已允婚，陈招娣挺着大肚皮和丈夫甘打雷十分欣喜地来到姐夫家祝贺，商讨如何筹备聘礼。平心而论，“礼单”上要的东西不多，且合情合理，只是两家的余钱凑在一起，也买不齐礼单上的礼物。

老杨说:“‘请会’，赶紧请大阿姐出面‘请会’。”

“请会”是棚户区常用的集资办法，谁家有了“红白事”，急等钱用，又一时拿不出来那么多，往往就靠“请会”来解决。“请会”有“会头”“会注”和“会尾”。例如：每注为100元，若有10注参与，可集资1 000元，首先归“会头”所得。随后，每月“会注”定时聚在一起，手握火柴棒，同时开宝。谁的火柴棒最多，他就是得会人，得过会的叫“饿会”，未得过会的称“饱会”，如果每根火柴棒代表1元，得会者握着10根火柴棒，“饿会”按原“会注”100元掏钱，“饱会”只需出90元，那10元算作利息。经过十次聚首开宝，“会头”还清集资，“会尾”拿到全额“会注”，就此“了会”。从“起会”到“了会”，“会头”不付利息，因此“起会”并非易事，须请大伙信得过的人出面牵头。“饱会”虽然能获得颇丰的利息，但是那时物价一日三涨，“饱会”都想提前得会，开宝时，相互猜度，费尽心机，难免有“饱会”不顾血本，急吼吼地多握火柴抢第一，开宝后，若与第二名的落差较大，又非常懊悔作了“冲头”。那场面很有趣，既紧张严肃，又笑语飞扬。

老杨的提议“请会”，一致赞同。

陈招娣说:“我去请大阿姐出面……”

“哎哟！哪能让你个双身子去请。”陈根娣说。

“没事，我们回家顺路。”陈招娣拉过姐姐，朝她手中塞入一枚戒指。

“唷！还是金的呐。”姐姐问，“哪来的?”

“你妹婿那天在码头上卸粪，在粪池里捡来的。”

“该还给人家。”

“丢掉的人又没来找，还给谁呀?”

“那你就暂时保管着。”姐姐伸过手，欲把戒指还给妹妹。

“一没偷，二没抢，等有人来找再说。”陈招娣推过姐姐的手，说，“你收着。过礼那天，让大珠亲手给巧云戴上，娘家礼单开得薄，那是知根知底，我们也得要点面子，免得别人说婆家太抠门了。”

陈根娣收下这枚捡来的金戒指，心里总觉得不踏实……

26. 不可或缺热心人

大阿姐老家在无锡雪堰桥，姓顾名芬媛，三十来岁，皮肤白津津，面孔胖嘟嘟，活脱放大的“大阿福”，在乡间结婚生子，丈夫嫌她脚头散，嘴巴杂，常为此吵架，一次还狠狠地揍了她一顿。一气之下，她单身跑到上海，在马路边摆地摊，做“藤圈套泥人”生意，自由自在。后来结识了同是已婚分居的龚盛山……龚盛山是澳门路中华书局印刷厂的石版制作工人，二人原不相识，龚盛山工余时，常来买圈套泥人，白相相，一回生，二回熟，啦起呱来“我伲”“乃伲”的，本是同乡人，日久生情，且都是单身在上海，耐不住独居的寂寞，二人暗中姘居。姘居，自然会引起别人的非议，二人如胶似漆，已到了分不开程度，一合计，回到乡间，各自与家室办了离异手续，由暗到明，成为合法夫妻。成婚前，龚某借住在石库门，成婚后，怕左右邻居背后捣脊梁骨，为避闲言碎语，迁来棚户区。

当年中华书局与商务印书馆齐名，在上海滩编辑、出版、印刷行业中属于一流，业务多，效益好，工资、奖金相应比一般工厂高出许多，足够两口之家的开支，且有结余。大阿姐二婚后坐享清福，不再摆那“套泥人”摊，当起专职太太，一心伺候丈夫，膝下无子无女，是棚户区的“大闲人”。大阿姐闲得无聊好串门，爱与邻人啦家常，说起丈夫，总是模仿石库门太太们对丈夫的称呼，“我伲先生”，身份亦略有改变，不是“工人”，而是“职员”了。

刚迁来，弄堂里小孩见了顾芬媛，喊她“阿姨”。

顾芬媛摇头不乐意……

小孩问：“那喊你什么？”

“叫大阿姐！”她顺手朝每个孩子嘴里塞进一块小糖。

这称呼是自取的，投其所好，弄堂里男女老少都喊她“大阿姐”。

大阿姐不识字，但严格遵守“妻为夫容”的古训。她热衷打扮，房间里贴有好几张时髦女郎的画像，每日下午化妆，照着样子敷粉，描眉，搽胭脂，抹口红，等候“伲先生”归来。晚饭后，夫妇出门散步，常常公开示恩爱（用现在的话来说，叫“作秀”），“伲先生”背上大阿姐，围着家前屋后兜圈圈。四周邻居起初对此看不惯，颇有微词，不怕羞，厚脸皮……

次数见多了，也就习以为常，若多日不见他俩公开示恩爱，会开玩笑地问道:“怎么！猪八戒罢工，不背媳妇哪?”

她毫不介意地答道:“最近我伲先生身体有点不适宜。”

大阿姐为人随和，善良，性情开朗，乐于助人，邻里关系极好，谁家有了要花钱的事情，手头拮据一时拿不出，需要集资“请会”，必请她出面牵头。大阿姐有求必应，她总是热情地走家串户，迅速为之解困救急。

为啥“请会”必须请她出面?

其中有个心知肚明的隐情，万一“坍会”了，“会头”或“饿会”开宝时，拿不出那份“会注”，那么出面人就是担保人，需先摸腰包垫上。大阿姐经济宽裕，手头松，讲信誉，金字招牌，她牵头，“会注”信得过，不愁“坍会”。那年，李小虎父亲出门卖蛇药，一阵吆喝，场子打开，他将蛇药涂在手臂上和舌尖上，从笼屉里取出一条三角头形的毒蛇，先让它咬手臂，蛇未咬，再让它咬舌尖，不知何故，那蛇猛地咬了一口。小虎父亲知道失手，蛇药未卖出一份，赶紧收场回家，没钱就医抢救，小虎母亲请来两位老玩蛇人，为其服药解毒……由于失去最佳治疗时间，服药不见效，当晚，蛇毒攻心，命丧黄泉，临终时，脖颈肿得和头颅一般粗，惨不忍睹。哭声惊动四邻，大阿姐看了也流下眼泪。第二天，她主动出面为小虎母亲“请会”，集来一笔钞票，买了一口薄皮棺材，将小虎父亲埋入土中。隔月，“会注”聚齐开宝，孤儿寡母生活艰难，拿不出“会注”，大阿姐毫不犹豫地掏钱垫出，一期又一期，一直垫到“了会”。别小看她摆地摊出身，却心存仁义，垫出的“会注”，从不催讨。时过多年，直到李小虎敲到那笔竹杠后，小虎母亲才上门送来垫款和利息，她拒绝利息，如数收下垫款。

“请会”这种集资形式，在棚户区生存力极强，从未间断。当然，少不了大阿姐这样热心肠的关键人物。

27. 夫子醉吟“藏头联”

大阿姐真是一位热心人，她出面“请会”如同三个指头捏田螺——十拿九稳，只费了半天工夫，就把集来的十份“会注”送到老杨家。等米下锅，来得及时，陈根娣左谢右谢，谢罢，送走大阿姐，捏着钞票就去买聘礼。

遵照“聘礼单”上的“六六大顺”“大吉大利”礼物购齐，大珠歇了半天班，父母陪着，送到江家门口，点燃一挂炮仗，“噼里啪啦”炸个响。江家早有准备，请进门，向来人奉上一小碗“红枣桂圆汤”。

沈夫子也在场，当着媒人面，两亲家交换了“订婚书”。

“听老人说，成全一对婚姻，多穿十件棉袄。先生，您定是一位老寿星！”陈根娣说。

沈夫子听后，笑声朗朗，说：“一件棉袄穿三年，十件穿三十年，加上我现在的年纪，这不成了百年不死的老龟精哪！”

巧云妈说：“是老寿星，不是老龟精。”笑声四起，众人齐声赞称“老寿星”。

陈根娣掏出一红包，欲酬谢“红娘”。

“古人云，君子有成人之美，无收人之礼一说。”沈夫子坚决拒收。

老杨说：“这样吧，借花献佛，用媒人的红包，请一桌‘订婚酒’。”

言之有理，大伙一致赞同。

订婚酒设在小街上一家饭馆里，杨、江、甘三家加上沈夫子共十一人，围着圆桌面落座。酒过三巡，菜上五道，沈夫子平日里滴酒不沾，今朝破例，三盅酒下肚，略有醉意，诗兴大发，即席为大珠和巧云吟出一副“藏头”对联：

“珠联璧合青梅竹马比翼鸟；云蒸霞蔚绿叶丹花连理枝。”又配四字横批：“联袂百年”。

“好！”甘打雷大叫一声，声惊四座，其实他并不知这副对联好在哪里，甚至不明白其中的意思，反正觉得有学问的人吟诗作联就是好，他起身向沈夫子敬了一盅酒，众人附声应和，频频举杯，其乐融融。

席间，趁高兴时，陈招娣说：“大珠，还不给巧云姑娘戴上订婚戒指！”

陈根娣迟疑地把那枚金戒指递给儿子，大珠接过，以为母亲买来的，随即将戒指套入羞羞答答的巧云手指上。

这枚戒指不戴也罢，戴上了，岂料惹来一场官司。

包氏夫妇近来事事不遂心，情绪糟透了：为儿子免灾，破了一大笔财；闺女闹别扭，不言不语，不吃不喝，闷在房里整三天，本来孱弱的身子又瘦了些许，父母心急如焚，费尽口舌，轮番劝说，就差下跪，总算勉强进食了。这一切不幸，一枝花完全归咎于杨大珠，都是这小子拒婚而造成的，还有那个卖臭豆腐干的女儿江巧云，没有她，大珠不会拒绝亲事的……她自言自语："我倒要看看这个狐狸精，比我囡女强在哪！"

这天，她如往常一样，来到江家收草绳，两眼专注地打量着巧云，穷家女出水芙蓉，眉清目秀，可在她眼中妖里妖气，媚态勾人。草绳过罢秤，付款时，她见巧云伸过来接钱的手上，戴着一枚十分眼熟的戒指，不禁拉着端详一会……巧云觉得老板娘举动怪怪的，忙抽回手臂，将钞票交给母亲。

一枝花问："这只金戒指多少铜钿买的？"

巧云妈答："做小生意的，哪有钱买，是未成婚女婿送的订婚戒指。"

老虎车上草绳还未装满，老板娘转身吩咐伙计："走，回去！"

一枝花看得仔细，这枚戒指与雯馨手上戴的那枚"避邪金戒指"一模一样。"避邪金戒指"是她花大价钱特置的，三清观天师画的避邪灵符，工匠缩小后刻在上面，市面上独一无二，怎么会戴在小妖精手上呢？她回到家中，直奔楼上房间，拉过女儿手臂，不见指上戒指，问道："囡囡，侬手上戒指呢？"

"呒没戴。"

"放在哪里？"

雯馨未搭理，不愿说出真相——那日识破母亲的骗局，伤心至极，痛不欲生，一怒之下，负气将戒指吞入腹中，意欲坠金自戕。母亲再三追问，她厌烦地回答："落脱啦！"说罢，困到床上，以背相对。

"侬勿讲，我也晓得……"

一枝花绷着脸离开闺房，武断推论，定是大珠缺钱，偷了戒指作订婚礼。

包兴旺从茶楼回来，板凳还未焐热，一枝花对丈夫诉说她的"重大发现"，夫妻俩似乎觉得"解恨"的机会来了，商讨后，拿定主意起诉打官司，将大珠告上法庭，不但要讨回戒指，还要将伊关进牢间吃官司。

28. 一枝戒指惹事端

打官司，先得写起诉状纸，然后开庭双方辩护。这两件事，包氏夫妇都感到为难，写状纸，拿不动笔；要说辩护，包兴旺胸无点墨，草包一个，讲话东一榔头，西一棒槌，驴唇不对马嘴，活坍招势；一枝花平日里虽能说会道，但一旦上了法庭，也生怕自己怯场，而且对法律条文一窍不通，讲不出什么道道。此时，二人不约而同想起孙一鸿。

一枝花兴奋地说："对！伊是绍兴师爷的后代，打官司熟门熟路……"

保长叫来保干事，落座后，又奉茶又递烟。

孙一鸿受宠若惊，问道："保长，有啥事体？"

夫妻俩相互补充，把大珠偷戒指作订婚礼的事，详尽地说了一遍……

孙一鸿说："这家伙人老实手脚不老实，向伊讨回来。"

"讨不回来哪能办？"

"岂有此理，偷东西犯法，讨不回来到法院起诉告伊！"保干事说得慷慨激昂。

一枝花说："侬的长辈是师爷，一定教会你打官司的本领。我想麻烦侬，代写一份状纸，开庭时，再请侬出庭辩护。官司赢了，定有重谢。"

"不来讪！我的先人老早在县衙门里做师爷，老一套用不上，现在讲究法律条文，我呒没学过。抱歉！无能为力。"孙一鸿摇头好似拨浪鼓，说，"要想打赢官司，必须请律师写状纸、当辩护。"

绍兴师爷后代说得恳切，并非推诿，看来，非请律师不可了。

夫妇来到律师事务所，接待他俩的是一位穿着入时的女秘书，问明情况后，说："你们要请律师打官司，得签订合约，代写诉状按字数付费，出庭辩护按时间付费……"女秘书报出费用标准，价格不菲。明明白白暗示对方，没钱别来请律师。舍不得孩子套不到狼，只要能告倒杨大珠，解了心头之恨，花钱在所不惜。于是，女秘书将他俩引入内间律师办公室。

律师听了案情的叙述，问道："状告车夫偷戒指，可有人证？"

一枝花答："有！我夫妻俩和女儿、伲子都是人证。"

"至亲不可当人证。"律师又问，"这枚戒指是谁戴着的？"

"是我囡囡戴咯。"

"你女儿多少年纪？"

"二十一岁。"

"她已是成年人，戴在手上的戒指怎么会被偷掉呢？"

一枝花脑子活络，瞎编情节："我囡囡脱下来汏手，一时疏忽，被车夫偷去了。"

缺少人证，输赢难料，律师又问起物证："戒指现在在哪里？"

"车夫偷去作订婚礼，现在戴在他未婚妻手上。"

"你看到哪？"

"我亲眼看到的。"

"怎么断定别人戴的戒指就是你家的？"

"我有记号，搿只戒指是定做的，上面有三清观天师的灵符，市面上独一无二。"

"你看清楚哪？"

"呒没错，看得清清楚楚。"

独一无二，物证有力，律师觉得有几分把握，命女秘书拿来"合约"，双方签订，胜败皆照合约履行。包氏夫妇离去后，律师依据口述案情，写就一份起诉状纸，呈于法院。

数日后，杨大珠接到一纸法院传票。平地起风波，祸星找上门，父母慌了，日不安心，夜不成寐，不知如何是好……大珠虽然没做亏心事，胸中坦荡荡，但是世事难料，哪座庙里没有屈死鬼……咋对付呢？无奈之下，父母领着儿子去求救沈夫子。沈夫子看罢传票上的案由，又问明戒指的来路，坚信杨家人的诚实，愤慨地说："无稽之谈！"

"先生，您老学问大，见官走府懂得多，咋办呢？"

"我对当今法律条文研读甚少，但知这是诬告。"沈夫子思索良久，安抚地道，"你们别着急！我替大珠请辩护律师，来打这场官司。"

沈夫子说到做到，他要请的律师不是别人，就是堂侄沈继先，隔日，亲自登门来找继先。侄儿多日未见伯父，一见面，恭恭敬敬地请安问好。沈夫子开门见山，带着愤愤不平的口气说明来意。沈继先深知伯父的为人，正直而好打抱不平，满口应承。一是出于律师的责任心，二是不灰伯父老面子，三是此事牵连着江家人，江德华母亲是他的姑母，亲向亲，打断骨头连着筋，何况是诬告。

分手时，沈夫子说："我得声明在先，这件诉讼无论胜败，被告付不起你的出庭费用。"

“没说的，您老要我去辩护，即使他给钱，我也不敢收。”

沈夫子颇为满意地离开侄儿的住处。

29. 弄巧成拙自坍台

法庭气氛，庄严肃穆。

原告、被告、双方律师到齐，关心这场讼事的亲朋也一一入座旁听席。法官正襟危坐，敲响法槌，开庭进行刑事审理，宣读起诉书：

> 原告包兴旺，被告杨大珠。杨大珠曾是包家的“包月车夫”，原告之女包雯馨脱下戒指洗手时，被告见财起意，乘人不备，偷去戒指，并以订婚礼物送给未婚妻江巧云。原告诉求法庭，讨回戒指，依法判处被告偷窃之罪。

宣读后，原告律师首先向法官诉求验证戒指，大珠呈上戒指，戒指上刻有“避邪灵符”，毫无疑问，本属包家所有，双方无异议。

法官责问被告：“你是如何偷得的？”

大珠回答：“不是偷的，是亲戚送给我的。”

原告方律师认为被告托词狡辩。对簿公堂，各不相让，被告方律师沈继先起身责问：“且莫言偷，人证何在？”

原告提供不出人证，却强词夺理：“乘人不备偷得，赃物已现，何须人证？”

原告方律师向法官诉求：“戒指没长腿，不会自动跑到杨大珠手中。既然被告说是亲戚所赠，那就请这位亲戚出庭。”

法官准诉。

甘打雷早就耐不住了，立起敞开嗓门陈述：“我是大珠的姨父，干的倒马桶的清洁工，那日在粪码头卸掉车上粪便，在粪池里捡到这只戒指，我不知失主是谁，又没有人来寻找……这只戒指是我送给大侄子的。”

“你说捡来的，谁人作证？”

“我老婆。”甘打雷脱口而出。老婆作证是无效的，引起原告方一阵嘲笑……

沈继先当仁不让，向法官提出诉求，请丢失戒指的包雯馨出庭，有问题要她作答。

法官准许。

原告方说，包雯馨身体欠佳，未能到庭。话音未了，旁听席后排座位上立起一女子。

“我在！”包雯馨从容不迫走到证人席位，慢声细语地说，“杨大珠是无辜的，他没偷戒指，是原告诬陷好人……”

“你疯啦！”胳膊肘朝外弯，一枝花怒不可遏地指责女儿，法官敲响法槌叫“肃静”。她又转过脸来说，“法官，她有病，说话不能作数。”

法官未理碴，示意被告方律师继续提问。

“包小姐，你脱下戒指放在哪里？”

“我与父母怄气，觉得活着呒没意思，一气之下，我把戒指吞入腹中，以求一死，了却一生。”

吞金自戕，在场人暗自惊讶……

“戒指吞入腹中，怎么又重见天日？”

“谁知求死未能如愿，那戒指不经意排泄到马桶里，刚刚我才知道，被这名清洁工捡得。”

“那么这枚戒指不是杨大珠偷的了？”

“是的，不是杨大珠偷的。”包雯馨停顿一下，说，“我甘愿将这枚戒指送给杨大珠，为他们订婚祝福，为我父母诬告向他道歉！”

戒指的来龙去脉一清二楚，真相大白，原告和原告方律师哑口无言。

旁听席上听众议论纷纷，好，好哇！大义灭亲，包家总算出了个有良心的人……

法官敲响法槌，连叫肃静！

沈继先不依不饶向法官诉求：“诬良为盗，依法追究原告‘反坐’之罪。”

大珠心地善良，觉得往日东家待他不薄，直陈己见：“算了，算了，不必追究哪！”

法官宣告临时休庭，双方合议调停。调停时，一枝花知道官司打败了，可还想讨回那枚戒指。法官开导说，诬告，按法律条文，理应反坐，既然你女儿愿意将戒指赠给杨大珠，换得被告的原谅，可免究反坐罪。一枝花仍不甘心，悄声问身旁律师："啥叫'反坐罪'？"

"如果杨大珠偷了戒指，犯下盗窃罪，要判刑坐牢；现在人家没偷，是你诬告，你要坐牢，他关几年，你就关几年，这叫'反坐罪'。"律师埋怨道，"不向女儿问问清楚，弄清事实，就稀里糊涂地打官司，我也跟着名誉扫地。"

官司输了，还要坐牢，一枝花自认晦气服软了……包兴旺说："一只戒指呒没几钿，送把伊算啦！"此语既劝解老婆也安慰自己。

片刻，重新开庭，法官宣告如下：

> 此案系属诬告，被告宽宏大量，不予追究"反坐"之罪。原告愿以一枚金戒指赔偿被告精神损失。

包兴旺和一枝花走出法庭，气得七窍生烟，五官移位，儿子拈花惹草，赔出五条"小黄鱼"，女儿三言两语，输了官司，还失去戒指，霉头触尽……

30. 由喜转悲大拐弯

官司打赢了，沈夫子舒舒畅畅地呵出一口气。庭审过程中，他一直坐在旁听席上静听，案子审完了，健步走出法庭，下台阶时，沈继先跨前一步扶着伯父，夫子含笑点头，竖起大拇指盛赞堂侄。老杨夫妇和大珠三步并着两步，来到沈夫子面前：

"先生，这场官司赢了，全靠您老人家大力帮助。"

沈夫子说："一人之力有限，正义力量无穷。这就叫'得道多助，失道寡助'。"

陈根娣对沈继先说："沈律师，我杨家得好好谢谢你才是……"

"不用，不用……"沈继先谦恭地摆手说。

"一声'谢谢'足够了，我已事先讲明，免费辩护。"

陈招娣原本“细手细脚细腰身”，如今已经大腹便便，远远看去活像澳洲的大袋鼠，近几个月，没随丈夫出车，养尊处优，专心致志地缝纫婴儿服，内内外外做了好几套，因行动不便，未去法庭，忐忐忑忑地在家听候消息。甘打雷乐不可支，回到家，将法庭上事绘声绘色地讲了一遍，夫妻俩高兴得合不拢嘴……甘打雷从怀里掏出一个小孩玩具——拨浪鼓，对着老婆肚皮，“啪咙啪咙”摇个不停，这是他由法院出来，途中见地摊上有卖此物，想起妻子腹中的孩子即将出世而买来的。

陈招娣说：“你真傻！隔着一层肚皮，小孩听不见。”

甘打雷坚信小孩能听见，一边傻乎乎地摇着，一边打开一件娃娃衫，说：“你的手真巧！哎！该足月了吧？”

“瞧你急的！十月怀胎，我算着哩，还差一二十天。”

这对中年夫妇揣着激动心情等待婴儿降生。老话说“十月怀胎”，其实280天左右婴儿就会离开母体。当晚子夜时分，陈招娣腹痛，有了临盆分娩的感觉，好事连着来，甘打雷喜滋滋地说：“小把戏也急了，要出世见爸爸……”说着不敢怠慢，快步去请梳子嫂，顺道向姐夫家打了一声招呼。

梳子嫂一到，命甘打雷去烧开水，转身进入产房。陈根娣也来了，怀里抱着用破衣和碎布缝成的十多块尿布。产房不断传出孕妇的痛苦呻吟声，约摸半个多小时，梳子嫂从产房走出，满脸愁云，额上汗珠成串……

“快！快送医院。”她迫不及待地说，“小把戏的脚先出来了，我想尽办法也磨不过来。”

听说难产，甘打雷急得似热锅上的蚂蚁，不知如何是好……最快捷送医院的方法是叫救护车，可是棚户区没有电话，再说，即便通了电话，救护车也开不进这狭窄的弄堂。陈根娣当机立断，急忙返身回家，让丈夫和大珠从车行拉来两辆黄包车，陈招娣和甘打雷各坐一辆，一路飞奔，路程较远，一个多小时才到达医院，孕妇面色苍白，冷汗淋漓，已昏厥过去。随后陈根娣亦气喘喘地赶来。

急诊室医生责怪病家送来太迟，迟了也得抢救，立刻决定马上动手术。手术前，医生征求意见：“万一两者只能存一，保大人还是保婴儿？”

躺在病床上即将进手术室的陈招娣，一息尚存，用微弱的声音说：“保……婴……儿。”三个字断断续续，有气无力，但很坚定，很坚定。

甘打雷忙不迭地央求医生："大人、婴儿我都要保！"

医生安抚道："我们会尽力的。"

手术在进行中……一分一秒是那么的迟缓，是那么难熬，甘打雷在手术室门前坐立不安，不停地张望，老杨夫妇和大珠的心情亦很紧张，人命关天啊！陈招娣双手合十，暗自祈祷菩萨保佑。

医生终于出来了，无奈地宣告：婴儿窒息而亡，孕妇流血过多，抢救无效。

闻此噩耗，哭声一片……

甘打雷五雷击顶，好端端的壮汉子，一下子四肢乏力，瘫倒在地。

日子总是要过下去的，杨氏夫妇作出决定，把二珠过继给甘打雷。

甘打雷视二珠如同亲生，每日东方蒙蒙亮，父子俩一起出车，照旧高喊一声："拎出来！"唤醒沉睡中的棚户区，只是嗓音略带嘶哑，少了往日的洪亮。收工回来，他愣愣地看着妻子的遗像，不抽烟，不赌博，严格遵守诺言，手中下意识地摇着那个拨浪鼓……

唤醒后的棚户区仍然拥挤不堪而嘈杂，哗哗的弄堂刷马桶声、戚戚的争衡吵骂声、琅琅的塾馆读书声、哄哄的新婚闹房声……充耳可闻，隔三岔五，还可听到婴儿呱呱坠地的啼哭声……

（原连载于2014年7月24日—8月21日《新民晚报》）

棚户区纪事

马王爷失踪

1945年秋末，日本鬼子无条件投降后不久，两艘民船从苏北里下河启程，渡过长江，由吴淞口转道黄浦江，再折入苏州河，行至距离造币厂桥（现今的江宁路桥）约800米处，拐进支流真如港，到了朱家湾木桥（现今的光新路桥），靠岸停泊下来。没出个把月，陆陆续续又驶来二十多艘民船，沿北岸朝东驻扎，首尾相接，悄没声地形成一个不大不小的“船帮”，男女老少有一百多人。真如港穿过朱家湾街心，以河道为界，南岸称前浜，北岸叫后浜，船上人进出皆取道后浜，沿袭日伪时期对棚户区建立的“保甲制”，隶属于岸边江淮村。

船主与船主之间，大多沾亲带故，七姑八姨，称兄道弟，互有照应，几乎不与岸上人交往，颇似一个“独立部族”，对内有说有笑，对外三缄其口。他们的职业带有某种神秘色彩，上午九点多钟，三五结伴同行，穿着整洁，像是走亲戚，直至日落时分，分散归来。其中有行医的、看相的、卜卦的、关亡的、黄雀衔牌的、玩蛇卖药的，还有剪花样、绞脸、挑牙眼虫的……

岸上人好奇，探得他们的职业，不管船上人乐意不乐意，把他们统称为“郎中帮”。一叫开头，周围皆知，“郎中”原本是对民间行医者的俗称，这里却含有江湖行骗之贬义。

船帮领头人姓马名浩然，四十岁漏头，个子高挑，国字脸盘，白白净净，穿长衫，戴礼帽，鼻梁上架着一副金丝边眼镜，挺有气派。他身兼双职：一行医，二看相。帮内人尊称他为“马王爷”，公认他像传说中“马神”那样，具有“三眼灵光”，能洞察未来。子女长大成人，必定请马王爷掌眼，选定一种行当，跟师学术。帮内行当，各有套数，秘而不宣，学行医得背《汤头歌》，开药方，要有一定的文化；学看相卜卦，必须具备头脑灵活，善于察言观色，随机应对；学关亡得先练“腹语”，亡灵附身，嘴巴紧闭，从腹腔中发出含含糊糊的语言；学黄雀衔牌得先驯鸟，一沓纸牌，每张五寸见方，纸上写着谶语，折叠成一寸宽的纸牌，关键是制作纸牌时，两端厚薄不一，洗牌时暗将一张纸牌掉个头，调教到黄雀准确无误地衔出掉头的纸牌，方可上道。至于剪花样、绞脸、挑牙眼虫，这三种行当集于一身，全赖手上功夫，专与闺门打交道，适宜女性操作，“花样”选定后，剪样过程中啦呱叙家常，对买主的面容赞不绝口，随后推荐“绞脸”。所谓绞脸，那是一种传统美容手段，用一根尺余长的细线，一头含在口中，一头捏在指尖，另一手将细线绕个圆框，一张一弛，在涂着香粉的脸上移动，把纤微的汗毛薅尽，使之容光焕发；剪花样和绞脸均是实招，挑牙眼虫则像“变戏法”那样，取出一根比筷子略短的小圆木棍，在牙齿间、眼皮里轻轻滚动几下，小圆棍尖端居然会出现细小的虫子，而且在蠕动，手法之快，令人叹服，不得不相信是从你牙中、眼中挑出来的。

船挨船，朝夕相处，马王爷对后生们了如指掌，为他们“掌眼”的依据侧重两点：一是因人而异，选择般配的行当；二是全盘考量，维系帮内行当的均衡。一言九鼎，船帮兴衰，全仗帮主掌舵。马王爷眼光准确，执行公允，哪怕是亲人，也很较真。他的长子大龙，本可近水楼台跟他学行医、看相，可是这小子胸无点墨，捧起书本头发昏，入塾馆三年，斗大的字识不得几箧。成丁后，只能让他玩蛇卖药，这行当进账有限，没办法，天生就是这块料嘛！因材施教，众人心服口服。

马王爷一家四口，长子大龙19岁，个子高高的，长得一副好身架，可叹不学无术，他也自认无能，玩蛇卖药虽无大出息，但日有小收入，好在有父亲罩着，浑浑噩噩，日子混得过去，一年前在家乡完婚；儿媳秀芝，与丈夫同庚，是个能干的女性，心灵手巧，俐齿伶牙。自从进了马家门，逐渐入行，得心应手，与闺门打交道颇投心路，是这门行当的冒尖人物；次子二龙，尚未成年，一到上海便入校就读，指望他将来有文化，继承父亲的衣钵。

四口之家，缺少主妇，马王爷是个鳏夫。未来上海前，妻子患病，进食受阻，连日来，白米饭嚼在嘴里就是咽不下，日渐消瘦，瘦得变形。小辈们为此焦灼不安，岳母心疼女儿，更是心急如焚，把女婿拉过一边，忧虑地说：

“看来八成得的‘噎死病’（食道癌的俗称），你快陪她到南京大医院瞧瞧吧！”

马浩然不以为然地说：“不用，我能治。”

“你有把握？”岳母不敢相信。

“偏方气死名医！”女婿信心十足地说，“我有偏方，准能治好。”

马王爷的偏方，说来离奇，即吞服拃把长的活泥鳅。他夸下海口：“至多吞下五条，喉咙管便顺畅了，喉管一顺畅，就能吃饭哪！”

岳母半信半疑，妻子唯命是从，于是，他从鱼市买来数条小泥鳅，养着，规定每隔一天吞一条。吞活泥鳅的滋味不好受，一种求生欲望支撑着她，强忍难以名状的痛苦，吞下三条，到了第七天，小泥鳅还未吞下，便气绝身亡。全家悲痛不已，岳母号啕大哭，哭罢一阵，转身指责女婿：“你是个骗子，用偏方害人！”马王爷无言以对……人死不能复生，白发人送黑发人，岳母既伤心又气愤，连闺女入葬也未参加，逢人便唠叨，偏方害人，马浩然是个骗子……

偏方失灵，中年丧妻，马王爷的心情糟透了，岳母到处败坏他的声誉，他也无可奈何，好在帮中的威望尚存，毅然决定，离开乡土，率领船帮闯荡上海滩。

黄浦江水深浅难测，有涟漪，也有漩涡，弄潮儿当有“浮潮头而戏弄”之乐，殊不知时有灭顶之灾潜伏身边。闯荡上海滩，谈何容易啊！

船帮立足上海，朝出夕归，各显神通，一番兴旺景象。帮内人行当不同，能耐有大小，因而收入亦有高低，有的有了钱之后，就在岸边建起新居（那时无违章搭建一说），有的手头一时还不宽裕，无力盖房，干脆将年久失修的木船，移至岸上，形状颇与棚户区的“滚地龙”相似。即使移到岸上，仍维系“独立部族”的格局，不与帮外人交往。马王爷是最先在岸上拥有新居的人家。

一日，晚餐桌上，儿媳秀芝向公公透露一个信息：小沙渡路（现今西康路）裕德里10号有个妇女，整日价郁郁寡欢，闷闷不乐，想生个小孩作伴，可又怀不上，不妨上门给她把把脉……这个妇女好绣花，常买秀芝的花样，剪花样时啦呱谈心，探得此信息，绝对可靠。

儿媳说的这个妇女，姓姜名芸香，30多岁，泰兴人，皮肤白皙，眉清目秀，头发电烫后做成一卷一卷的挂在脑后，挺时髦。她原本干的职业不太体面，在大世界电影场子里当"玻璃杯"，名为卖茶，实际上同时还卖笑。解放前，永安、大新、新新、先施等游乐场所，经营者为招揽观众，多卖茶水，皆选有几分姿色的女性来电影场子里当卖茶女。放映前，捧着茶杯兜售，谁叫应，便送上一杯茶，挨你身边坐下，除了添水，还陪你谈笑、调情、看电影，散场后，你得付茶钱和小费。茶钱归经营者所有，小费属于自己的。市俗间称卖茶女为"玻璃杯"，对那些乐于吊膀子的买茶客，谓之"敲玻璃杯"。姜芸香的双亲已作古，丈夫患有痨病（肺病的俗称），成婚原本为了"冲喜"，哪知喜未冲来，病情却越发严重，不久一命呜呼。在乡下无依无靠，她只身来上海投奔姨母，姨母结识游乐场的人，引荐她到大世界当了卖茶女。

起初，姜芸香当卖茶女不习惯，听不清上海话，小费收入不多。亏得姨母不断调教，加上她模样出众，几乎每场电影都有买茶客招呼，收入日益增多。姨母视她为"摇钱树"，当然高兴不已。就这样过了约摸年把光景，一天，姨母兴奋地对她说："该你时来运转哪！"

姜芸香听后莫名其妙。

"区警察局的王局长相中你啦！想娶你'做小'。"姨母喜滋滋地拍拍侄女肩头，接着说，"当官的有权有钱又有势，三房四妾不稀罕，做小就做小，反正你是结过婚的人，'嫁汉嫁汉，穿衣吃饭'，往后你吃香喝辣，穿着不愁，我也不用为你操心哪！"

一个弱女子，寄人篱下，从话音里听出，自己的未来已不容选择了，只得由姨母作主，应下这门"做小"的婚事。姜芸香全然不知，姨母得到一笔比小费多出数十倍的介绍费，而且日后有了个警界侄女婿作靠山。

这位王局长原来已有一妻一妾，三姨太即将得手，麻烦事也跟着来了。平日里，大、小老婆争风吃醋，争吵不休，这回却联合起来，一致对外，异口同声地说:“你娶三姨太我们管不了，可坚决不同意跨进王家的大门!”小妾更是不善罢甘休，指责丈夫:“你违背承诺，身为局长，说话不作数……”承诺的内容虽未点明，但王局长心中有数，他与结发妻子成婚十五年，未生子女，后继无人，心中不免发愁，以此为理由，提出纳妾。妻子年过四十，人老珠黄，生育无望，母鸡趴窝不下蛋，亦觉得有愧，也就应允了。小妾是个初中生，长相一般，但会打扮，搔首弄姿，装腔作势，曾是南京西路仙乐斯舞厅的舞女，进门后，恃宠而骄，逐显强势。“有啥了不起的？还不是个小老婆!”结发妻看在眼里，气在心里，不甘示弱，明争暗斗，大吵三六九，小吵天天有，斗嘴犹如家常便饭。新欢与旧爱互不相让，王局长夹在当中，左右不是。一晃三年过去，小妾的肚皮仍未挺起，丈夫怀疑她生理上有毛病，要她去医院检查检查。

“是灯泡不亮还是电力不足？难说!”小妾说，“医书上写得明白，怀不上孩子，男女双方都得检查，才知是谁的事。”

王局长年近半百，身强力壮，胸脯拍得嘣嘣响，说:“瞧！我这身子骨，绝对没问题，去就去!”

两口子来到红房子医院，正如小妾所言，医生给男女双方作了全面检查后，还要求王局长提供精液化验。三日后，结论出来了，大出王局长所料，精液中无精子，患了“无精子症”，而且无药可治。回到家中，丈夫像是泄了气的皮球，小妾没好气地说:“你再讨十个女人，也生不出孩子。认了吧!”王局长觉得自己患上这种暗疾很丢面子，遂即许下承诺:“只要你不对外声张，我再也不讨女人哪!”小妾听后，几分得意，觉得受宠的地位更牢固了。她没料到，风月场的常客，花心难改，色令智昏，早把承诺抛到脑后，这才与结发妻联手……王局长面对大老婆严拒和小老婆指责，不得不作出让步，不进家门，另立外室。大、小老婆惧于权势，能挡住三姨太于门外，也算出了一口恶气。就这样，姜芸香成了王局长养在笼中的“金丝鸟”。

姜芸香不缺吃，不缺穿，不缺钱，可是，关在笼子里，无所事事，丈夫忙于在三个老婆之间周旋，一个月至多来宿八九次，人不来，立下规矩挺严格，不允许她私自出门，日用品和食品均由他带来。独守时，闲得无聊，拾起女红，动动针线绣绣花，因而招来秀芝，剪了鞋头、鞋帮、手帕、枕套、窗帘等花样，还为她绞过脸，挑过牙、眼虫。老主顾来往多了，二人成了闺蜜，无话不谈，道身世，诉苦衷，期期艾艾……姜芸香说，只盼自己能怀上孩子，将来老了有个依靠。

马王爷得到儿媳提供的信息，是条财路，当然会找上门去。

裕德里是较为高档石库门群，清一色红砖黑瓦，一排排两层楼房，整洁而美观。10号，楼上住户由后门进出，姜芸香住在楼下。时逢初夏，她穿着一件蓝底碎花大襟夹袄，坐于庭院阳光下，一门心思在绣花。马王爷立在大门旁端详一会，主动进门搭讪，指着尚未绣完的“红梅结子”图案，啧啧称赞：“哟！巧手呀，绣得真好！”姜芸香吃一惊，立起，看着这位不速之客，问：“你是……？”

“我姓马，是医生，瞧病的。”马浩然连忙自我介绍，还附加一句广告语，“行医多年祖传秘方，专治不育之症。”

来人斯斯文文，气质不凡，看上去挺有知识，不像坏人。听说“专治不育之症”，这句话拨动她的心弦。姜芸香一直认为生孩子是女人的本能，怀不上，定是自身有了毛病，曾想就医，可丈夫不允许出门，正为此犯嘀咕哩，口渴来个送水的，立刻笑脸相迎，把他请进客堂。入座，奉茶，马王爷打开盛有医具的小皮箱，取出纸、笔和脉枕，望、闻、问一番，而后切脉，过程中，马医生仔细打量患者，外表不露声色，心中暗暗点赞：好一个美人坯！

马王爷为姜芸香切脉完毕，铺纸，提笔，开下舒经活血的处方，曰“温经汤”，有当归、白芍、桂枝、吴萸、川芎、半夏、丹皮、麦冬、阿胶、党参、甘草、生姜等十二味草药。医生递过处方，患者迟迟疑疑地未接。马王爷说：“怎么？有难处尽管说，我可帮助你。”姜芸香找个借口，谎称：“这两天身子骨懒，不便出门，可否请先生代劳？”医生满口应承，患者感谢不尽，临走时，掏出不菲的诊费和买药钱，马王爷也不客套，收下钱，告辞离去。

翌日，马王爷拎着配就的处方药包来了，并带来一只煨汤药的瓦罐，进门后解开药包，将草药倒入瓦罐里，说，可以煎了。姜芸香说，我去煎。“熬草药得识火候，还是我来吧。”于是，姜芸香领医生转入厨房，打开煤气，药罐兑上水，置于火上，先以大火煮沸，再用温火慢煎。蓝茵茵的火苗，像是一簇花，药罐里发出“嘟嘟”的声音，散发出浓浓的中药味。二人静候，医患交谈，马王爷百般慰藉，说这是小毛病，你不必担心，服下三帖药之后，经络调顺了，自然就会怀孕；还说，这种病经我医治的不下百例，都坐胎哪！马王爷说罢，看看怀表，草药已煎到时刻，走到灶前，关闭煤气，小心翼翼地将罐里的药汤，倒入碗中，凉了一会，让她服下，还备了一杯糖水，以解口苦。

忙完这一切，马王爷起身告别，姜芸香送至门口，离前再三叮嘱，初夏气候多变，切勿着凉。医生走后，姜芸香心头暖暖的，活了三十多年，从未享受过这般无微不至的温情，先前的丈夫是个病秧子，从结婚起，一直服侍到他归西；现在的丈夫只是把她当着泄欲工具，毫无夫妻感情可言；当了年把卖茶女，接触不少买茶客，可都是轻浮油滑的男性；她觉得这位医生是世上独一无二的好男人。

画龙画虎难画骨，知人知面不知心，“好男人”也会有邪念，居心叵测。丧妻的马王爷，自从见了姜芸香之后，春心萌动，产生吃罢河物欲尝海鲜的想头。就在姜芸香服下第三帖“温经汤”那天，侍候在一旁的医生，递过一杯糖水，让患者喝下，顺势拉过她的左手，说：

“我给你看看手相。”

“哟！你还会看相？”姜芸香略显惊讶。

“也是祖传的，准得很。”

“那就劳你看看，我的命中有没有子女？”

马王爷托起她的手掌仔细端详一会，然后指着她的掌心，说：“这根子女线，发了三个岔，命中该有三个子女，你自已瞧瞧！”

姜芸香伸过头来一瞧，一条掌心纹尾果然有三个岔，兴奋异常……

照理，答案已给了对方，该松手了，可他未松手，却越握越紧。对方也不想抽回手，任其把握，只觉得浑身一股暖流在奔涌，神志既清醒又模糊，一头扎入他的怀中，发间香波味熏得医生昏昏欲醉……此时此刻，“好男人”与“美人坯”情投意合，他俩的关系瞬间骤变，由“医患”转为“情人”，辗转床第，恩爱有加……但，彼此心里明白，这是“偷情”，乡下人称“叼野食”，上海人叫“轧姘头”，用当代人的话来说，只图眼前拥有，休管未来如何。是的，他俩也未有天长地久的非分之想，仅仅是“偷情”

罢了。偷情和偷物的心态颇为相似，第一次得手，胆壮几分，后果未来之前，总是“贼心不死”，秀色可餐，饿汉垫饥，马王爷借询问“温经汤”疗效之名，隔三岔五地来探望患者。姜芸香亦盼他的到来，无聊的生活变有聊，二人情意绵绵，相见甚欢，似有“一日不见，如隔三秋”之感……当然，他俩接触还是有所顾忌的，掌握王局长出入轨迹，总是在白天会面，就这样偷偷摸摸地相处五十多天，姜芸香感觉到生理异常，月经未如期而至，而且有了妊娠反应。搭脉后，马王爷断定是喜脉，姜芸香喜出望外，一个劲地夸他医术高明，处方灵验。马王爷听了也有几分欣喜，这孩子是谁的种？二人皆说不清楚，也无须追根究底，淡然处之，这些并不重要，重要的是医生帮助患者实现了夙愿。他附和地说：“恭喜你啊！有了身孕，多多保重，小心闪失。”说毕，离去。

“未来”并不遥远，终于来到眼前。

当晚，王局长大驾光临，拎来一包熟食，姜芸香悦色相迎，坐定，转身从柜里取来“五加皮”和酒盅。往日取单盅，今晚取一对。王局长每次来，必饮“五加皮”。他一边打开卤菜叉烧、油爆虾，一边问道：“破天荒！怎么，你陪我喝酒？”三姨太笑而不语，斟下两盅酒。王局长觉得反常，其中定有原因。

“我猜你有事求我。”王局长说，“酒过三巡，有啥事，你尽管说，能办到的我决不推卸。”

饮罢三盅，王局长催促她，说吧！

“喜事！你我的喜事……我怀孕哪！”

“什么什么？我没听清，你再说一遍。”丈夫怀疑自己的耳朵。

“我怀孕哪！”

王局长听了大为诧异，顿时脸色沉阴，再问：“是真的吗？”

“那还有假。”三姨太说着想呕吐，疾步跑至水池前，吐毕，回到桌前。

“坐下。”丈夫满脸寒霜，“给我如实说来……”

“你咋不信？刚才呕吐就是怀孕的反应。”三姨太丝毫未察觉丈夫的情绪变化，说，“等着吧，足月了，给你生个儿子。”

王局长没理这个茬，强压满腔怒火，声音不高，但气息凝重，问道；“说！是谁给我戴上绿帽子？”

“……”问话的语气十分肯定，犹如不及掩耳的迅雷，震得三姨太神情慌张，不知说啥是好……心中暗暗嘀咕，难道他已知底细？

“快说！姘夫是谁？”

姜芸香连连摇头，装出一副受冤枉的样子，还落下几滴泪水。

王局长见她仍不说实话在伪装，按不住怒火，操起桌上的酒瓶，猛地掼向地面，刹那间碎玻璃片带着酒水四处飞溅。“哼哼！别当我是戆大，姘夫是谁？你再不说，莫怪我翻脸无情！”顺手从内袋中掏出勃朗宁手枪，拍于桌上。

看来“偷情”的事已败露，想瞒也瞒不了哪！为了自身保命，更是为了腹中胎儿，姜芸香一五一十地招了出来，王局长听了气冲牛斗，上前掴了她两记耳光，拿过桌上的手枪，悻然而去。

姜芸香一夜辗转反侧没合眼，隔日，迫切想见到马医生商量对策，可是，左等右等，没等来。第三天晚上，王局长却来了，态度平和了许多，还宿了一夜，清晨离去时，甩下一沓法币，体贴地说：“你现在是双身子人哪，千万注意，别动了胎气。”丈夫的言行举止，与三日前相比，判若两人，她感到很意外，弄不明白葫芦里卖的什么药？老婆出轨是丈夫的一大忌，王局长之所以能容忍，并非宽宏大量，而是出于私心，杂种不杂姓，他认了，孬孬好好王门终于有后了。

1948年农历八月初六，马王爷上午九点钟出门行医，一连三天没回家，船帮人几乎全体出动，四方打听，到处寻找，杳无音信，不见踪影。到了第五天，帮主仍未显身，帮里人干急不淌汗，束手无措，长子大龙抱着一线希望到警察局报案。执勤警察问明案由后，一推（退）六二五：“你报的无头案，没法查。也许他到远方行医，赶不回来，走时匆忙没与家人打招呼。说不定哪天，他会突然归来，回家等着吧！”

哪天归来？一个月，两个月，三个月，仍然未归来。

帮内一长者，有些社会阅历，也听说过种种传闻，他猜测：大概开处方时用错药，病家受害后报复，帮主被“栽荷花”哪！所谓“栽荷花”，乃黑道杀人灭口的一种手段，就是将仇人手脚捆绑紧，口塞棉花，装入麻袋中，再填进一大石块，扎紧袋口，抛入黄浦江里。当然，这仅仅是猜测，无凭无据，更不知是谁干的，难以确认。既未见人，又未见尸，马王爷的

“三眼灵光”未看透自己的前程，生死未卜地失踪了，这是铁的事实。

船帮失去舵手，仿佛群雁无首乱了阵脚，十八口子争当家，相互倾轧，同时，面临顾主渐少，挣钱艰难，内外交困，每况愈下。上海解放后，市民文明程度日益提高，很少有人再信那邪门歪道，船帮人有时出门一整天，无人问津，空袋而归。后生们见此情景，也不愿意再从事这行当。就这样，50年代初，船帮如同当年来沪那样，悄没声地销声匿迹，只有住在朱家湾棚户区70岁以上的老人，回忆起来，还记得这儿曾经有过一个“郎中帮”。

杨十六上当

棚户区的老虎灶除供应开水之外，还经营盆汤。每年夏秋季节，堂屋里扯起布幔，内放七八只带有坐板的长木桶，供顾客淴浴。收费低廉，离家又近，棚户区的男性居民劳作归来，乐于在此洗去一身疲劳。到了冬春季节，堂屋改作书场，木桶移去改设方条凳，听众边饮茶边听说书，就像冷饮铺秋后改弹棉花那样，一年四季不间息，日有进账。

王家老虎灶位于棚户区中心，入冬以来，书场连日客满，一部《武松》甚为卖座。说书人李春堂在“下只角”小有名气。他原本在南京夫子庙开场子，1937年12月13日，日寇攻破南京，屠城杀戮，致使30多万同胞死于非命，他死里逃生，回到老家扬州。吃开口饭的艺人，“不开口”难以维持生计呀，在乡间实在撑不下去了，1939年末，带着家什，到上海来谋生。可是，“上只角”书场，只接待苏州评弹、评话，拒绝扬州评话，他只得在棚户区开场子。李春堂熟读《水浒》，单挑“武十回”，加以演绎和拓展，还糅入《金瓶梅》的情节，形成一部大书《武松》，说得绘声绘色，有情有趣，栩栩如生。棚户区的居民大多数是江北人，花钱不多，乡音亲切，听书是唯一乐事。李春堂不但在“下只角”站住脚，而且还安了家。

这天，王家老虎灶书场里满满当当，落座30多位听众，李春堂清清嗓子，准备开讲。按惯例，续讲正书前，加说小一段书帽，内容或是轶闻，或是趣事。一拍“醒木”，张嘴就来：“万事开头难，今晚我就从‘头’说起。俗话说，老爱胡须少爱发。有人喜欢理‘小分头’，有人喜欢理‘大包头’，还有人喜欢理‘板刷头’。列位！哪种发型为好呢？萝卜青菜，各有所爱，依我看，理个‘葫芦头’最佳。它的好处听我一一道来，一不用洗头，二不用抹油，这三嘛，晚黑不用点灯，它能自动发光，照得满屋亮堂，省钱又省事，美观又大方。”几句表白道罢，敲响“竹蹲”（一种竹根制成的响器），放开略带嘶哑的嗓门唱，“剃头师傅手艺高，前后左右十六刀；干净利落又舒坦，脑袋不剩一根毛。溜光铁青头皮亮，胜过百瓦电灯泡。我说此话若不信，列位朝我头上瞧。”

唱完，抬手摘去盖在头上的猴绒帽，露出光溜溜的“葫芦头”，果然像是抹了一层猪油，闪闪发光，引得听众哈哈大笑……笑声中，说书人指着坐在前排的一年轻人，说：“这位就是为我理发的师傅，扬州‘三把刀’的后代，剃刀功夫了得，祖辈相传，堪称一绝。他是我的外甥，初来乍到，人生地不熟，列位今后理发，请多关照，保你付钱不多，舒坦不少。”

年轻人立起，含笑点头，拱手作揖。

舅舅用心良苦，借说“书帽”，为刚来到棚户区的外甥作免费广告。常言说，亲不过翁婿，嫡不过舅甥，李春堂受姐姐之托，把他箍到身边，相互好有个照应。

年轻人姓杨名有余，二十一岁，浓眉大眼，身高五尺多，皮肤黝黑，体魄健壮，秉性敦厚，为人诚实。他原在老家农村游乡剃头，如今到了上海，仍然肩背三脚面盆架，手拎装着家什的小木箱，穿弄走巷，招揽顾客。也许是说书人的广告效应，第一天生意蛮好，剃了八个头。棚户区的男性公民，绝大多数靠劳力挣钱，日日流汗，留头发易藏虱子，十有八九爱剃葫芦头。各式发型中，剃葫芦头正是他的拿手绝活。客人坐下，围上布单，先用温水洗湿头发，涂上皂液，打开剃刀，贴着头皮前四刀，后四刀，左右各四刀，不多不少刮了十六下，立刻露出光亮的葫芦头。接着光脸刮胡须，剪鼻毛，掏耳朵。最后一项是捶背，一手窝掌，一手空拳，双手轮番在脊背上拍打，发出富有节奏、强弱有致的声响，舒筋活血，惬意极了。手艺娴熟，服务地道，顾客离座情不自禁地竖起大拇指，赞道：“舒坦！名不虚传十六刀。”由此，得来外号传遍棚户区，见面招应，直呼“杨十六”。

良好的开端，顾客与日俱增，剃葫芦头的一个接着一个。尽管顾客多，他从不偷懒、从不马虎，年轻力壮，累点算个啥，心里乐呵呵的。

收费不高，积少成多，每天傍晚归来，饭桌上，杨有余总是把腰包里钱如数交给舅舅，沾沾自喜地说："舅，你给我起的名字真好！挺有眼光，'有余，有余'，这不，日日有余，月月有余。"

"悠着点，别鲜格格的。在外谋生，富日子要当穷日子过，今后成个家，花钱的事多着哩。除了吃用开销，余下的钱，舅舅给你保管着。"李春堂语重心长地说，"望你在上海混出个人样子，我对你母亲也有个交代了。"

舅舅的话很投外甥的心路，从此舅甥俩越发省吃俭用，也不过年把光景，李春堂算计算计手中的积蓄，出面张罗，在棚户区找到一块空地，见缝插针，为外甥盖起一明一暗的两间草屋，让他自立门户，单开火仓。草屋门前虽未挂招牌，但人人知道是个剃头铺，生意红火得很，不仅要接待来铺子理发的顾客，而且还要带着家什，上门为老弱病残者服务，有时忙得三餐茶饭都吃不周全。舅舅心疼他，说："有余呀，你岁数不小了，该成个家哪！"

"舅，刚盖了新屋，哪有钱讨老婆，过一阵再说……"

"眼下没钱讨老婆，也该找个帮手，做饭烧水看铺子，免得你饿着肚子干活。"

忙内忙外，杨十六何尝不想找个帮手，可是，雇个帮手，供吃供喝还得付报酬，虽"日日有余"，毕竟收入有限，舍不得花这笔开销。他对舅父说："等我攒着足够的钱，到小街上开爿理发店，再找帮手不迟。"李春堂听他这么一说，看看外甥精力充沛的架势，点点头。

这天夜晚，送走最后一位顾客，铺子里安静下来，杨十六盛过一碗剩饭，兑上开水，再端过一盘萝卜干，狼吞虎咽地吃将起来，还没吃完，对门的周嫂抱着未满两岁的孩子走进门。杨十六感到突然，平日里，对门邻居，低头不见抬头见，相互打声招呼，从来没答过话，今晚怎么来串门啦！他赶紧大口扒完碗内泡饭。

"周嫂，请坐，你找我有事呀？"周嫂迟迟疑疑地张不开口，杨十六说，"啥事？你直说，远亲不如近邻，能帮上忙，我当尽力相帮。"

"他叔，你能帮上。"周嫂说，"我那小姑子与她哥怄气，整整三天滴水未进口，左劝右劝就是劝不通，说什么也不愿意再去割草卖给奶牛场哪！"怄气的原因未说明，杨十六也不便追问。

"哟！吃饭当紧，怄气不去割草，那她想干啥呢？"

“一个女孩家，不识字，又能干啥。他叔，你的手艺好，铺子的生意挺兴旺，一个人都忙不过来，能不能让她来做你的帮手？”

周嫂的小姑子名唤菊花，年龄不大，十六七岁，白头绳扎着一根粗辫子，刘海垂额，细眉大眼，清清秀秀，少语寡言，只知埋头干活。每天比太阳起得还早，就拿着镰刀和绳索，姑嫂二人轮番背着小孩，和棚户区一帮妇女到乡下割青草，割来青草卖给前浜的奶牛场，得来些许钞票，维系艰难的生活。尽管对菊花的印象很好，尽管需要帮手，杨十六仍然摇头拒绝："这个忙我可难帮呀！别看我铺子每天顾客多，剃个头只能挣三个烧饼钱，哪里顾得起帮手……"

周嫂央求道："他叔，我家都揭不开锅了，你只当行好做善事，搭救菊花一把，她做你的帮手，不要工钱，只求个饱肚子。"

一个再三央求，一个犹豫不决，周嫂抱着孩子欲下跪，杨十六连忙阻止："别别……别这样，这事我得与舅舅商量一下，明儿给你回音，好吗？"

周嫂听了连连点头，抱着孩子离开剃头铺。

翌日，杨十六起了个大早，来到舅舅家，李春堂还没离床，一见外甥就问："有事呀？"杨十六"唔"了一声，遂把昨晚的事叙述一遍。李春堂一边刷牙洗脸，一边思考掂量：不要工钱的帮手倒是划得来，不过……处事老到的说书人对外甥说："有余呀，你初来上海，要学会识人头。嗑瓜子嗑出个臭虫——啥人（仁）都有。她哥哥是个'大烟鬼'，凡是这种人，要钱不要脸……"

"他妹妹来帮工，我跟他不相干。"

"不相干也得处处提防着点。"李春堂交代，"先让她进门帮几天试试，她哥一提什么条件，你就辞掉她，千万别跟'大烟鬼'打交道。"杨十六点头称是。

菊花的哥哥叫周大勇，阜宁人，36岁，在码头上扛大包。当年苏州河光复西路段有几座油粮仓库，驳船从乡间运来大豆、小麦等，停靠码头，搭起跳板，用人工一包包扛入仓库，干这样活，很费力气。周大勇体质偏弱，时有力不从心之感。码头主是"青帮"圈内人，兼营大烟馆，乘势诱导，说是抽口大烟（鸦片）可解乏。一天收工后，他觉得浑身疲惫，稀里糊涂地跟着码头主去了大烟馆，吞云吐雾，果然感到精神倍增，尝了甜头，又去了一回，第三回是自觉去的，这时已成瘾，一发而不可收拾，甚至到了不抽大烟就扛不动大包的程度。本来的收入可以维系三口之家的生活开销，自从吸毒上瘾后，入不敷出，东借西借，欠下一屁股债务，连得母亲去世都没钱买车票回老家奔丧。家中开支，全靠老婆背着孩子去割草换来微薄的收入。老婆对他好言相劝，他瞪眼一声呵斥，吓得她大气都不敢喘，周嫂生性懦弱，逆来顺受惯了。

菊花原在老家陪伴寡母干农活，母亲离世，孤苦伶仃，前来投奔兄长，到了上海，见到脸色灰暗、神情颓废的哥哥，家境如此窘迫，不知说啥是好，第二天就随嫂子加入割草行列。郊外荒草遍野，割草不需本钱，只要劳力，春夏秋三季，棚户区有一大批妇女从事这项劳动。前浜有家奶牛场，养着20多头奶牛，每天需要草料，来多少，收多少，当日用不完，正好为冬季储备着。场主是个印度人，半脸大胡子，40多岁，头上缠绕着红布，人称“红头阿三”。每日清晨，他骑着摩托车将鲜奶送到市内牛奶公司，下午，坐镇磅秤前，收草付款。红头阿三第一次见到前来卖草的菊花，就被姑娘的姣美面容所吸引，不由得射出贪婪的目光，对她扫来扫去。菊花和嫂子天天来卖草，红头阿三天天如此，心里痒痒的……数日后，场主按捺不住了，命手下雇工向菊花家长提亲。雇工拉过周嫂说，场主出高聘礼金，想娶菊花做老婆，周嫂不假思索地回绝了。怎么可能哩！一是红头阿三年近半百，小姑子才17岁，年龄不相配；二是和外国人成夫妻，言语不通，没法说上话；三是形象怪异，红布裹头，黑不溜秋，半脸钢针似的胡须，像团刺猬，挺怕人的。当然，这三点拒绝理由并未说出口。雇工的回话，出乎场主所料，他曾判断靠割草挣钱的人家，都很贫困，穷人见钱眼开，十拿九稳能娶来这位中国姑娘，哪知事与愿违。但不死心，隔日晚黑，又命雇工请来周大勇，当面交谈。正如李春堂所言，大烟鬼要钱不要脸，周大勇二话没说，一口应了下来，只是咬定聘礼金加倍。红头阿三一心想娶菊花，在所不惜，这笔“交易”就这样做成了，并立下字据，约定一个月之后完婚。周大勇得到一大笔钱财，多半还债，小半留着抽大烟。回到家中，挑明此事，姑嫂俩听了大吃一惊，尤其菊花忍不住眼泪夺眶而出，摇头摆手：“我不嫁！我不嫁！”

“孩他爸，那红头阿三年纪那么大，又是个外国人，他俩成婚不合适呀！”周嫂情不自禁地说。

“你知道个啥！年纪大，疼媳妇，你别插嘴。”周大勇眼一瞪，把抱在怀里的孩子吓哭了。

“我才不要他疼哩！我不嫁给他。”

“有父从父，无父从兄，女儿家婚事得由家长作主。”

菊花伤心透顶，哭着说：“哥，我求求你哪！把这亲事退了吧！”

“我的好妹妹，这门亲事退不了啦！礼金都还债了，我不还债，那债主就把我剁了。唉！那红头阿三偏偏看中你，他若是看中你嫂子，我也只能让给他。妹妹，你别求我，倒是我要求求你，看在一母所生同胞兄妹情分上，救我一命，你允下这亲事吧！”

大烟鬼道出“甘苦”，菊花感到退亲无望，甩过独辫子，指着白头绳，说：“妈妈刚去世不足半年，你就逼我戴孝出嫁。老人说，‘守孝三年，不做红事’，依了你，怎么对得起老娘……”

“哎哟！三年时间太长啦。”周大勇见妹妹口气转缓，自以为被一席“鬼话”感动，竖起食指，说，“一年，守孝一年，行了吧！我去跟红头阿三通融通融。”

菊花未置可否，守孝一年，仅剩下六个多月，六个月以后怎么办？她不敢往下想，只觉得身子猛地跌入冰窟里，从内到外彻骨寒，躺在床上，茶不思，饭不饔，蒙头流泪……周嫂同情小姑子，万般无奈，这才贸然来求杨十六。

杨十六及时给周嫂回过话，进屋整理一下家什，转身打开铺子门，菊花已站在门口，叫了一声“十六哥”，进门就忙碌起来。主人欲点火生煤球炉，她说我来；主人欲淘米煮稀饭，她说我来；主人欲烧水待顾客，她说我来。事事抢着干，双手不适闲，一切杂务活，她全包揽了，扫地，擦盆，揩凳，抹桌……把剃头铺打理得干干净净，井井有条。杨十六出门理发，她看守铺子，悄悄地把他换下来的脏衣服洗了；理完发归来，小桌上已备下热饭热菜。她不但勤劳，而且手巧，做的饭菜，可口对味，杨十六从心底里点赞，她是个能干的帮手。老顾客见这一对年轻人怪般配，善意地开玩笑，说：“哎！十六，正经个啥！还不拉她焐被窝，我们也好讨杯喜酒喝。”杨十六的脸一下子红到耳朵根：“别瞎扯！人家是来帮我忙的……”

自从菊花来做帮手，李春堂也来过剃头铺几次，亲眼看到这姑娘，闷声不响，手脚勤快，是个会过日子的人，心中十分高兴，临走时背地关照外甥："虽事先讲明不要工钱，可人家如此卖力，你多少也得给几个，别亏待她。"杨十六说："舅舅，你放心，我心中有数。"

人非草木，孰能无情，何况是一对正当年的男女。菊花来了一月有余，杨十六对她的印象越来越好，最深的感受，单身汉陡然有了"家"的感觉，说白了，他暗暗地爱上她了，只是没启齿。平日里，他留心观察菊花，似乎觉着她眼神里蒙着一层忧郁的阴云，不时露出愁容……唉，菊花怎么能不愁哩！扳着手指过一天，数一天，离"六个月"时间愈来愈近，日子数完，她将与那个异国"刺猬"过一辈子，不情愿，不甘心，可又没有解脱的办法。来到剃头铺当帮手，十六哥不见外，像兄长般地对待她，吃饭时，尽往她碗里搛菜。他长相漂漂亮亮，为人踏踏实实，手艺好，人缘好，嫁给这样男人，少活几年也愿意。她在心目中将两个男人一对比，不禁暗自长叹："我的命咋这样苦哩！"

一日，剃头铺打烊，二人共进晚餐。杨十六对菊花说："你还在怄气呀！兄妹俩一母所生，争过吵过，别往心里去。"

菊花未语。

"看来你有心事……"

菊花未答。

"说出来，或许我能帮帮你。"

"十六哥，你帮不了我。"

听她这么一说，杨十六越发想知道底细："说嘛说嘛，没有过不去的火焰山，说出来，你跟你合计合计。"

菊花忍不住了，含泪把"怄气"的缘由，竹筒倒豆子般说了出来。杨十六听了大为震惊，既气愤，又同情："这婚事你千万别答应。"

"不答应，又能咋办呢？"

"退婚！"

"礼金被我哥花完了，咋退呀！"

杨十六一时冲动，脱口而出："我出！"说得很坚定，那气势好像红头阿三买走他的意中人，他非抢回来不可。

“十六哥，礼金可是一大笔钱哇！”

“多少？”

菊花报出具体数目，杨十六傻眼了，剃一年的头，不吃不喝也难能够数，但他并未退缩，而是安慰道：“你别发愁，我想想办法……”

当晚，杨十六来找舅舅求援。李春堂说书还没收场，不一会，回来了，一进门就问：“这么晚了你来找我，有事？”

杨十六点点头，把菊花的不幸遭遇说了一遍，又把自己愿帮她筹款退亲的想法如实说了出来。李春堂听后，问：“你打算娶她？”

“唔。”

“你俩靠定了？她同意嫁给你了？”

“没。”

“臭小子！莽莽撞撞，八字没见一撇，就准备筹款，说不定会人财两空。”菊花和外甥年龄相当，若是结婚成为一家人，对他今后创业大有帮衬，当舅的当然十分赞同，可是人家没同口，一厢情愿，显得过于冒失。李春堂干练老到，不见兔子不撒鹰，说，“你先回去，赶明天我找菊花把婚事挑明，听听她的意思，再作定夺。”

杨十六听后，心情平静许多，舅舅的意见高明，比自己想得周全。

水到渠成，舅舅为外甥提亲，菊花一口应下，李春堂充当现成的媒人，剩下的事就是如何筹款退婚？算算日子，也不过120多天，三人一起谋划着……

攒钱先从嘴上省，从此一日三餐不见荤腥，两个年轻人照样吃得有滋有味。杨十六夸菊花手巧，做啥都好吃。“那你就多吃点。”菊花说罢，莞尔一笑，她仿佛见到未来生活显出曙光，内心的喜悦泛到脸上。杨十六第一次见她笑容，笑得那么甜美。

白驹过隙，“六个月”期限，临近最后三天，款子终于凑齐了。这笔钱来源有三：一是杨十六的全部积蓄；二是舅舅的支助；三是李春堂通过人脉关系，请了一个“会”。钞票包扎好，交给菊花，李春堂再三叮咛：“这笔钱千万别单落在你哥的手，你拿着，跟他一起去退亲。”菊花回应，我记住了。

菊花回到自己家，见到周大勇说：“哥，礼金钱有了，去退亲吧。”精神萎靡的大烟鬼，见了钱包，眼发绿光，诧异地问：“这么多钱，从哪弄来的？”“十六哥垫的。”“他垫这笔钱，是想娶你？”“是。他舅做的媒，我俩情投意合……你别多问哪！”周大勇就坡下驴，那好，伸手欲接钱包。菊花说：“我拿着，跟你一道去。”大烟鬼无可奈何，领着妹妹出门。一路上，挖空心思想点子，到了奶牛场大门口，说：“菊花，你可不能进去呀！如果红头阿三不同意退亲，会把你硬扣下，他的手下人多，我这身子骨又抵挡不住，那不坑了你！”

菊花想了一下，也觉得有这可能，说：“那怎么办？”

“你在大门外等着，我进去把礼金退给他，讨回那张字据。”

菊花犹豫不决，抱着钱包不放手。周大勇赌咒发誓：“我是你亲哥，再相信哥一回。”

这时，菊花动摇了初衷，将钱包递了过去。周大勇接过，走进奶牛场，约摸10分钟，挺直原本弯曲的腰背出来了，灰暗的面容露出笑意，说：“搞定！亲已退了。”说着将手中的“字据”撕得粉碎。回家路上，他夸赞妹妹有眼光，选中杨十六，荒年饿不着手艺人，日后不会挨饿。改天，当哥的为你俩庆贺庆贺！

舅甥俩等候消息，菊花来到剃头铺把退婚过程说了一遍。退亲未受阻，杨十六喜出望外。可李春堂对大烟鬼单人去见红头阿三的“10分钟”，心存疑虑：“会不会再耍什么花招？”菊花说：“不会的，我看着我哥把礼金退了空手出来的，还当我面把那张字据撕了。”但愿如此，李春堂虽然疑虑未消，但当事人不疑，也就未追根刨底。

隔日，剃头铺打烊后，周大勇吩咐菊花请来杨十六。杨十六本不愿来，看在菊花情面上，再说将来结婚，毕竟是至亲。进了门，只见小桌上摆着猪头肉、油氽果肉、臭豆腐干，还有一瓶七宝大曲。菊花作陪，三人落座，周嫂抱着孩子一边侍候着。大烟鬼开头说了不少奉承话，接着举盅饮酒，几盅下肚，两个年轻人面红耳赤，菊花说头晕，先离桌而去。杨十六也不胜酒力，脸烫眼模糊，硬撑着。大烟鬼不折不挠地劝酒，左一盅，右一盅，杨十六磨不开面子，连喝数盅，霎时头重脚轻，烂醉如泥，不省人事……直到天蒙蒙亮才醒来，发觉睡在别人的床上，身边还躺着一个赤身裸体的女人，他惊呆了，赶紧披衣下床……这时，大烟鬼已立在床前，说：

“慌啥！我老婆被你睡过了，通奸罪我不追究，你垫的礼金就此抵消。两不欠！”杨十六满面羞愧，压根儿没听清他说些什么，三步并作两步逃回剃头铺。

“杨十六与周嫂轧姘头，在床上被大烟鬼活捉”，沸沸扬扬，不胫而走，这则丑闻立马传开了。李春堂不相信自己的耳朵，跑来问杨十六，诚实敦厚的杨十六浑身是嘴也说不清，抱着脑袋长吁短叹。舅舅深知外甥的品行，并未过多谴责，而是自己懊悔莫及，在江湖上白混了几十年，曾怀疑大烟鬼和红头阿三会联手设下圈套，咋不追究呢！？

这段往事的结尾很凄美：大烟鬼扛大包不慎，从跳板上摔入水中，头碰石块，一命归天，周嫂招夫养子，与杨十六结合；菊花反抗无援，成了奶牛场的女主人……

棚户区人感叹不已，拆散一对美好姻缘，成全两对凑合夫妻。

车轱辘世家

车恒亮长我两岁，我喊他亮哥，我与他穿开裆裤时就在一起玩耍，不折不扣的发小。他家和我家隔着一道篱笆山墙，两家若有什么事，敲敲墙壁就可互相叫应。我和亮哥在同一塾馆求学，又成了同窗。亮哥聪敏透顶，勤奋好学。以“背书”为例，30多个同窗中，他是唯一未挨过戒尺的人。老夫子欣赏，同学们爱戴，推他为学长。一天，他突然磕了三个“退学头”，先生问起缘故。

“父亲年高体弱，我是长子，16岁成丁，该为家庭出力了。”他回话道，“不瞒先生，我姓车，爱和车轱辘打交道。”

同窗们听了忍俊不禁地暗笑，悄声嘀咕“车轱辘”，未料，亮哥从此有了这绰号。老夫子轮流到学生家吃派饭，对各家的经济情况知根知底。他父亲靠拉黄包车挣钱，维系全家五口人的生活，近来，年老体弱，力不从心。百善孝为先，民以食为天，温饱当紧，学生既然有此孝心，而且爱与车轱辘打交道，也就无话可说，起身送他至塾馆门口，长叹一声：“唉！好个秀才苗子……可惜啊！”其实我了解亮哥，他爱读书，放弃读书去与“车轱辘打交道”，只是一句托词罢了。

退学后，亮哥和他父亲承租一辆黄包车，上、下午两班轮流出车，下午时间长，顾客多，日头偏西接班，直到子夜归来，较为辛苦，儿子主动挑起重担，不让父亲出下午车。也不过十来天，亮哥的实力显示出来了，他的记性好，路名、街名、弄堂名烂熟于心，加上体力充沛，健步如飞，挣的钱每每超过父亲的一半。亮哥节俭呀！一分一厘不乱花，除了租金和两碗阳春面的开销，苦来的钱全数交给母亲。父亲人前背后赞不绝口：小家伙，比我能吃苦！亮哥生性幵朗，不以为苦，反以为乐，每天下午，穿上背有车号的马甲，手里提着方灯，口中哼着小曲："黄包车，跑得快，车上坐位老太太；要五角，给一块，你说奇怪不奇怪。"乐呵呵地走出家门，弄堂里无论男女老少，见面打招呼，一口一声"车轱辘"，他对这绰号很认同，一一含笑点头回应，唯有我与他见面时，仍喊"亮哥"。

其间，亮哥被一家"草包厂"老板雇去拉包车。拉包车，早出晚归，不出租金，按月取酬，不用招揽顾客，不用起早贪黑，老板出门，车夫出力，老板在家，车夫休息。只是我俩见面机会少了许多。一次，他美滋滋地将包车拉到棚户区来。嚯！真漂亮，与承租的黄包车相比，天壤之别，牛皮弹簧座，扶手两边各吊一盏精美的电池灯，座后插着一杆黑色鸡毛掸，船形的登车踏板设有按钮，连着踏板下的大铜铃，遇上行人挡路，坐车人踩动按钮，清脆的铃声，替代车夫"让一让"的喊声。亮哥拍我一巴掌，说："兄弟，请上车！"我"应邀"入座，果然惬意，脚踩按钮，"叮当叮当"铃声不绝于耳。他轻松地拉起包车，在弄堂里兜了一圈。

车轮似钟，那钢条像是秒针，不停地转动，时光随之流逝。不知不觉，亮哥已届青年，一米八个子，国字脸盘，挺帅气，肤色黝黑，体格健壮。日本鬼子投降后，"草包厂"关门息业，他被老板解雇，转而重返车行，租来的不是黄包车，而是三轮车。不幸的是此时他父亲患病辞世，养家糊口的重担落在他一人肩上，三轮车兴起，半机械化胜过全人力，时髦一时，坐车人也自觉高过黄包车一等，顾客较多，亮哥不惜力，天天出车，仍然乐呵呵地挑起重担。一天清晨，他悄悄对我说，要结婚哪！对象是修车摊摊主的女儿，手脚勤劳，年龄相当，我听了当然为他高兴。喜期定在1948年的端阳节，那天，他为自己出车，载着新娘，一进弄堂口，就听他唱道："三轮车上小姐真漂亮，大大的眼睛水汪汪；何须打扮自来俏，不穿旗袍穿工装……"当年的流行歌曲《三轮车上小姐真美丽》，他把歌词改了。婚礼极其简约，拜天、拜地、拜高堂，左右邻居相聚一桌，四荤四素一盅酒，举杯庆贺，完事。婚后不久，上海解放，共和国大典那天，亮嫂为车家生了个男孩，取名国庆。添丁加口，其乐融融。三轮车工人是一支庞大的队伍，在工人集中的地段设有基层工会，组织工人政治学习和开展各项活动。亮哥是基层工会的文艺委员，他不抽烟，不喝酒，唯一爱好是喜唱淮剧，夏天纳凉时，他在空地摆开桌凳，请来淮剧组成员，小聚清唱。胡琴一响，听众自来，围得密密麻麻，马麟童的“垛句腔”，徐桂芳的“老淮调”，筱文艳的“自由调”，学唱得有板有眼，有滋有味，听众巴掌拍得应天响。这时，亮哥心中好似灌了蜜汁，乐呵呵地起身，鞠躬，向邻人们致礼。

1958年“大跃进”时，我去了外地工作，与亮哥见面的机会更少了，偶尔回来，总能听到他对我讲些令我高兴的事：20世纪60年代初，上海淘汰了三轮车，有关部门花大力气安排工人转业、转岗，他分派到公交公司，司职64路公交车的售票员，用他的话来说，仍未离开车轱辘；70年代末，“四人帮”倒台，实行改革开放，他儿子国庆结婚，邀我回来喝喜酒；80年代初，国庆通过考试，取得合格执照，成为出租轿车的驾驶员，而且也有了后代；90年代亮哥退休，隔两年，我也退休了。此时适逢棚户区拆迁，两家同时搬入住宅小区，他家住三楼，我家住二楼，仍是近邻；到了新世纪，亮哥的孙儿已大学毕业，应聘入轨道车辆维修单位任工程师。

如今，我和亮哥皆跨入耄耋之年，赋闲在家，几乎天天见面，下下棋，喝喝茶，谈谈心，感慨良多。“车轱辘！”我第一回这样称呼他，“这绰号好哇……从‘两轱辘’黄包车，到‘三轱辘’三轮车，再到‘四轱辘’机动车，你家四代人都与车轱辘打交道，道道地地的‘车轱辘’世家，简直可谓代步车辆发展史的缩影。”

“何止代步车辆发展史的缩影！”亮哥乐呵呵地说，“历史的车轮滚滚向前，几辈人与车轱辘打交道，从黄包车夫到工程师，难道不是时代变化、社会进步的缩影吗！？”

我连连点头称是。

（原载2016年3月15日《嘉定报》）

一半薄雾　一半阳光

曾经有过两次游览黄山的机会，可惜皆因突来的任务而舍弃了。我在安徽生活三十余年，未能识得“天下第一山”的真面目，时有抱憾之感……今年九月，应“田汉戏剧奖”授奖大会之邀，终于了却夙愿。

驾驭诱人的秋风，缆车将与会人员送到后山北海。山上与山下，天壤之别，刚才还是丽日当空，眼前却是阴云密布。我有些扫兴，脱口而出：“天公不作美!”

“看来你是第一回上黄山。”导游姑娘不无讥讽地说，“恰恰相反，算你走运。”

“走运？！”我似信非信。

同行三十余人，来自华东六省一市，大伙心中揣着同一愿望——抓紧时间看景去。因此，午餐吃得非常快，快得食而不知其味。导游姑娘领着我们踏上山径时，细雨蒙蒙，看奇松，青流滴翠；瞧怪石，油光水滑，倒是别有一番情趣，北海集中了许多景点，一一观赏后，我方才折服导游姑娘的话，真走运也。

雨丝飘洒中的景点，山坳里腾起薄雾，宛如笼罩一层浮动的轻纱，淡而有影，静而生动，原本“似与不似之间”的景物，此时，简直逼真透顶，有了生命……“赤脚大仙”大概患上健忘症，好端端的一只“靴”，任它日晒雨打，怎么丢在这里不来取呢？“仙人下棋”，对弈者神情专注，一心恋战，全然不顾细雨淋湿他俩的方巾和衣衫，一攻一守，妙着联手，风拂来，犹闻落子声响。“猴子观海”，调皮的猢狲一反常态，竟老老实实地坐在云海边，注目远眺，尖嘴儿不住一张一合，惊叹不已……瞧不厌，看不够，薄雾中黄山，朦朦胧胧，多姿多态，充满诗意，令人浮想联翩、流连忘返。若不是雨丝成珠，真舍不得离去。

我们回到北海住处，一个个像是“落汤鸡”，但兴致未减，钻进被窝仍大谈特谈观后感……这时，雨珠击瓦声大作，同寝室的“金夫子”发表一个预见——明晨看不到日出哪！正是这个预见，使我高枕无忧，一觉睡到天放明。黄山有情，赠我一个“羞答答”，又赠一个“晴朗朗”，我三步并着两步，赶到观日出景点，此刻，日头已跳上云海……唉！未能目睹气势磅礴的黄山日出，不能不算是一大损失。

导游姑娘换了一套装束，比昨天有光彩，俨然像匹矫健的识途小马，带领着七零八落、老中青齐全的一行人，迈上前山的归途，一路上指指点点，直向“光明顶”走去。

“光明顶”果然光明，满目灿烂。踏上高台，放眼四顾，啊！黄山沐浴在阳光里，绚丽辉煌，格外多色多彩。我确认每个中国人为有黄山而自豪。遥望“飞来石”，如天空错落的玉盘，我情不自禁地哼起电视剧《红楼梦》的主题歌……

“百步云梯”垂空而挂，望而生畏，走来艰辛，我们勉强走完这段悬挂的路程，擂着背，捶着腿，到达“玉屏楼”，“迎客松”早已站在那里迎客，浑身的疲惫被它那伸出热情的手臂拂去，我十分舒心地请同伴摄下“我与迎客松”的镜头。

前面，天都峰上人影幢幢，分不清男女老少，但可见到不停地挥动的手臂，像是叩问青天，拾级而上的游人络绎不绝。我仰视峰顶良久，总是鼓不起攀登的勇气，同伴为我加油打气，我说：“我醉了，醉汉是不能上‘天都’的，不信，看那‘安民告示’。”此语，一半是遮掩，遮掩我的虚怯，年龄不饶人，身体部件老化，没有胆量充好汉；另一半是真情，我从未领略如此醉人的山景。尽管未观日出，未上天都，一半薄雾，一半阳光，黄山赠予的厚遇，足够我美美地回味一辈子。

（1990年11月作）

借问君曾到武夷

“五岳归来不看山，黄山归来不看岳”，此语未免偏颇，我险乎上当。三年前，应邀出席“田汉戏剧奖”授奖会，得以畅游黄山，今年有幸参加华东六省一市的“戏剧创作年会”，东道主——福建省剧协——选在武夷山召开。原以为我是黄山归来人，已阅尽神州山岳风貌，武夷山可登可不登，犹豫时，同行们怂恿，勉行随其后，哪知一走近它，便被独特的神韵所吸引，始觉黄山和五岳是无法替代武夷山的。

“山不在高，有仙则名”，大凡名山，无一不与神仙有缘。武夷山也不例外，儒、释、道，三教并存，尤其道家文化氛围相当浓郁，为“碧水丹山”披上一层玄妙神奇、引人入胜的色彩。三为“多”，九为“极”武夷山拥有“三姑石”“九曲溪”“三十六峰”“七十二福地”和“一百零八”景点，可算是“多极”之山。迷人的“九曲溪”呈“S”形，以水道为分割线，左乃阳，右乃阴，构成一幅道家理想的“太极图”布局。郭沫若1962年游武夷山赋诗云：“六六三三疑道语，崖崖壑壑竞仙姿。”这两句诗就是实地写照。我们的导游员是位武夷老掌故，每到一个景点，都能讲述一个神话故事，述者出神，听者入化，面对“六六三三”的山水，仿佛置身于扑朔迷离的“八卦图”中。

“太极”是派生万物的本原，《易经》如是说。儒家对道家文化历来兼容并蓄，宋代大儒朱熹认为，“总天地万物之理，便是太极”。（见《朱子语类》卷九十四）这位朱老夫子满腹经纶，可运气欠佳，为官九载，在朝堂任职仅四十天，即遭贬，“济天下”大志难以实现，回到年幼求学的地方——武夷山，生活了四十年，一门心思讲学、著书、立说、写诗、研读，发展“二程”学说，集理学之大成，建立了一个完整的客观唯心主义体系，成为后来封建地主阶级的正宗哲学。武夷人为有大家客居于此而荣耀，特建“朱熹纪念馆”，供游人参观瞻仰，那座朱子讲学的“武夷精舍”遗址犹在，著名科学家钱伟长称之为“中国第一所大学”。

游罢“天游台”，再入“洞天仙府”，绕出“三天门”（洞天、南天、北天），告别四周朝向的“五气”（赤金台、桂树林、水帘洞、火焰山、玄黄土，即金木水火土），我们仿佛跳出三界外，不在五行中，直奔那“九曲溪”。

九曲溪的源头在武夷山自然保护区，那里是鸟的天堂，蛇的王国，世界环境保护的典范区域。“问渠哪得清如许，为有源头活水来”，九曲溪水清澈见底，朱熹诗歌代表作之一的《武夷棹歌十首》，即作于此。他在第一首中写道：“武夷山上有仙灵，山下寒流曲曲清；欲识个中奇绝处，棹歌闲听两三声。”其余九首分别吟唱风光各异的九曲佳景，一曲一唱，情景交融，清新明丽。我与同行们自由结合，六人一组，登上形状古朴的竹筏，冲波踏浪，顺流而下，领略“棹歌”的意境。武夷山水真是“道隐于小成，言隐于荣华”（庄子语），曲曲山回转，峰峰水抱流，两曲之间，水位有落差，流速时疾时缓，山色竞秀，倒映水中，竹筏宛若迂回穿行在险而夷、危而安的曲径间，涉目见景，转项见奇，顿时体验到一种“世外沧浪”的情趣。仰望峭壁，有三千多年前的古越悬棺；俯视绿水，有七八颗水珠嬉戏般跃上竹筏，人乐水亦乐，尽在不言中。乐于心，忘乎情，谓之真乐，远离喧嚣，难得宁静，阵阵清风，拂面而来，分明是为我们这些凡夫俗子“洗俗尘”。

十五里的“九曲溪”，留给我一个难忘的梦幻。桂林之秀，西湖之美，黄山之奇，华山之险，泰山之雄……武夷兼而有之。武夷的深沉、浑厚的道教文化独秀于神州山水。

“如此名山宜第几？相当曲水本无多。”我怀念那实实在在的梦幻，不禁免费为武夷做一次“广告”。

（1993年秋作）

平 原 三 章

平 原 情

离开高楼林立的城市，来到纵横坦荡的平原，顿有心旷神怡之感。

常言说：站得高，看得远。平原没遮没拦，不用登高，极目环顾，收尽方圆四十里风光，湛蓝的天与黝黑的土相交于一道泛光的地平线。浩茫的苍穹，如同硕大的拱顶，辽阔的平原，恰是斑斓的地毯，好一座天地造就的大帐篷啊！或疾，或徐，任你四方信步，始终置身于帐篷的中心，头上的白云，脚下的清流，迎面的和风，身后的细雨，它们在忙碌着、维系着帐篷的和谐格调。深深吸口气，那么清冽，新鲜，沁人肺腑。且看小草，大树，河流，庄稼……物态自然，洗尽矫揉造作，毫无文饰假象。包罗万象的大自然，能使一切返朴还淳，狂妄自大的人，立于拱顶下，始觉浅薄渺小；心胸狭隘的人，驻足地毯上，自感视野短促。

平原，谢谢您啊！赠我一片挚情，使我平添千钧之力，遏制自身的潜敌，夺回一个实实在在的我。

平 原 人

平原人赋有平原的秉性：豁达，开朗，踏实，简朴。

圩头寨边，炎让荫，寒让火，“歇息脚”的相邀声，声声不断，小孩搬凳，大娘端茶，小伙们围来问这问那，姑娘们避在房帘内窥探偷听，案桌上放着烟笸子，笸子里盛着揉得细碎的晒烟叶，老大爷用袖口擦擦玉石烟嘴，递过烟杆说："抽一袋，抵上十支烟卷。不信，你试试，可来劲哩！"咂吧一口，舌尖麻辣辣白，果然来劲。兴许平原人挑担、挥鞭的劲头来自这晒烟吧！

议农事，话桑麻，叙年成，道家常，话头落不下，越聊越热乎，越扯越亲切，甚至连子女相亲的日子都如实相告，约你来掌掌眼。当你意识到炊烟起，近饭时，那是再也走不脱了，随着一句"搁这儿"留客词，案桌上已摆好绿豆面条炒鸡蛋，开花大馍咸蒜瓣，可口开胃，家常便饭，格外体己。

我甫听平原人的留客词——"搁这儿"，不甚理解，人非家什，怎能"搁"呢？这词，至少缺点敬意吧！久而久之，才咀嚼出"搁"字的个中滋味，它剥脱虚伪，剔去客套，饱和不可抗拒的真诚。曾经有个上海知青，对这句留客词信不过，决计以身验证，整整一个月没起火，吃遍全村三十户人家，家家真诚相待，终于折服了。如今，他也学会"搁这儿"留客词，成为好客的平原人。

非亲非故的过路人，来到平原，短了盘缠饿不着，平原人很少"势利眼"，乐于帮助"落难人"。平原的大门日夜敞开着，来者一步便可跨入，然而，做个真正的平原人，似乎并不那么容易……

平　原　景

美哉平原，四季都有醉人的景色。

当你尚未来得及细辨"草色遥看近却无"，柳芽、杏花已满眼绽开。调皮的轻风在麦尖上打滚，晶莹的雨珠在叶片上欢跳，滚呀跳呀，跳呀滚呀，刹那间，由绿转黄，神奇般地涌起层层金涛，这时，广袤无垠的平原是金色的海，星罗棋布的村落是绿色的岛。

平原景色，千变万化，银镰卷去万顷金涛，顷刻之间，又铺展开绚丽色彩：高粱红，酥梨黄，芋片白，芝麻黑……五颜六色，点缀寥廓的江天。一旦仓满，垛圆，平原像是卸下重任，喘着粗气，敞开胸膛，等待一床洁白的棉絮，甜甜地睡上一觉，积蓄力量，再担重任……记得有首诗，写下这样的意境：

夏小伙着力调色，
秋妈妈收拢画卷；
冬爷爷铺下白纸，
春姑娘再绘丹青。

难为诗人哪！选了这准确而生动的形象，概括平原的景色。尽管没有山区的雄奇，没有盆地的温柔，没有高原的风采，没有海滨的旖旎，但是，平原自有它独具的四季芳姿。

“走千走万，不及淮河两岸”，我庆幸，生活在淮河平原。

（1984年秋作）

刻骨铭心的悲哀

著名作家孙犁说："书，越古越好。"此语颇有道理。历经筛选，不是好书，焉能流传？那些读来乏味的文字，谁也不愿珍藏，古今中外的读者，莫不如此。著书人大概没有一个不想写出供人收藏的作品，然而，堪称传世之作，凤毛麟角。就现代小说而言，解放前三十年与解放后三十年相比较，耐读的作品似乎后者远不及前者。照理，"天翻地覆慨而慷"，时代进步了，政治、经济、文化、道德等各种因素，相应起了变化，社会为作家提供构成小说人物的心态、情感、行为、思想的复杂性；从历史深处走来的新生活，为作家伏案提笔引发出按捺不住的创作激情；两者结合，当产生不朽之作。可是，事实令人遗憾，又有几部小说能与《阿Q正传》《家》《子夜》《围城》《四世同堂》等相提并论的呢！？个中原因，自有文学史家去深入研究，不过，有一点却是非常明显，那就是"政治牵着文学走，文学傍着政治行"。从50年代始，在一个相当长时期内，文学的生存和发展，完全立足于"为政治服务"，作家的普遍心态是从政治风云变幻中选取题材，以宣传特定时期的方针政策为基本主题，以急功近利的尺度规范文学功能。评论界则以作品的政治宣传价值的高低，作为褒贬的标准。总之一句：文学叛离自身的规律，走出艺术殿堂，向政治顶礼膜拜，俯首称臣。

"膜拜"也好，"称臣"也罢，文学的定义好像并未变更。它仍是社会意识形态之一，它仍是一定社会生活在人们头脑中反映的产物，它仍是用语言塑造典型形象来反映社会生活、表达作者思想感情的艺术。毋庸置疑，这种艺术应该把具有审美普遍性和永远性的人的生命动态过程作为描写对象，如果文学轻视它的描写对象，而去单纯追求表层的宣传教育效益，那么就会产生狭隘且封闭的片面性，乃至文学失却本体的使命。这样，不仅凝结成一股习惯势力，与文学的探索之路相对立，而且还会成为创作主体的内在桎梏，滞碍作家情感体验的深度和广度。

“给我一个支点，我能撬起地球”，物理学家如是说。政治家也在寻觅“支点”，以推动时代向前，只是“支点”未选准，一旦失误，“动力”即为“阻力”。比如“高举三面红旗”，一时轰轰烈烈，好像时代已踏上“一天等于二十年”的进程，后来经过实践的检验，纯属得不偿失之举……“皮之不存，毛将焉附”，当初一批以此为主题的“优秀文学作品”，随之褪尽大红大紫的色彩，从价值取向、审美情趣、时代精神等方面评判，决定它只能留在昨天。留在昨天，不无益处，文学警告文学，它为作家提供一个十分可贵的经验教训。由此可见，文学作品的生命力，注定植根于本体，若依附其他，绝不会长久，相反，一些原本具有生命的作品，而被其他原因所掩埋，倒可能成为“重放的鲜花”。

当然，作家应有社会责任感，高奏时代主旋律，就具体作品而言，它绝不是讨好政治，配合“运动”的表面紧跟，而是把握潜藏于深层的人性变异，着力追求蕴涵深邃的内在意义。所谓“内在意义”，不外乎具有审美普遍性和永久性的情感意义。作家崇尚“反映论”，无可厚非，文学是生活的反映，生活与政治有着千丝万缕的联系，几乎所有经代传世的作品，皆未回避政治，但是，生活不仅仅是政治，把文学与政治紧紧绑在一起，使作品成为政治的传声筒，这终究是条穷途。

我是一名未入流的作家，50年代起步写小说，一开头便蹈入误区。说来可笑，与其谓之“创作”，不如说是“组装”，更为恰当。“组装”的过程很简单，先吃准时髦的主题，再编个动听的故事，然后用文字缝缀起来。这里，不妨举我第一篇小说《发生在饭店里的事》为例，剖白一下。1958年“大跃进”高潮中，我精疲力尽地躺在“砸锅炼铁土高炉”旁的工棚里，突发异想，写篇侧面反映“全民大办钢铁”的小说。于是，杜撰以下情节：清晨，一群急于上山运矿石的人员，因未吃早餐，来到一家饭店门前，领队的头头走进店堂，见食客满座，正等着头锅面条出锅，无奈，转身欲出。这时，一位服务员忙前来招呼，当他问明情况后，见义勇为，立在高凳上，号召全体食客“让吃”。食客们听说“上山运矿石”，心甘情愿地支援

“钢铁元帅上马”，纷纷离座……小说写成，不足两千字，如我所料，寄出后，不久就发表了。哪知，这家杂志紧接下期刊出两篇关于这篇小说的评论文章，观点对立，一说好，一说孬，后者措辞吓人：“分明是一群饿殍形象，作者意在污蔑社会主义的粮食制度。”幸亏“反右运动”得胜收兵，未予追究，惹我虚惊一场。“组装”成的文学，严格地讲是亵渎文学，一欺读者，二误自己。当时，我并未意识到这些，非但我未意识到，不少同辈文友，亦视“组装”为圭臬，即使一批50年代后期崛起的作家，也未能摆脱“组装”之嫌，而匆匆步入文坛。他们或多或少地受到当时的文艺思潮和时代风尚的影响，从社会政治属性去观察人、理解人，以致作品中人物形象的刻画，不可避免地存片面性、概念化和类型化，从而牺牲了笔下人物的感情世界。

主旨复归，灵魂入窍，蓦回首，面对文学，属于我的只是刻骨铭心的悲哀……白驹过隙，一晃三十多年过去，重读发表的旧作，不禁汗颜，竟有一多半“组装”而成，另一少半也欠精彩。说真的，我何尝不想写出耐读的作品，可叹上帝没给我那份天资，在那以勤补拙的求索中又走了一段漫长的弯路，掉过头来，一切都迟啦！作者的文艺思想调整，谈何容易，那么多年形成的创作定势，岂能在一朝一夕得以转换？原来对生活、对人驾轻就熟的观察角度，岂能在移步之间得以更新？唉！纵有发奋超越的勇气和胆量，总因缺少旺盛的精力和深厚的功底，而枉自徒劳。

兴许同病相怜，我倏地想起当年曾经辉煌过的文友和作家，久未读到他们的大作，是另有高就？是探身“下海”？还是孕育着再度辉煌？

（1994年秋作）

献给老婆的心里话

老婆呀！你的胆子好大，
一个姑娘家，居然“三不怕”：
一不怕“反动家属”受连累；
二不怕清贫的日子难打发；
三不怕别人讽嘲说闲话。
于是，
休戚与共，结合在同一屋檐下，
不离不弃，品味着酸甜麻苦辣。

噩梦醒来迎朝霞，
头上“帽子”终于摘下，
举起茶杯当酒杯，
你发话，眼眶噙泪花：
“璞玉洗去尘土，
还原洁白无瑕。”

埋头耕耘书案前，
面对稿纸把“格子爬”；
“四九”三餐有热饭，
“三伏”消暑有凉茶；
缝补浆刷买汰烧，

家务琐事你“一把抓”，
助我追求作家梦，
让我提笔无牵挂。
长长短短发表作品数百篇，
获奖证书一厚沓。
唯有我心中最明白：
一字字，一句句，
醮着你的汗水来写下。

清风拂水面，
静水泛浪花；
勺子碰锅沿，
难免有摩擦；
生活如同一碟下酒菜，
拌嘴好似把那佐料加；
夫妻没有隔宿怨，
宽容能使怨融化。

年华似水，
似水年华。
四十二年风风雨雨，
四十二个春秋冬夏，
一万五千多个昼夜，
一路走来，
有你陪伴，不觉疲乏。
唉！岁月不饶人，
不知不觉，霜染鬓发，
叶落归根回到上海的家。

闲暇细琢磨，

运气真不差，
否极泰来有转机，
上天眷顾，枯枝发芽。
混迹创作界，
始觉少才华，
勤奋能补拙，
不甘落人下，
自我来定位：
不折不扣“三流老作家”。
试问传世之作有几许？
唠！大仲马的大作就是小仲马。（注）
我的心态同此理，
两个儿子已长大；
只盼他们有长进，
切莫辜负好年华；
成家立业撑门户，
娶妻生子育娃娃。

黄金易得，
亲情无价。
儿孙绕膝，
笑语喧哗，
孙儿牙牙学语叫爷爷，
孙女婆娑起舞美如花，
逗得全家笑哈哈……
抚今思昔，你含辛茹苦，
默默付出，不图报答。
我未备钻石，
未捧鲜花，
不咸不淡，

献给老婆一串心里话。

注：法国作家小仲马的代表剧作《茶花女》上演后，引起轰动，大仲马与他通话，表示祝贺。儿子问："您的代表作是哪部？"父亲答："我的代表作就是你。"